Kolleg Philosophie

Wilhelm Teichner:
Kants Transzendentalphilosophie

Wilhelm Teichner

Kants
Transzendentalphilosophie

Grundriß

Verlag Karl Alber Freiburg/München

Siglen für die Schriften von Kant

(Zitiert wird nach dem Text der Akademieausgabe.)

A	Kritik der reinen Vernunft (1. Auflage 1781)
B	Kritik der reinen Vernunft (2. Auflage 1787)
GMS	Grundlegung zur Metaphysik der Sitten
iDo	Was heißt: Sich im Denken orientieren?
L	Logik, Ein Handbuch zu Vorlesungen, hrsg. von Gottlob Benjamin Jäsche
MS	Die Metaphysik der Sitten
p	Kritik der praktischen Vernunft
Prol.	Prolegomena zu einer jeden künftigen Metaphysik, die als Wissenschaft wird auftreten können
R	Die Religion innerhalb der Grenzen der bloßen Vernunft
U	Kritik der Urteilskraft

CIP-Kurztitelaufnahme der Deutschen Bibliothek

Teichner, Wilhelm:
Kants Transzendentalphilosophie: Grundriß. – 1.
Aufl. – Freiburg [Breisgau], München: Alber, 1978.
  (Kolleg Philosophie)
  ISBN 3–495–47300–9

Satz und Druck: Presse-Druck Augsburg
ISBN 3–495–47300–9

Inhalt

Einleitung

Kants Leben, das ist Kants Werk. Es ist das Werk des Universitätslehrers, der über vierzig Jahre „täglich vor dem Amboß seines Lehrpults" saß. Es ist das Werk des philosophischen Schriftstellers, der in der Zeit von 1746 bis zu seinem Tode über siebzig Veröffentlichungen vorlegte, umfangreiche Bücher, Aufsätze, Vorlesungsankündigungen, Rezensionen.

Nach Kants Leben müssen daher seine Hörer gefragt werden und seine Kollegen. Es müssen seine Leser gefragt werden, die damaligen wie die heutigen.

Johann Gottfried Herder war sein Hörer. Er urteilt über den Universitätslehrer Kant: „Nichts Wissenswürdigeres war ihm gleichgültig; keine Kabale, keine Sekte, kein Vorurteil, kein Namensehrgeiz hatte je für ihn den mindesten Reiz gegen die Erweiterung und Aufhellung der Wahrheit." Karl Ludwig Pörschke war Pädagoge und Historiker in Königsberg. Er äußert über den Kollegen Immanuel Kant, den ungleich älteren und berühmten: „Gedächte ich auch künftig nie seiner Philosophie, so werde ich doch nimmermehr seiner Wahrhaftigkeit und Herzensgüte vergessen."

Unter den zeitgenössischen Lesern Kants sind Fichte und Schiller. Johann Gottlieb Fichte stellt fest: „Ich lebe in einer neuen Welt, seitdem ich die Kritik der praktischen Vernunft gelesen habe." Friedrich Schiller versichert den Autor Kant „eines Danks, der wie das Geschenk, auf das er sich gründet, ohne Grenzen und unvergänglich ist".

Der heutige Leser tritt durch Kants Schriften nicht mehr in eine neue Welt ein. Aus seiner Wirkung tritt der heutige Leser in das Kantische Werk ein, wie aus den mannigfach abgeänderten Erweiterungen eines Bauwerks in dessen ursprüngliche Anlage. In deren Grundriß aber erkennt er die Vorzeichnung der Orientierungslinien des entscheidenden Teils der gegenwärtigen wissenschaftlichen und philosophischen Gedankenwelt wieder.

Diesem im Werk manifesten Leben gegenüber bleiben die eigentlich biographischen Fakten nur Rahmenangaben.

Immanuel Kant wurde am 22. April 1724 in Königsberg geboren. Er war das vierte Kind des Riemermeisters Johann Georg Kant und dessen Frau Anna Regina, geb. Reuter. Kant erhielt seinen ersten Unterricht an der Vorstädter Hospitalschule. Die Voraussetzungen für das Studium erwarb er am Collegium Fridericianum, einer Anstalt, die unter der Leitung des Predigers und Konsistorialrats F. A. Schultz stand. Schultz war Pietist und stand der Philosophie Christian Wolffs nahe. Die Schule vermittelte daher auch entsprechende Einflüsse.

1740 nahm Kant das Studium an der Universität Königsberg auf. Er befaßte sich mit den Wissensgebieten der Mathematik, der Naturwissenschaften, der Philosophie und der Theologie. Unter seinen Lehrern war es Martin Knutzen, der im Studium und im persönlichen Umgang nachhaltigere Wirkung auf ihn ausübte. Unter seinen Studien waren es die naturwissenschaftlich-mathematischen, die eine erste Frucht trugen in der 1746 von ihm abgefaßten Schrift: „Gedanken von der wahren Schätzung der lebendigen Kräfte."

Nach dem Verlassen der Universität 1746 verdiente sich Kant seinen Unterhalt als Hauslehrer in der näheren Umgebung Königsbergs. Er beschritt diesen für den unbemittelten Gelehrten damals fast unvermeidlichen Umweg zur akademischen Laufbahn bis 1755.

In diesem Jahre kehrte er an die Königsberger Universität zurück und begann seine Lehrtätigkeit als Privatdozent. Obwohl er alle Bedingungen erfüllt hatte, die für eine Erlangung einer Professur gestellt wurden, blieb er 15 Jahre Privatdozent. So kam es, daß Kant zu seinem ersten festen Einkommen 1765 durch die Annahme der Unterbibliothekarstelle an der Schloßbibliothek gelangte.

Da er davor ganz auf die Erträgnisse seiner Lehrtätigkeit angewiesen war, ist diese entsprechend ausgedehnt. Er kündigte mitunter dreißig Stunden für die Woche an. Seine Vorlesungen fanden nicht nur großen Anklang bei der Studentenschaft, sondern auch bei Offizieren der Garnison und hohen Adligen, denen er Privatunterricht erteilte. Gemäß den damit bestehenden Anforderungen sind seine Lehrgegenstände breit gefächert. Er las über Mathematik, Logik, Metaphysik, Moralphilosophie und Naturrecht, über Anthropologie, physische Geographie, Physik, über natürliche Theologie, über Pädagogik.

Die Jahre seiner Privatdozentenzeit sind überdies erfüllt von seiner lebhaften Teilnahme am gesellschaftlichen Leben der Stadt. Sein Hang zur geselligen Unterhaltung war so ausgeprägt, daß er J. G. Hamann zu der Befürchtung veranlaßte, Kant könne, „durch einen Strudel gesellschaftlicher Zerstreuungen fortgerissen", gar die philosophischen Pläne, mit denen er sich befaßte, darüber vernachlässigen. Dem war freilich keineswegs so. Denn wie aus Kants Feststellung, „das Jahr 69 gab mir großes Licht", hervorgeht, war offenbar, noch bevor aus ihm 1770 der ordentliche Professor für Logik und Metaphysik wurde, der entscheidende Anstoß zur Revolutionierung der Philosophie schon erfolgt.

Unter dem Druck der sich immer mehr auswachsenden Arbeit der Erneuerung der Philosophie auf dem Boden der Kritik der Vernunft zog sich Kant mehr und mehr vom äußeren Geschehen zurück. Nur Bekanntschaften, hauptsächlich aus dem Kaufmannsstande, wurden weiter gepflegt. Diese neue Lebenssituation beschreibt Kant 1778 als eine „friedliche", gerade seinem „Bedürfnis angemessene Situation, abwechselnd mit Arbeit, Spekulation und Umgang besetzt".

Doch mit fortschreitenden Jahren unterwarf er sein Leben immer starreren Regeln und bestimmte seinen Tag immer ausschließlicher nach den Erfordernissen seiner Arbeit. Einfachheit, Gleichförmigkeit und pedantische Ordnung wurden die äußeren Merkmale seines Tageslaufs. Er ließ sich allmorgendlich um fünf Uhr wecken, um bis zum Beginn seiner Vorlesung um sieben oder acht zu arbeiten. Er kehrte nach seiner Vorlesung sogleich wieder in seine Studierstube zurück, um seine Arbeit bis gegen dreizehn Uhr fortzusetzen. Dann empfing er seine Tischgäste. Das Mittagessen zog sich regelmäßig bis sechzehn Uhr hin. Danach trat er seinen gewöhnlich einstündigen Spaziergang an. Wieder heimgekehrt, befaßte er sich den Rest des Tages mit Lektüre oder empfing den einen oder den anderen Besucher. Pünktlich um zweiundzwanzig Uhr begab er sich zu Bett. Derart verlief ein Tag wie der andere. Und wie mit seiner Zeit verfuhr Kant auch mit den Räumen, die er bewohnte, er bezog 1787 ein eigenes Haus. Aber sein Haus enthielt nichts, was nicht mit den notwendigen Bedürfnissen des Lebens und der Arbeit zusammenhing. Sogar seinen Körper und dessen Funktionen unterwarf er endlich einer Fülle ausgeklügelter Gesundheitsregeln mit dem Ziel, dessen reibungslose und unaufwendige Tätigkeit nach Möglichkeit abzusichern.

Durch diese außerordentliche Rationalisierung des äußeren Lebens gewann Kant ein Höchstmaß an Zeit und Unabhängigkeit, die Voraussetzungen für die maximale Konzentration auf die Gedankenarbeit. Er löste die Aufgabe seiner Lebensgestaltung als Methodenproblem, um die Aufgabe der Philosophie als Methodenproblem lösen zu können.

Nach 1794 zog sich Kant schrittweise von der Lehrtätigkeit zurück, 1797 las er nicht mehr. Seine denkerische und schriftstellerische Arbeit führte er weiter gemäß seiner Überzeugung: „das Ausfüllen der Zeit durch planmäßig fortschreitende Beschäftigungen, die einen großen beabsichtigten Zweck zur Folge haben . . ., ist das einzige sichere Mittel seines Lebens froh und dabei auch lebenssatt zu werden". Er suchte dieser Überzeugung selbst dann noch gerecht zu werden, als zuletzt das Siechtum einsetzte. Aber die Kraft, die physische wie die geistige, verließ ihn zusehends. Sie war aufgebraucht im Werk. Sein Werk ist sein Leben. Immanuel Kant starb am 12. Februar 1804.

Was kann ich wissen? –
Die Lehre von der Wahrheit

I. Kants Bestimmung der Aufgabe der Philosophie und ihre Bezugspunkte

Das alles bestimmende Anliegen der theoretischen Philosophie Kants ist es, die Philosophie auf „den sicheren Weg der Wissenschaft" zu führen (B IX). Dieses Anliegen ist für Kant dem in ihm steckenden Forderungscharakter nach kein willkürliches, dem in ihm liegenden Forderungsgehalt nach kein zufälliges, dem in ihm gegebenen Forderungsbezug nach kein beliebiges.

Ihrem Charakter nach erklärt sich diese Forderung nach der Wissenschaftlichkeit der Philosophie als eine der Konsequenzen des Primats der praktischen Vernunft über die theoretische. Denn dieser bedeutet die mittelbare Anwendung des kategorischen Imperativs auf den Gebrauch der Vernunft als menschliches Erkenntnisvermögen. Als Folge dieser Anwendung des kategorischen Imperativs auf die Handhabung der Vernunft als Erkenntnisvermögen ist der Charakter der Forderung der Wissenschaftlichkeit der Philosophie der einer unbedingten Forderung.

Ihrem Gehalt nach bestimmt sich diese Forderung dem genannten Ursprung entsprechend als die nach der Selbstbestimmung der Vernunft in ihrem Gebrauch als Erkenntnisvermögen. Diesem Gehalt nach stellt die Forderung nach der Wissenschaftlichkeit der Philosophie folglich die nach einer bestimmten Verwendungsart der Vernunft als Erkenntnisvermögen dar. Sie besagt: Die Vernunft als theoretisches Vermögen darf nur so gebraucht werden, daß sie immer und ausschließlich Grund, Ziel und Grenze ihres Gebrauchs selbst ist. Infolgedessen sind die anderen Erkenntnisvermögen des Menschen diesem unbedingt gebotenen Vernunftgebrauch zu unterwerfen.

Ihrem Bezugspunkt nach richtet sich diese Forderung auf das faktische menschliche Erkennen, auf die menschliche Erfahrung. Sie muß sich notwendig auf sie richten, sofern sie auf die Verwendungsweise von Erkenntnisvermögen in einer tatsächlichen Erkenntnis abzielt. Denn „der Zeit nach", d. h. dem tatsächlichen Auftreten, dem Vorhandensein, nach geht für Kant „keine Erkenntnis in uns vor der Erfahrung vorher" (B 1). Nach ihrem wirklichen Vorkommen beruht daher jedwede Erkenntnis und so auch jedwede Verwendung eines Erkenntnisvermögens darauf, daß es Erkenntnis gibt, darauf, daß es Erfahrung gibt, und darauf, daß es Erfahrung so gibt, wie es sie gibt.

Nach diesen seinen angedeuteten ursprünglichen Beziehungsgrößen stellt sich das Anliegen der Wissenschaftlichkeit der Philosophie als ein Methodenanliegen heraus. Es ist in ihm nämlich darum zu tun, einen Weg ausfindig zu machen, der es erlaubt, eine unbedingte Vernunftforderung nach der Bestimmung des Gebrauchs der menschlichen Erkenntnisvermögen und den auf Grund der Tatsächlichkeit der Erfahrung schon immer faktisch bestimmten Gebrauch in Übereinstimmung zu bringen.

So erwächst dem Anliegen der Erhebung der Philosophie zur Wissenschaft dem ersten Umriß nach die Aufgabenstellung der Entwicklung einer Methode. Die weitere Ausformung dieser Aufgabe folgt aus der weiteren Auswicklung der Bedeutung der nach Kant vorgegebenen Beziehungsgrößen. Deshalb ist zu fragen: Was bedeutet es, daß die Forderung nach der Wissenschaftlichkeit der Philosophie eine unbedingte ist? Was bedeutet es, daß die Vernunft im Erkennen nur als schlechthin autonomes Vermögen Verwendung finden soll? Was bedeutet es, daß alle Erkenntnis mit der Erfahrung anfängt und in ihrem Vorhandensein von dieser abhängt?

§ 1   *Die empirische Erfahrung als Anfang der Erkenntnis*

Wendet man sich zuerst der zuletzt gestellten Frage zu, so

wird sichtbar, daß sie sich aus drei unterscheidbaren Fragen zusammensetzt. Die erste davon lautet: Was ist Erfahrung? Was folgt aus dem, was Erfahrung ist, für die von ihr als ihren Anfang abhängigen Erkenntnisarten, heißt die zweite. In der dritten aber muß notwendig gefragt werden: Welcher Weg der Erkenntnis steht für die Beantwortung der beiden voraufgehenden Fragen offen?

Auf diese letzte Frage ist, wenn die Behauptung vom Anfang der Erkenntnis mit der Erfahrung ernstgenommen wird, zu antworten: Anfänglich und unmittelbar steht für die Erkenntnis des Anfangs aller Erkenntnis nur die Erfahrung selbst zur Verfügung. In der Erfahrung der Erfahrung, d. h. in der erfahrungsmäßig verbleibenden Reflexion auf die Erfahrung, erweist sich diese in ihrem Zustandekommen als ein „Zusammengesetztes", aus dem, „was wir durch Eindrücke empfangen, und dem, was unser eigenes Erkenntnisvermögen (durch sinnliche Eindrücke bloß veranlaßt) aus sich selbst hergibt" (B 1). Durch „lange Übung", eben durch Erfahrung belehrt, gelingt es, die beiden Bestandstücke der Zusammensetzung der Erfahrung voneinander abzusondern als die bloßen Empfindungen einerseits, „den Grundstoff" der Erfahrung und die Formen der Erfahrung, die Formen der Anschauung und des Denkens, andererseits. Ihrem Vollzug nach zeigt sich die Erfahrung dementsprechend als ein Zusammengesetztes aus bloß leidendem Verhalten und selbstbestimmtem Tätigsein des menschlichen Subjekts. Dieses selbstbestimmte Tätigsein enthüllt sich in der näheren Betrachtung der Erfahrung als Synthetisieren, das seinen Vereinheitlichungspunkt im Selbstbewußtsein des faktischen Subjekts hat. Die Weise des Synthetisierens stellt sich als Urteilen heraus; dessen Formen sind gegeben als die feststellbaren Formen der Beziehung vorliegenden Sinnenmaterials auf das Selbstbewußtsein, d. h. als Formen des Denkens, als Kategorien. Die Grundlage der Anwendung der Kategorien auf das gegebene Material bildet dessen Vorgeformtheit durch die Formen des menschlichen Hinnehmens, der Anschauung. Diese, die Formen des Anschauens, sind Räumlichkeit und Zeitlichkeit. Die ausschlaggebende von beiden ist die Zeitlichkeit, weil ihr nicht nur unterliegt, was an Empfindungsdaten dem äußeren Sinn gegeben ist und seinen Grund außerhalb des Subjekts hat, sondern auch dasjenige an sinnlichem Material, das im Subjekt durch die Tätigkeit des Subjekts selbst erzeugt wird und dem inneren Sinn vorliegt. Danach muß Erfahrung empirisch-psychologisch verstanden werden als die an dem Einheitspunkt des Selbstbewußtseins ausgerichtete und immer schon auf die Formung des sinnlichen Stoffes durch die Anschauungsformen von Raum und Zeit angewiesene Synthetisierung des in der Empfindung gegebenen Stoffes nach Maßgabe der Kategorien des Verstandes. Das Resultat dieser Synthetisierung ist der Begriff, genauer gesagt, der empirische Begriff, denn sein Material entspringt der sinnlichen Anschauung, der Empirie. Die Art seines Vorliegens für das Subjekt ist Wahrnehmung, „d. i. empirisches Bewußtsein", dies besagt, ein solches Bewußtsein, in welchem zugleich Empfindung ist (B 160). Was damit einmal für den Ursprung der Erfahrungsbegriffe gilt, gilt notgedrungen auch für die weitere Verbindung der so entsprungenen Begriffe miteinander. Diese, wiederum Synthesis nach dem Richtmaß der Kategorien, sind synthetische Urteile und sind als synthetische Urteile insgesamt „zuerst bloße Wahrnehmungsurteile" (Prol. 298). Darum ist die Erfahrung in ihrer Gesamtheit „selbst nichts anders als eine kontinuierliche Zusammenfügung (Synthesis) der Wahrnehmungen" und besteht infolgedessen aus lauter synthetischen Urteilen a posteriori (Prol. 275). Was diese Aposteriorität der Erfahrungsurteile besagen will, geht aus der voranstehenden Bestandsaufnahme dessen, was die Erfahrung als den Anfang der Erkenntnis ausmacht, in dreifacher Hinsicht hervor.

Denn sie beruht darauf, daß sich die beschriebene Erfahrung ihrer Erkenntnisgegenständlichkeit nach nur auf Gegenstände der Sinne erstrecken kann. Sie beruht ferner darauf, daß diese Erfahrung immer vom Vorhandensein und der Eigenart des erkennenden Subjekts abhängt. Sie beruht endlich darauf, daß die Erfahrung als Weise des synthetischen Urteilens, sofern sie dem vorhandenen menschlichen Subjekt vorliegt, auch in der Zeit vorliegt und daher zeitbedingt ist.

Dies will zum ersten besagen: Erfahrung als bloße Erfahrung ist als Erkenntnis subjektiv, d. i., sie ist in ihrer Beziehung auf den Erkenntnisgegenstand abhängig von den vorhandenen Eigenschaften des Erkennenden, des menschlichen Subjekts. Das will zum anderen heißen: Erfahrung ist, wie sie unmittelbar vorgefunden wird, als Erkenntnis zufällig; sie ist in ihrem Bezug auf das erkennende Subjekt abhängig von der Gebung des Sinnenmaterials. Daß diese stattfindet, läßt keine erfahrungsmäßige Erklärung zu, bleibt also zufällig. Das will zum dritten bedeuten: Das synthetische Urteil, durch welches die Weise der Erfahrungserkenntnis charakterisiert ist, ist immer nur ein im nachhinein feststellendes, kein antizipierendes Urteil. Danach erweist sich die Aposteriorität der Erfahrung als Erkenntnis als das Kennzeichen der Wertigkeit der Erfahrung als Erkenntnis oder als das Kennzeichen des an sie als Erkenntnis legitim zu stellenden Wahrheitsanspruchs. Der letztere hat seine Grenze darin, daß sie ihrer Gültigkeit nach subjektiv ist, weil sie auf das Subjekt, „nämlich mich selbst", bezogen ist (Prol. 299). Er hat seine Grenze darin, daß sie ihrer Gültigkeit nach nicht notwendig ist und uns zwar lehrt, „daß etwas so oder so beschaffen sei, aber nicht, daß es nicht anders sein könne" (B 3). Er hat seine Grenze darin, daß sie ihrer Geltung nach nicht allgemein ist: „Erfahrung gibt niemals ihren Urteilen wahre oder strenge, sondern nur angenommene und komparative Allgemeinheit (durch Induktion), so daß es eigentlich heißen muß: so viel wir bisher wahrgenommen haben, findet sich von dieser oder jener Regel keine Ausnahme." (B 3) Da das, was damit von der Erfahrung als Erkenntnis ausgemacht ist, auch von der erfahrungsmäßigen Erkenntnis der Erfahrung gilt, so gelten deren Grenzen als Erkenntnis auch von dieser.

Dieser Feststellung zufolge läßt sich im Blick auf die noch offengebliebene Frage nach den Folgen der Abhängigkeit möglicher anderer Erkenntnisarten von der Erfahrung als den Anfang aller Erkenntnis zweierlei sagen: Alle wie sonst auch immer beschaffene menschliche Erkenntnis hängt dadurch, daß sie von der Erfahrung als ihrem Anfang abhängt, ihrer tatsächlichen Beschaffenheit nach im Hinblick auf das Erkenntnismaterial von der sinnlichen Empfindung, im Hinblick auf die Formen der Erkenntnis von den Formen der empirischen Subjektivität, im Hinblick auf die Geltung als Erkenntnis, d. h. der in ihr vollzogenen Synthesis nach, von der Zeit ab.

Alle Erkenntnis der Erkenntnis ist, abhängig von ihrem Anfang, wiederum zuerst empirisch. Aus dem ersteren folgt, daß keine wie immer geartete menschliche Erkenntnis ohne die festgestellten Bestandstücke auskommt, sie sind für jede Konstanten. Aus dem zweiten folgt, daß keine über die empirische Erkenntnis hinausgehende menschliche Erkenntnis erkenntnismäßig erfaßt und durch erkenntnismäßige Erfassung in ihrem Erkenntniswert legitimiert werden kann. Denn da jede Erkenntnis der Erkenntnis wiederum mit der Erfahrung beginnt, reicht sie dazu entweder als bloße Erfahrung nicht hin oder beruht selber schon auf der Inanspruchnahme jener Prinzipien der Ausweitung der Erkenntnis über die bloße Erfahrung, die allererst in ihrer Legitimität erkannt werden soll. Aus beiden zusammengenommen fließen nach Kant folgende Konsequenzen: Vom Anfang der Erkenntnis, von der bloßen Erfahrung aus, läßt sich der Anfang der Erkenntnis nach Beschaffenheit und Geltung ohne Inanspruchnahme weiterer Erkenntnisarten beschreiben und feststellen.

Durch die mit dem Anfang der Erkenntnis so gegebene Erkenntnisart läßt sich aber weder die Möglichkeit noch die Unmöglichkeit anderer Erkenntnisarten als der gegebenen ausmachen. Durch die unumgängliche Abhängigkeit aller Erkenntnis von ihrem Anfang steht jedoch negativ fest, wenn es andere Erkenntnisarten als die bloße Erfahrung geben kann, so müssen sie den mit dem Anfang gegebenen Konstanten Rechnung tragen. Durch diese feststehende Abhängigkeit aller vermutbaren Erkenntnisarten, welche über die Erfahrung hinausgehen, vom Anfang mit der Erfahrung, steht ferner fest, daß die Antwort auf die Frage nach der Möglichkeit und der Artung solcher Erkenntnisarten überhaupt grundsätzlich keine sein kann, die vermittelst einer Erkenntnis nach irgendeiner Erkenntnisart gegeben werden kann. Diese Folgerungen aus Kants Feststellung des Anfangs aller Erkenntnis mit der Erfahrung, die die Resultate seiner Erweckung aus dem „dogmatischen Schlummer" durch D. Hume sind, bezeichnen den einen Ausgangspunkt der Forderung nach der Erhebung der Philosophie zur Wissenschaft und den einen Ansatzpunkt für die Lösung der damit von Kant gestellten Aufgabe (Prol. 260).

Der andere Ansatzpunkt ergibt sich, wie oben gesagt wurde, aus der Bedeutung der Forderung, daß die Vernunft als Vermögen in der Erkenntnis nur nach Maßgabe ihrer schlechthinnigen Autonomie gebraucht werden soll. Die Bedeutung dieser Forderung hängt offensichtlich zunächst von der Ermittlung des Sinnes der Annahme von Erkenntnisvermögen und der Feststellung der besonderen Funktion des Vernunftvermögens unter ihnen ab. Sie hängt ferner von der Rechtfertigung der in ihr unterstellten Verfügungsgewalt der Vernunft über die anderen Vermögen und der Rechtfertigung des angegebenen Verfügungskriteriums ab.

§ 2 Die menschliche Vernunft als Erkenntnisvermögen und die Bedeutung ihres Anspruchs auf Autonomie

Die Annahme von Erkenntnisvermögen erfolgt im Rahmen der Annahme von Gründen für das Begreifen von Erkenntnis, sie betrifft, genauer gesagt, den im Subjekt zu suchenden Teil dieser Gründe. Aber das Begreifen der Erkenntnis ist für die Erkenntnis und ihren Wert, soweit sie von ihrem Anfang bestimmt ist, keine Notwendigkeit, denn Erfahrung ist als bloße Erfahrung feststellend und festgestellt und bedarf keiner Ableitung aus Gründen; „Die Möglichkeit synthetischer Sätze a posteriori" braucht keine Erklärung (Prol. 275). Erfahrung, soweit sie ihrem Vorkommen und ihrer Beschaffenheit nach festgestellt ist, verstattet als Faktum nicht einmal eine Ableitung aus Gründen, aus welchen sie zu begreifen wäre, denn als Anfang aller Erkenntnis ist sie diesbezüglich auch Anfang allen Begreifens, so daß es heißen muß: „Von der Eigentümlichkeit unseres Verstandes... läßt sich ebensowenig ferner ein Grund angeben, als warum wir gerade diese und keine andere Funktionen zu Urteilen haben, oder warum Zeit und Raum die einzigen Formen unserer möglichen Anschauung sind." (B 145) Überdies hat das Voranstehende ergeben, daß, aus welchen Gründen auch immer, Erklärung für das Begreifen von Erkenntnis gesucht werden, solche Gründe, sofern sie über die Erfahrung hinausgehen, keiner Erkenntnis mehr zugänglich sind. Auf diese Art ergibt sich, daß der Anlaß für die Annahme von Gründen des Begreifens von Erkenntnis ein der Erkenntnis selber fremder ist.

Es ergibt sich, daß der der Annahme zugrundeliegende Anspruch auf Begreifen der Erkenntnis seine Grenze unter allen Umständen am faktischen Vorhandensein und an der tatsächlichen Beschaffenheit der Erfahrungserkenntnis hat. Damit stößt der der Erkenntnis fremde Anspruch der Aufdeckung von Bedingungen, aus welchen sich Erkenntnis begreifen läßt, auf zwei nicht zu umgehende Hindernisse, die ihn reduzieren.

Das erste verwehrt, daß er sich auf Gründe des Begreifens der Erkenntnis ihrer Wirklichkeit nach erstrecken kann, er kann daher nur auf die Aufdeckung der Bedingungen ihrer Möglichkeit unter Voraussetzung ihrer Wirklichkeit als Begreifensgründe abzielen. Das zweite beschränkt diese Aufdeckung weiter, wenn sie eine solche für die vorliegende Erkenntnis sein soll, auf den Weg der Analyse der Erfahrung.

Unter Berücksichtigung beider Schranken ergibt sich, die Annahme von Gründen für das Begreifen der Erkenntnis führt im Ausgang von der Wirklichkeit der Erfahrung, d. h. ihrer Gegebenheit im empirischen Bewußtsein und vermittelst der Analyse desselben auf im empirischen Subjekt liegende Fähigkeiten oder Vermögen, die sich als Bedingungen derselben zeigen. Wie aus der oben gegebenen Darstellung der Erfahrung hervorgeht, muß dazu zuvörderst ein Vermögen der Sinnlichkeit, „die Anschauung", „die Fähigkeit (Rezeptivität), Vorstellungen durch die Art, wie wir von Gegenständen affiziert werden, zu bekommen" (B 33), angenommen werden. Dazu müssen ferner drei über der Sinnlichkeit stehende „obere" Erkenntnisvermögen unterstellt werden. „Diese sind: Verstand, Urteilskraft und Vernunft." (B 169)

Von diesen vier Erkenntnisvermögen weisen sich drei als Erkenntnisquellen aus. „Es sind drei subjektive Erkenntnisquellen, worauf die Möglichkeit einer Erfahrung überhaupt und Erkenntnis der Gegenstände derselben beruht: Sinn, Einbildungskraft und Apperzeption." (A 115) Die Sinnlichkeit weist sich als Erkenntnisquelle aus, denn sie ist nicht nur das Vermögen, Vorstellungen zu empfangen, sondern auch das, sie in den subjektiven Formen der Zeitlichkeit und der Räumlichkeit zu empfangen. Ihr entspringt also nicht bloß über die Affektion der Stoff aller Erkenntnisse, sondern auch ihre sinnliche Form. Der Verstand weist sich als Erkenntnisquelle aus, denn er muß als die Quelle aller Formen betrachtet werden, vermittelst derer das Angeschaute zu Bewußtsein gebracht wird. Denn „alle Anschauungen sind für uns nichts und gehen uns nicht im mindesten etwas an, wenn sie nicht ins Bewußtsein aufgenommen werden können" (A 116). Dieses Bewußtsein besteht in der Beziehung der Vorstellungen auf das „Bewußtsein meiner selbst", auf das Ich denke, auf die Apperzeption (A 117 Anm.). Daher ist der Verstand die Quelle aller Formen, durch welche Vorstellungen zu Bewußtsein erhoben, d. h. auf das Ich denke bezogen werden können, oder er ist die Quelle aller Denkformen des Subjekts, der Kategorien. Die Einbildungskraft muß als Erkenntnisquelle gelten, denn die Kategorien des Verstandes einerseits und das raum-zeitlich geformte Sinnenmaterial andererseits lassen für sich noch keine Gemeinsamkeit erkennen, über welche sie aufeinander beziehbar wären. Daher ist sie das „Grundvermögen der menschlichen Seele", durch das „das Mannigfaltige der Anschauung einerseits mit der Bedingung der notwendigen Einheit der reinen Apperzeption andererseits in Verbindung" gebracht wird (A 124). Ihre spezifische Leistung besteht in der einen Richtung in der Versinnlichung der Kategorien, in der anderen in der Erhebung des Sinnenmaterials zur Verstehbarkeit. Da der Verstand als formales Vermögen dabei nur auf die formale Seite der Sinnlichkeit bezogen werden kann und deren umfassende Form die Zeitlichkeit ist, so ist diese Funktion gleichbedeutend mit der der Verzeitlichung der Kategorien einerseits und der der Verstandesüberformung der Anschauungsform der Zeit andererseits. Das Produkt dieser Leistung ist das „Schema". Es ist das „Verfahren der Einbildungskraft, einem Begriff sein Bild zu verschaffen" (B 180).

Diesen drei Erkenntnisvermögen gegenüber stellt das Vernunftvermögen keine Erkenntnisquelle dar. Dennoch läßt es sich aus seiner Wirkung in der menschlichen Erkenntnis erfassen und muß danach als die „oberste Erkenntniskraft" angesehen werden (B 355). Seiner Triebkraft nach besteht es in einem „Hange", einem „Bedürfnis", einem „Interesse" (B 370). Diesem Interesse oder Bedürfnis können seinen verschiedenen Wirkungsrichtungen nach unterschiedliche Namen beigelegt werden. Es kann das der unbedingten Erkenntnis heißen, denn die in ihm erstrebte Erkenntnis „endigt niemals als bei dem schlechthin, d. i. in jeder Beziehung Unbedingten" (B 382). Es kann das der absoluten Verstandeserkenntnis genannt werden, da es dem Verstand „die Richtung auf eine gewisse Einheit" vorschreibt, von der dieser „keinen Begriff hat und die darauf hinausgeht, alle Verstandeshandlungen in Ansehung eines jeden Gegenstandes in ein absolutes Ganzes zusammenzufassen" (B 383). Es kann ebensowohl als das Bedürfnis der transzendenten Erkenntnis bezeichnet werden, denn wenn seine Begriffe das Unbedingte angehen, „so betreffen sie etwas, worunter alle Erfahrung gehört, welches selbst aber niemals ein Gegenstand der Erfahrung ist" (B 367). Es darf, weil es seine Erkenntnis jenseits der Erfahrung sucht, auch als das Bedürfnis nach reiner Begriffserkenntnis gelten, als das Bedürfnis der Erkenntnis aus Ideen, denn die Idee, die es anstrebt, ist „ein Begriff aus Notionen" (B 377). Ebenso angemessen ist ihm die Bezeichnung als Bedürfnis nach Systematik. Denn das, „was Vernunft ganz eigentümlich ... zustande zu bringen sucht", ist das „Systematische der Erkenntnis ..., d. i. der Zusammenhang derselben aus einem Prinzip" (B 673). Aus demselben Grunde kann es, sofern es bei dieser Gelegenheit die „Allgemeinheit der Erkenntnis nach Begriffen" anzielt und nach der Erkenntnis des Besonderen im Allgemeinen durch Begriffe trachtet, als das Bedürfnis des Begreifens gekennzeichnet werden, denn „Vernunftbegriffe dienen zum Begreifen, wie Verstandesbegriffe zum Verstehen (der Wahrnehmungen)" (B 367).

Als so bestimmtes Bedürfnis des Begreifens führt es, da es mit der Wendung der Vernunft auf die im Subjekt vorliegenden Erkenntnisquellen ansetzt, über deren Ausweitung ins Absolute zu drei unbedingten Ideen oder Prinzipien des Begreifens, zur Voraussetzung von drei Arten von Gründen des Begreifens der Erkenntnis. Über den drei menschlichen Erkenntnisquellen, der Rezeptivität der Sinnlichkeit, der Spontaneität des Verstandes und der Einheit von Spontaneität und Rezeptivität der Einbildungskraft führt die Vernunft die Idee eines absoluten Objekts, die Idee eines absoluten Subjekts und die Idee eines absoluten Subjekts-Objekts als unbedingte Gründe des Begreifens der Erkenntnis auf. Es sind dies Ideen der Welt, der Seele und Gottes als unbedingte Erklärungsgründe aller Erkenntnis.

Aus dieser Analyse der menschlichen Erkenntnisvermögen geht hervor, daß die Annahme von Erkenntnisvermögen als Prinzipien des Begreifens der Erkenntnis ihren Grund in einem der durch die Analyse der Erkenntnis aufgedeckten menschlichen Erkenntnisvermögen selber hat. Es wird erkennbar, daß das von der Vernunft (als Naturanlage des Menschen) intentierte Begreifen der Erkenntnis deren Ableitung aus unbedingten Gründen oder deren Erkenntnis als Erkenntnis meint. Es erhellt, daß die Vernunft dieses Begreifen durch die Ausweitung der durch die Analyse der Erfahrungserkenntnis aufgedeckten Bedingungen der Möglichkeit der Erkenntnis zu absoluten Bedingungen ihrer Wirklichkeit zustande zu bringen sucht. Es wird deutlich, daß die Annahme solcher transzendenter Prinzipien aus einem Interesse oder Bedürfnis entspringt, das mit der Parteinahme der Vernunft für sich selbst identisch ist und als das Interesse der Vernunft an ihrer Autonomie bezeichnet werden muß. Es steht aber auch fest, daß die aus dem Vernunftinteresse nach alleiniger Herrschaft über sich selbst und die anderen Erkenntnisvermögen entspringende Forderung der Tatsache des Anfangs aller Erkenntnis mit der Erfahrung und ihren Konsequenzen widerspricht.

Wenn dies die besondere Stellung der Vernunft unter den menschlichen Erkenntnisvermögen ausmacht, daß sie ungeachtet des feststehenden Anfangs aller Erkenntnis mit der bloßen Erfahrung durch Erzeugung von transzendenten Begriffen (Ideen) ihre Autonomie zu sichern versucht, so stellt sich die Frage: Zu welchen Resultaten führt dieser Versuch angesichts der feststehenden Unerkennbarkeit der Gründe des Anfangs der Erkenntnis?

Diese Frage kann auch heißen: Welche Bedeutung können die aus dem Autonomiestreben des Vernunftvermögens entspringenden Ideen erhalten, wenn sie nicht die von Erkenntnissen haben können?

§ 3 *Die unbedingte Gesetzgebung der Vernunft aufgrund des Primats der praktischen Vernunft über die theoretische*

Diese Frage läßt sich ihren beiden Bezugspunkten gemäß in zwei zerlegen. Die eine lautet dann: Welche Bedeutung kann die Vernunft angesichts des Anfangs aller Erkenntnis mit der Erfahrung noch haben? Die andere heißt: Welche Bedeutung muß ihr ungeachtet des Anfangs aller Erkenntnis mit der Erfahrung auf Grund des Ursprungs ihrer Begriffe in einem Interesse noch zukommen?

Die erste dieser beiden Fragen ist ihrem Bezugspunkt entsprechend zu beantworten aus der Feststellung der Anwendbarkeit der Vernunftprinzipien in und für die Erfahrungserkenntnis. Sie können aber nur in der Erfahrung Verwendung finden, wenn sie ihres Anscheins von Erkenntnissen entkleidet werden und nicht als wahre und gegenstandsbezogene, sondern als bloß projektierte Begriffe behandelt werden. Die Vernunftleistung besteht dann nicht mehr darin, zu unterstellen, wenn das Bedingte gegeben sei, so müsse auch die ganze Reihe der voraufgegangenen Bedingungen mitgegeben sein bis zum Unbedingten. Die Vernunftleistung besteht dann vielmehr darin, die Ideen als „projektierte", als „problematische" Begriffe zu benutzen, um mit ihrer Hilfe die größtmögliche Einheit unter den Erfahrungserkenntnissen und ihren größtmöglichen Begründungszusammenhang innerhalb der gegebenen Erfahrung herzustellen. Die Vernunft fordert dann dazu auf, die Erfahrungserkenntnisse so zu betrachten, „als ob allenthalben ins Unendliche systematische und zweckmäßige Einheit bei der größtmöglichen Mannigfaltigkeit angetroffen würde", als ob mit dem Bedingten die ganze Reihe seiner Bedingungen bis zum Unbedingten mitgegeben sei (B 439). Dieser Gebrauch der Vernunftbegriffe setzt nicht voraus, daß sie Erkenntnisse darstellen, er nimmt die Ideen nur als fiktive Richtpunkte außerhalb der Erfahrung für die Anordnung der Erfahrungserkenntnisse und für das Fortschreiten der Erkenntnis. Ihre Rechtmäßigkeit besteht daher in diesem Rahmen in ihrer Nützlichkeit. Ihre Nützlichkeit ist eine methodische, eine „regulative" (B 537). Diese liegt darin, vermittelst des Gebrauchs der Erkenntnisvermögen des Subjekts entsprechend den methodischen Richtlinien der Vernunft diese Vermögen zur maximalen Leistung im Rahmen der Erfahrung zu führen. Der Wert der Vernunftprinzipien und die Geltung des Autonomieanspruchs liegt mithin darin begründet, dem menschlichen Subjekt methodische Prinzipien abzugeben, nach denen es den Gebrauch seiner festgestellten Erkenntnisvermögen unter dem Gesichtspunkt ihrer maximalen Leistungsfähigkeit einrichten kann.

Die Verfolgung der zweiten der beiden gestellten Fragen wirft sogleich ein anderes Licht auf den Charakter der Geltung des Autonomieanspruchs der Vernunft. Es gilt zwar auch in dieser Fragerichtung, aus einem Interesse oder einem Bedürfnis eines der menschlichen Vermögen läßt sich nicht mehr an Geltung herleiten, als dasselbe Grund für das Subjekt darstellt, das Interesse als das Seinige zu übernehmen. Aber es läßt sich nach Kant über den Nutzen in Beziehung auf die Leitung der Erkenntnisvermögen in der empirischen Erfahrung hinaus zeigen, daß die Verwendung der Vernunftideen und des Vernunftvermögens eine Notwendigkeit für das empirische Subjekt darstellen. Diese Notwendigkeit äußert sich zuerst darin, daß allein unter Verwendung der Vernunftprinzipien eine Beurteilung der empirischen Erkenntnis nach wahr und falsch möglich wird. Die Notwendigkeit der Anerkennung der Vernunftautonomie für das empirische Subjekt zeigt sich also darin, daß allein durch sie, allein vermittelst der Geltung der Ideen, ein Kriterium empirischer Wahrheit angegeben werden kann. Sie ist von eben dem Range, in welchem sich die Notwendigkeit eines Wahrheitskriteriums für empirisches Erkennen präsentiert. Anders gesagt: Die Leitung der Erkenntnisvermögen durch das theoretische Vernunftvermögen ist daher für das empirische Subjekt notwendig, weil dasselbe ohne diese Leitung „keinen zusammenhängenden Verstandesgebrauch und in dessen Ermangelung kein zureichendes Merkmal empirischer Wahrheit" haben würde (B 629). Die genannte Notwendigkeit, die Autonomie des Vernunftvermögens anzuerkennen, erwächst für das empirische Subjekt ferner daraus, daß es ohne die Voraussetzung dieser Autonomie nicht empirisches Subjekt zu sein vermag. Denn es ist, sofern es Subjekt ist, dadurch ausgezeichnet, daß es Verfügung über seine Vermögen hat, und es kann über seine Vermögen nur dadurch verfügen, daß es sich der Vernunftsprinzipien bedient, und d. h., den Anspruch des Vernunftvermögens auf Selbstbestimmung übernimmt und mit ihm seine Gesetzgebung.

Zum Charakter der damit auftretenden Notwendigkeit für das empirische Subjekt, die sich selbst bestimmende Vernunft als Richtmaß zu übernehmen, muß allerdings auch einschränkend festgestellt werden, daß es sich in ihr gleichwohl immer noch um eine empirisch subjektive Notwendigkeit, um eine auf den Willen des empirischen Subjekts bezogene Notwendigkeit und um eine bislang nur methodisch gerechtfertigte Notwendigkeit dreht; denn sie hängt davon ab, daß empirische Erkenntnis nach wahr und falsch beurteilt werden soll, sie hängt davon ab, daß das empirische Subjekt Subjekt sein soll, und sie entsteht nach der einen Richtung nicht aus der Erkenntnis der Wahrheit der Erkenntnis und in der anderen nicht aus der Erkenntnis der Notwendigkeit der

Subjektivität. Beide Bezüge erzeugen hinsichtlich der Geltung des Anspruchs der theoretischen Vernunft auf Autonomie den Anschein, als hinge dessen Anerkennung und seine Geltungsart vom Belieben des Subjekts ab, seine empirischen Erkenntnisse nach wahr und falsch beurteilen zu wollen, Subjekt sein zu wollen oder nicht, und als müßten daher Methodenprinzipien Erkenntnissen unter allen Umständen nachstehen.

Wahr ist aber vielmehr, daß mit dem Bezug auf den Willen des Subjekts die Frage des theoretischen Vernunftinteresses und seiner Geltung zur Frage der Geltung und der Artung der hinter dem Interesse der theoretischen Vernunft stehenden Maxime des Willens wird, also zur Frage der Objektivität oder Subjektivität der Maxime, aus der das theoretische Interesse der Vernunft sich ableiten läßt. Und daß mithin, sofern nicht mehr „von dem, was da ist", sondern von dem, „was sein soll", zu reden ist, auch nicht mehr zu reden ist vom bloßen Willen des Subjekts zur Subjektivität oder Nichtsubjektivität, zur Beurteilung der empirischen Erkenntnis nach wahr oder falsch, sondern vom Gesolltsein des einen oder des anderen aus dem Gesetz der praktischen Vernunft, aus dem kategorischen Imperativ.

Gesollt aber ist nach dem „einzigen Faktum der reinen Vernunft" die Subjektivität des Subjekts, die Anwendung der Vernunftprinzipien als Wahrheitskriterien und durch und in beiden die Autonomie der theoretischen Vernunft. Die Autonomie der theoretischen Vernunft und die ihr zugehörigen beiden Prinzipien behalten daher zwar den Charakter von Methodenprinzipien bei, aber sie erhalten gemäß ihrer Ableitbarkeit aus dem unbedingten Gesetz der praktischen Vernunft den Charakter von unbedingten Methodenprinzipien des menschlichen Erkennens.

Die so gesicherte Autonomie der theoretischen Vernunft enthält in den beiden Prinzipien zwei praktisch objektive, d. h. allgemeingültige Maximen. Denn sie gründet damit einmal in bezug auf das menschliche Erkennen die Maxime des „Selbstdenkens" oder der „Aufklärung" als unbedingtes Handhabungsgesetz des menschlichen Erkennens: „Selbstdenken heißt den obersten Probierstein der Wahrheit in sich selbst (d. i. in seiner eigenen Vernunft) suchen, und die Maxime, jederzeit selbst zu denken, ist die Aufklärung." (iDo 146) Sie bestimmt zum anderen in bezug auf das menschliche Erkennen den Zweck desselben als den der praktisch gebotenen Subjektivität der Erkenntnis. Die Subjektivität der Erkenntnis, soweit sie praktisch unbedingt, d. h. praktisch objektiv werden kann, besteht in ihrer Beziehung auf eine bloße Form, die reine Form des Subjekts. Die Subjektivität der Erkenntnis lautet also als gebotene: „Das: Ich denke, muß alle meine Vorstellungen begleiten können." (B 131)

Beide aus der Gesetzgebung der praktischen Vernunft über den menschlichen Willen herrührenden und den Primat der praktischen Vernunft über die theoretische ausmachenden Forderungen sind und bleiben Forderungen an die Erkenntnis, und sie sind und werden keine Erkenntnisse. Sie bestimmen indes, wie nach Maßgabe des Primats der praktischen Vernunft über die theoretische Erkenntnis sein soll. Sie sind, mit anderen Worten, unbedingte Kriterien der menschlichen Erkenntnis, die selbst ihre Rechtmäßigkeit nicht aus der Erkenntnis beziehen.

Nach dem einen soll sie sein: die Erkenntnis, welche dem vorhandenen Menschen, d. h. dem empirischen Subjekt zugehört und ihm verfügbar ist, und ihm zugehört und verfügbar ist mit Hilfe der dem Vernunftvermögen gemäß der „Maxime der Selbsterhaltung der Vernunft" oder entsprechend dem Gesetz der Widerspruchslosigkeit der Vernunftprinzipien untereinander übertragenen Leitung aller menschlichen Erkenntnisvermögen (iDo 147). Nach dem anderen soll sie sein: die Erkenntnis, welche „jederzeit" auf „eine absolute aber logische Einheit des Subjekts", auf das „beständige logische Subjekt des Denkens" als auf „die Form eines jeden Verstandesurteils überhaupt" bezogen ist (A 356, 350, 348). Da dieses, das bloße „Ich denke", obschon selber keine Erkenntnis, sondern „problematisch", als Vernunftidee zu nehmen ist, ein stehendes und bleibendes in aller Erkenntnis sein soll, ist es einerseits für alle wirklichen Iche oder vor-

handenen empirischen Subjekte schlechthin gleich und allgemeingültig und kann andererseits nur als „ein Actus der
Spontaneität" möglich sein, durch welchen ein „Mannigfaltiges gegebener Vorstellungen" verbunden wird (A 348, B
132). Es ist, anders ausgedrückt, nur möglich als Akt der
schlechthinnigen Synthetisierung des Ich denke mit dem Ich
denke über die schlechthinnige Synthetisierung aller Erkenntnisse im Ich denke, oder es ist nur möglich, wenn sich
alle Erkenntnisse unabhängig von ihrem Ursprung der Synthesis des Ich denke beugen. Das kann auch so ausgedrückt
werden: Da sich das Ich denke mit dem Ich denke unabhängig von den Erkenntnissen, deren Ich denke es ist, identifizieren lassen muß, so müssen sich auch die Erkenntnisse, deren Ich denke es ist, unabhängig von ihrer Herkunft, d. h.
a priori im Ich denke synthetisieren lassen. Es muß also entsprechend der genannten Vernunftforderung eine apriorische
Synthesis von Erkenntnissen geben, oder es muß synthetische
Urteile a priori geben.

§ 4 Die nach ihren Bezugspunkten bestimmte
Aufgabe der Philosophie

Danach stellt sich für Kant die Aufgabe der Philosophie unter folgenden Vorzeichen dar:
Die Philosophie hat davon auszugehen, daß alle Erkenntnis mit der Erfahrung anfängt und an die empirisch feststellbaren Bedingungen der Erfahrung gebunden ist. Sie hat also
davon auszugehen, daß alle Erkenntnis ursprünglich als solche in synthetischen Urteilen a posteriori gelten muß.
Die Philosophie hat davon auszugehen, daß es, dem ungeachtet, synthetische Urteile a priori geben muß, d. h. eine
Erkenntniserweiterung, die in ihrer Geltung unabhängig von
der Empirie ist und der schlechthin allgemeingültigen Norm
des reinen „Ich denke" folgt.
Die Philosophie hat davon auszugehen, daß diese Forderung selbst und das in ihr angegebene Kriterium nach ihrer

Herkunft aus dem Primat der praktischen Vernunft über die theoretische unbedingt in Geltung sind.

Die Philosophie steht infolgedessen vor der Aufgabe der Auflösung der Frage: „Wie sind synthetische Urteile a priori möglich?" (B 19) Und sie steht vor der Aufgabe, diese Auflösung selber a priori und allgemeingültig zu leisten.

Daher ist diese Aufgabe eine solche, die der Vernunft entspringt, und eine solche, die sich nur mit den Mitteln des theoretischen Vernunftvermögens des Menschen lösen läßt. Sie ist im doppelten Sinne „Aufgabe der reinen Vernunft" (B 19).

Das bedeutet negativ, daß sie niemals im Sinne einer Erkenntnis der Erkenntnis gelöst werden kann. Es bedeutet positiv, daß sie als Methodenaufgabe gelöst werden muß. Die Philosophie, die sie löst, kann daher nur „ein Traktat von der Methode" sein (B XXII). Sie ist ein Traktat der Methode, die es erlaubt, mit den im Voranstehenden abgeleiteten Mitteln des Vernunftvermögens und in Anbetracht der diesen Mitteln eigenen Geltung nach dem Maßstab der unbedingten Forderung der Möglichkeit synthetischer Urteile a priori und unter der feststehenden Voraussetzung des Anfangs aller Erkenntnis mit der Erfahrung die Möglichkeitsbedingungen synthetischer Urteile a priori und damit die Möglichkeitsbedingungen allgemeingültiger und notwendiger Erkenntnisse, sofern sie Erweiterungserkenntnisse sind, als selber allgemeingültige und notwendige aufzudecken.

Philosophie schafft als diese Ableitung das apriorische Wissen von den Bedingungen der Möglichkeit synthetischer Urteile a priori, die notwendig sein sollen. Sie schafft damit nicht deren Erkennen, sondern deren Begreifen. Das bedeutet, sie schafft ein Wissen, das unter einem im voraus feststehenden Zweck steht, „d. h. zu einer gewissen Absicht hinreichend" ist (L 65). Dieses Wissen ist also ein funktionales, ein technisches Wissen. Aber es ist konstitutiv für die Möglichkeit der Allgemeingültigkeit der Erkenntnis, für die Möglichkeit synthetischer Urteile a priori.

Die Aufgabe der Philosophie als Wissenschaft spitzt sich darum nach der Explikation ihrer Bezugspunkte, empirische

Erfahrung, Autonomie des theoretischen Vernunftvermögens und praktische Allgemeingültigkeit dieses Autonomieanspruchs, nach folgenden drei Richtungen zu:

Es sind mit den Mitteln der theoretischen Vernunft die Bedingungen zu entwerfen, unter welchen sich das Kriterium des „Ich denke", d. h. das Kriterium der Allgemeingültigkeit synthetischer Urteile, auf die mit der Erfahrung anfangende menschliche Erkenntnis anwenden läßt. Die Philosophie hat damit die Idee einer allgemeingültigen Erweiterungserkenntnis unter Voraussetzung des Anfangs aller Erkenntnis mit der Erfahrung zu entwerfen.

Es ist mit den Mitteln der theoretischen Vernunft die Rechtfertigung dieser Idee, d. h. der Erweis ihrer Allgemeingültigkeit zu erbringen. Die Philosophie hat die Idee der Transzendentalphilosophie als allgemeingültige zu deduzieren.

Es sind mit den Mitteln der theoretischen Vernunft die Grenzen anzugeben, die die Vernunft sich selber ziehen muß, wenn sie die ihr gestellte Aufgabe auf diese Weise, in der sie ihr gestellt ist, lösen können soll.

II. Kants Entwurf der
   Idee der Transzendentalphilosophie

Faßt man die aus der Darstellung der Zuspitzung des Anlie-
gens der Erhebung der Philosophie zur Wissenschaft hervorgehenden Aufgaben in der Reihenfolge ihres Auftretens ins
Auge, so hat man es zuerst mit der des Entwurfs der Gesamtheit der Bedingungen der Möglichkeit einer allgemeingültigen synthetischen Erkenntnis zu tun.

Dieser Entwurf steht von vornherein unter Auflagen. Er
hat einmal dem Umstand gerecht zu werden, daß alle Erkenntnis mit der Erfahrung anfängt. Er hat zum anderen,
dem angegebenen Kriterium der Allgemeingültigkeit synthetischer Urteile Rechnung zu tragen. In beiden stellen sich
also nicht verschiebbare und nicht hinterfragbare Richtpunkte für den Entwurf des Bedingungsgefüges für die Erklärung der Möglichkeit synthetischer Urteile a priori vor.
Zum dritten aber muß er mit den Mitteln der in sich widerspruchsfrei zu haltenden theoretischen Vernunft erfolgen.

Die erste Bedingung bindet ihn an die Faktizität des empirischen Subjekts. Sie bindet ihn an die Tatsächlichkeit seines
Gegenstandsbezuges in der bloßen Erfahrung und an die tatsächliche Beschaffenheit des empirischen Subjekts. Die
zweite Bedingung bindet ihn an eine Norm des Erklärensol-
lens und dadurch indirekt ebenfalls an eine Norm für die Beschaffenheit des zu entwerfenden Bedingungszusammenhan-
ges. Erklärt werden soll die apriorische Beziehbarkeit des reinen Ich denke auf das empirische Subjekt und die bloße Erfahrungserkenntnis. Die dritte Bedingung bindet ihn an die
für die Erklärung verfügbaren Mittel und an die mit ihnen
gegebene Geltungsschranke.

Die erste und die zweite Bedingung bestimmen in ihrem Zusammenhang zunächst die Entwurfsrichtung. Denn da die Begreifbarkeit der Möglichkeit der Beziehung des reinen Ich denke auf das empirische Subjekt oder die apriorische Beziehbarkeit des Ich denke auf das empirische Erfahrungsurteil geleistet werden soll, kann der Entwurf nur der Entwurf einer Subjektivität sein, in welcher sich das bloße logische Subjekt Ich denke und das empirische Subjekt in einer Subjektivität umspannt erweisen. Das hat zur Folge, daß sich für Kant das Problem des Begreifens der Erkenntnis von vornherein nicht mehr als das des Begreifens der Subjekt-Objekt-Beziehung überhaupt stellt, sondern nur noch als das des Begreifens des Subjekt-Objekt-Verhältnisses innerhalb der Grenzen der Bedingungen, die die apriorische Beziehbarkeit des reinen Ich denke auf das empirische Subjekt verstatten. Aus dem Zusammenhang der ersten und der zweiten Bedingung entspringt deshalb ferner eine von der Entwurfsrichtung abhängige Entwurfsregel, die als Kopernikanische Wendung berühmt geworden ist. Sie lautet: „Bisher nahm man an, alle unsere Erkenntnis müsse sich nach den Gegenständen richten; aber alle Versuche über sie a priori etwas durch Begriffe auszumachen, wodurch unsere Erkenntnis erweitert würde, gingen unter dieser Voraussetzung zunichte. Man versuche es daher einmal, ob wir nicht in den Aufgaben der Metaphysik damit besser fortkommen, daß wir annehmen, die Gegenstände müssen sich nach unserem Erkenntnis richten, welches so schon besser mit der verlangten Möglichkeit einer Erkenntnis derselben a priori zusammenstimmt, die über Gegenstände, ehe sie uns gegeben werden, etwas festsetzen soll." (B XVI)

Mit der dritten Bedingung wird mit den Mitteln der Charakter der Geltung des Entwurfs festgelegt. Dieser versteht sich als der einer Vernunftidee und als der einer Vernunftidee in bestimmt angegebener Funktion. Als vorab feststehender bestimmt er die Entwurfsweise.

In ihrer Einheit und in der Einheit ihrer Konsequenzen machen die drei Bedingungen die Philosophie, welche Wissenschaft werden soll, zur Transzendentalphilosophie, d. h.

zu einem System der Voraussetzungen, aus welchen sich die menschlichen Erkenntnisse als allgemeingültige begreifen lassen. Philosophie als Wissenschaft ist mithin die Philosophie, die „sich nicht sowohl mit Gegenständen, sondern mit unserer Erkenntnisart von Gegenständen, sofern diese a priori möglich sein soll, überhaupt beschäftigt" (B 25).

§ 5 Kants Lehre von den transzendentalen Vermögen

In bezug auf die anstehende Aufgabe des Entwurfs von Bedingungen der Möglichkeit synthetischer Urteile a priori durch die Transzendentalphilosophie lassen sich zwei Seiten unterscheiden. Die eine wird sichtbar aus der Notwendigkeit der Beantwortung der Frage: Welche Bedingungen müssen angenommen werden, um der gestellten Aufgabe gerecht werden zu können? Die andere wird erkenntlich am Erfordernis der Beantwortung der Frage: In welchem Sinne dürfen diese angenommenen Bedingungen angenommen werden?

Die erste der beiden Fragen findet ihre Beantwortung in der Ausführung ihres Entwurfs entsprechend den dafür genannten Auflagen, entsprechend der dafür genannten Norm und entsprechend der dazu namhaft gemachten Entwurfsrichtung. Die zweite kann nur beantwortet werden über die Entwicklung des Voraussetzungssinnes der zu bestimmenden Bedingungen.

Im Zusammenhang mit der ersten Frage ist zunächst die Bedeutung jener Auflage für den Entwurf der in Rede stehenden Bedingungen zu explizieren, die durch den Anfang aller Erkenntnis mit der Erfahrung festliegt.

Sie hat Konsequenzen nach zwei Seiten. Nach der einen ergibt sich aus ihr: Die Bindung an die empirische Erfahrung ist die Bindung aller menschlichen Erkenntnis an die menschliche Anschauung. Diese ist nicht „ursprünglich", wie festgestellt wurde, sie ist nicht gegenstandserzeugend, sie ist vielmehr vom „Dasein des Objekts abhängig, mithin nur dadurch, daß die Vorstellungsfähigkeit des Subjekts durch dasselbe affiziert wird, möglich" (B 72). Das will besagen, der Entwurf der Bedingungen der Möglichkeit synthetischer Urteile a priori steht von vornherein selbst unter der Bedingung der Nichtableitbarkeit der Tatsache der sinnlichen Empfindungen bzw. unter der Voraussetzung der Nichterkennbarkeit ihres Ableitungsgrundes.

Nach der anderen Seite ergibt sich als Konsequenz der Tatsache des Anfangs aller Erkenntnis mit der Erfahrung für den Entwurf der fraglichen Bedingungen, daß diese nicht völlig unabhängig von der Beschaffenheit der empirischen Erkenntnis und des empirischen Subjekts zu konstruieren sind, sondern über der einen und über dem anderen. Es ist also dabei auszugehen von jenen im empirischen Subjekt liegenden Fähigkeiten oder Vermögen, welche die Vernunft zum Zwecke des Begreifens der empirischen Erkenntnis durch die Analyse aus derselben gewinnt. Es können also für den Zweck der Begründung synthetischer Urteile a priori ihrer Möglichkeit nach nicht zusätzliche Fähigkeiten oder Vermögen zu den in der empirischen Erfahrung schon aufgedeckten hinzu erfunden werden.

Doch obschon damit feststeht, wovon der Entwurf auszugehen hat, ist damit noch nicht in Rechnung gestellt, woraufhin er zu erfolgen hat. Als Entwurfsnorm liegt aber die Erklärung der apriorischen Beziehbarkeit des reinen Ich denke auf das Empirische oder auf die gegebenen Empfindungen fest. Da diese Beziehbarkeit nicht anders denkbar ist als dadurch, daß die vorauszusetzenden Vermögen als reine, d. h. empirisch nicht vorliegende und erfahrungstranszendente Vermögen unterstellt werden, so verlangt die Entwurfsnorm, die Vermögen entsprechend zu konzipieren.

Unter Hinzuziehung der dafür angegebenen Entwurfsregel sind sie so anzunehmen, daß sie, indem sie die apriorische Beziehbarkeit des bloßen Ich denke auf die Empfindungen des empirischen Subjekts erklären, gleichzeitig die Bestimmbarkeit a priori der Gegenstände durch die anzunehmenden reinen Vermögen begreifbar machen. Weil von dieser Bestimmbarkeit, wie hervorgehoben wurde, ausdrücklich die Tatsache der Empfindung oder die materielle Seite der Er-

kenntnis ausgeschlossen ist, so hat sich der Entwurf ausnahmslos auf die formale Seite der Gegenstandsbestimmung
zu erstrecken, d. i. er hat ein Entwurf von reinen Vermögen
reiner Formen zu sein.

Dementsprechend ist in die Ausführung des Entwurfs zuerst die Feststellung jener Bedingtheit aufzunehmen, unter
welcher er selbst steht. Sie ist in eins die Feststellung der Unableitbarkeit der empirischen Erfahrung als Tatsache, der
Unableitbarkeit der Affektion des Subjekts durch den Gegenstand, der Unableitbarkeit des Materials der Sinnlichkeit
oder der Empfindungen. Diese Feststellung wird von Kant
in bezug auf die aufgeführten Richtungen durch die Anerkennung des Dinges an sich getroffen. Als Bedingung, unter
welcher der Entwurf steht, ist das „Ding an sich selbst"
Schranke der Erklärbarkeit synthetischer Urteile a priori.
Als Schranke ist es nicht mehr positiv bestimmbar und bedeutet Ding überhaupt; als Ding überhaupt ist es gleichwohl im Zusammenhang der gesuchten Bedingungen als das
wahre Korrelatum des Erkannten anzusehen.

Der eigentliche Entwurf, der für die Möglichkeit synthetischer Urteile a priori notwendigen Elemente, der Elemente
einer reinen Subjektivität, hat zuerst anzusetzen bei dem
niedrigsten der von der Vernunft aufgedeckten Vermögen
der menschlichen Erkenntnis, dem Anschauungsvermögen.
Er hat also zuerst die Annahme eines Vermögens reiner Anschauung, einer Anschauung, die „auch ohne einen wirklichen Gegenstand der Sinne oder Empfindung . . . im Gemüt
stattfindet", zu betreffen (B 35). Diese Anschauung liefert
zwei reine Formen sinnlicher Anschauung als Prinzipien
der Erkenntnis a priori . . . nämlich Raum und Zeit" (B 36).
Nach diesen Prinzipien wird alles Erkenntnismaterial, werden die Empfindungen geordnet „und in gewisse Form gestellt" (B 34). Dabei fungiert der Raum als „die reine Form
aller äußeren Anschauung", die Zeit als die reine Form aller
Anschauungen überhaupt, der inneren wie der äußeren (B 50).

Beide werden angenommen als die von allen empirischen
Empfindungen unabhängigen Formen der Ordnung der
Empfindungen oder der material bestimmten Anschauungen.

34

Beide werden angenommen als die für alle empirischen Erkenntnisdaten schlechthin gültigen Formen der Anschauung.

In bezug auf die Sinnlichkeit als Erkenntnisvermögen beruht also die Theorie einer reinen Subjektivität auf den Annahmen: Es gibt eine reine Anschauung, in welcher zwei reine Formen aller empirischen Anschauung angeschaut werden. Diese sind Formen einer reinen Subjektivität ihrer Herkunft nach und Formen allen Erkenntnismaterials ihrer Geltung nach. Sie sind ihrem Ursprung wie ihrer Funktion nach a priori, nämlich einerseits unabhängig von der Empirie und andererseits gültig für die Empirie, der sie darum in beiderlei Rücksicht sachlich voraufgehen und die sie allgemeingültig bestimmen.

Ein zweites Element einer reinen Subjektivität ist gemäß der Analyse der menschlichen Erkenntnis durch das Vernunftvermögen über dem Verstandesvermögen des empirischen Subjekts zu entwerfen. Der Verstand muß danach als eine zweite reine „Grundquelle" unserer Erkenntnis konzipiert werden. Geht man dabei von dem aus, wie er sich nach seiner Leistung in der bloßen Erfahrungserkenntnis darstellt, so ist er im Unterschiede zur Rezeptivität der Sinnlichkeit durch Sponaneität zu charakterisieren. Er ist als Vermögen der Spontaneität ein solches formaler Natur, denn er ist diskursiv und vermag nicht anzuschauen. Er ist ein Vermögen der Synthesis von Vorstellungen, deren Material zuletzt der Sinnlichkeit entstammt. Als Vermögen der Synthesis ist er ein Vermögen der Einheitsstiftung nach bestimmten Regeln, die ihm selbst entstammen und in der Erfahrungserkenntnis als die Formen des Urteilens auftreten.

Der Entwurf eines reinen Verstandes als Bestandstück einer reinen Subjektivität, soweit er zuerst auf die Festlegung der ihm danach zuzusprechenden Regeln der Synthesis a priori ausgeht, hat demnach, im Vermögen zu urteilen, das Prinzip, nach dem er auszuführen ist. Er findet darum aus und über dem „Vermögen zu urteilen (welches ebensoviel ist, als das Vermögen zu denken)" statt (B 106). Dabei wird ausgegangen von den durch Analyse in der menschlichen Erkenntnis vorfindlichen Formen des Urteilens. Diesen Formen entsprechend sind jene reinen Gesetze der Einheitsstiftung a priori, die Kategorien des reinen Verstandes, seine „Elementarbegriffe", aus denen die Weisen aller Synthetisierung a priori ableitbar werden sollen, zu fassen (B 89). Sie sind also zu konzipieren als die „ursprünglich reinen Begriffe der Synthesis, die der Verstand a priori in sich enthält, und um deren willen er auch nur ein reiner Verstand ist" (B 106). Sie sind zu bestimmen als die ursprünglich apriorischen Formen der Handlung, „verschiedene Vorstellungen zueinander hinzuzutun" (B 91). Werden sie nach Kant gemäß dem von ihm angegebenen Annahmeprinzip, das sowohl ihre Vollständigkeit als auch ihre systematische Ordnung garantiert, ausgeführt, so lassen sie sich als die folgenden ermitteln: 1. Kategorien der Quantität: Einheit, Vielheit, Allheit. 2. Kategorien der Qualität: Realität, Negation, Limitation. 3. Kategorien der Relation: der Inhärenz und Subsistenz, der Kausalität und Dependenz, der Gemeinschaft. 4. Kategorien der Modalität: Möglichkeit – Unmöglichkeit, Dasein – Nichtsein, Notwendigkeit – Zufälligkeit (B 106).

Aber der Entwurf eines reinen Verstandes als Teil einer reinen Subjektivität hat nicht bloß die Regeln der Synthesis a priori, er hat auch die Tätigkeit, die Synthesis a priori, die sich in diesen Formen vollzieht, selbst zu umfassen. Denn das Verstandesvermögen soll nicht nur als Quelle ihrer Formen, sondern auch als die der Synthese selber begriffen werden. Es bedarf also im Entwurf des reinen Verstandes der Annahme einer „Verstandeshandlung, die wir mit der allgemeinen Benennung Synthesis belegen", diese ist ein „Actus der Spontaneität der Vorstellungskraft" (B 130). Es bedarf in diesem Entwurf weiter der Annahme einer höchsten Einheit; „diese Einheit, die a priori vor allen Begriffen des Verstandes vorhergeht", macht Verbindung als Synthesis a priori erst möglich, denn diese ist „Vorstellung der synthetischen Einheit des Mannigfaltigen" (B 130). Es bedarf, mit anderen Worten, der Annahme der Selbsttätigkeit des Denkens, die als Tätigkeit der Verbindung des Mannigfaltigen der Vorstellungen a priori zugleich die Einheit alles Mannigfaltigen a priori ist. Diese Selbsttätigkeit ist die „reine Apperzeption", „die ursprüngliche Apperzeption", sie ist „dasjenige Selbstbewußtsein ..., was ... die Vorstellung: Ich denke hervorbringt", und indem es sie hervorbringt, das ist, was es hervorbringt, weil das Vorstellen des Selbstbewußtseins als reines Selbstbewußtsein das reine Selbstbewußtsein ist, d. h. reine Selbsttätigkeit ist (B 132). Denn nur dadurch, „daß ich ein Mannigfaltiges gegebener Vorstellungen in einem Bewußtsein verbinden kann, ist es möglich, daß ich mir die Identität des Bewußtseins in diesen Vorstellungen selbst vorstelle" (B 133). Nur dadurch also, daß das Mannigfaltige der Vorstellungen durch die Tätigkeit des Ich denke (Selbstbewußtsein) in der Einheit des Ich denke (Selbstbewußtsein) zusammengefaßt wird, ist die Identität des Ich denke (des Selbstbewußtseins) gegeben, wie nur durch die Identifizierung des Ich denke mit dem Ich denke die apriorische Verbindung von Mannigfaltigem im Ich denke garantiert ist. „Und so ist die synthetische Einheit der Apperzeption der höchste Punkt, an dem man allen Verstandesgebrauch, selbst die ganze Logik und nach ihr die Transzendental-Philosophie heften muß, ja dieses Vermögen ist der Verstand selbst." (B 134 Anm.) Der daraus folgende Grundsatz, „das Ich denke muß alle meine Vorstellungen begleiten können", erklärt die Synthesis des in der Anschauung gegebenen Mannigfaltigen für notwendig, weil ohne die durchgängige Identität des Selbstbewußtseins überhaupt nicht gedacht werden könnte (B 131).

Mit den reinen Anschauungsformen, den reinen Denkformen, dem reinen Ich denke als obersten Einheitspunkt aller Formen reiner Synthesis und Akt der Spontaneität scheinen alle Elemente einer reinen Subjektivität erfaßt. Sieht man aber noch einmal auf den Zweck des Entwurfs dieser reinen Subjektivität, die Erklärung der Möglichkeit synthetischer Urteile a priori, so ist zu bemerken, daß dem nicht so ist. Denn da entsprechend der Festlegung des Ausgangs aller Erkenntnis von der Erfahrung auch davon ausgegangen wurde, daß alles Erkenntnismaterial der Empfindung, der „empirischen Anschauung", zu verdanken ist, also auf der Rezeptivität des faktischen Subjekts beruht, während alle reinen Formen, soweit sie dem Denken entspringen, in der Spontaneität des reinen Subjekts zu gründen haben, ergibt sich die Frage nach der Erklärung der Möglichkeit einer Verbindung beider mit Notwendigkeit. Diese Frage ist die nach der Beziehbarkeit reiner Verstandesbegriffe auf empirisches Anschauungsmaterial, mit dem diese ihrer Bestimmung nach ganz „ungleichartig" sind (B 76).

Sie kann nur beantwortet werden durch die Annahme eines Vermögens, welches in der Lage ist, als ein Drittes zwischen beiden die Kluft zwischen empirischer Sinnlichkeit und reinen Verstandesbegriffen zu überbrücken. Die Leistung dieses Vermögens muß eine vermittelnde Vorstellung sein. „Diese vermittelnde Vorstellung muß rein (ohne alles Empirische) und doch einerseits intellektuell, andererseits sinnlich sein. Eine solche ist das transzendentale Schema." (B 176) Das zu unterstellende dritte Vermögen eines reinen Subjekts ist das einer reinen Urteilskraft. Die ihm zuzusprechende Leistung ist die Erzeugung eines reinen Schemas, welches die „Subsumtion" der empirischen Vorstellung unter die reinen Kategorien ermöglicht (B 176). Dieses Schema ist gemäß der von ihm erwarteten Leistung zu fassen als „Verfahren der Einbildungskraft", nach welchem einem Begriffe sein „Bild" verschafft wird (A 140). Das Verfahren der reinen Einbildungskraft, d. h. der reinen Versinnlichung der Kategorien, kann nach den Vorgaben nur das ihrer reinen Verzeitlichung sein, das Verfahren der „transzendentalen Zeitbestimmung" (A 138). „Die Schemate sind daher nichts als Zeitbestimmungen a priori nach Regeln, und diese gehen nach der Ordnung der Kategorien auf die Zeitreihe, den Zeitinhalt, die Zeitordnung, endlich den Zeitinbegriff in Ansehung aller möglichen Gegenstände." (B 184) Entsprechend dieser Schematisierung werden aus den reinen Denkformen, den Kategorien, Grundsätze a priori, reine Erkenntnisformen, die „die Gründe anderer Urteile in sich enthalten" und selbst „nicht in höheren und allgemeineren Erkenntnissen gegründet sind" (B 188). Diese reinen Grundsätze stellen den Bezug der bloßen Denkformen zur Quelle allen Erkenntnismaterials, der Empirie, her.

Der damit umrissene Entwurf einer reinen Subjektivität läßt erkennen, daß er auf drei Prinzipien errichtet ist, auf einem solchen der reinen Sinnlichkeit, auf einem solchen des reinen Verstandes und auf einem solchen der reinen Urteilskraft. Das erste besagt: „daß alles Mannigfaltige" der Sinnlichkeit „unter den formalen Bedingungen des Raumes und der Zeit stehe" (B 136). Das zweite besagt: „daß alles Mannigfaltige der Anschauung unter Bedingungen der ursprünglich-synthetischen Einheit der Apperzeption stehe" (B 136). Das dritte besagt: „ein jeder Gegenstand steht unter den notwendigen Bedingungen der synthetischen Einheit des Mannigfaltigen der Anschauung in einer möglichen Erfahrung" (B 197).

Prüft man diesen Entwurf der Vermögen einer reinen Subjektivität, nachdem sein Gehalt feststeht, auf den Sinn, in welchem er stattfindet, so ist in bezug auf die eingangs gestellte zweite Frage festzuhalten: Unter den Bedingungen, unter welchen er zustande kommt, kann er nur als ein Gefüge von Voraussetzungen um des Begreifens der Möglichkeit synthetischer Urteile a priori willen gelten. Die in ihm enthaltenen Voraussetzungen sind darum keine empirischen Erkenntnisgegenstände und keine Gegenstände synthetischer Urteile a priori als Erkenntnisse, sie sind erst recht keine an sich existierende Gegenstände. Sie dürfen demnach nur mit dem Charakter von Voraussetzungen des Begreifens als Funktionen des Begriffes synthetischer Urteile a priori angenommen werden. Und sie dürfen auch das nur nach Maßgabe der Rechtmäßigkeit des hinter ihrer Annahme stehenden Vernunftanspruchs auf Begreifen der Möglichkeiten synthetischer Erkenntnisse a priori. So machen sie zusammen ein Bedingungsgefüge aus, das nicht mehr enthalten darf, als zu diesem Begreifen erforderlich ist, und nicht anders angenommen werden darf als unter methodischem Gesichtspunkt, wenn auch unter einem methodisch unbedingten. In dieser Bedeutung sind sie zunächst transzendente Bedingungen, die als reine Bedingungen über der empirischen Erfahrung konstruiert werden und ausschließlich in dem Sinne vorausgesetzt werden, in welchem sie gebraucht werden, als Erklärungsfunktionen und d. h.

ausschließlich mit dem Recht vorausgesetzt werden, welches vorläufig der erhobene Begreifensanspruch der Vernunft allein gibt. Auf den reinen Verstand bezogen, aber für die anderen reinen Formen der Idee einer reinen Subjektivität ebenso gültig, ist damit geschehen, was Kant im Nachfolgenden beschreibt. „In der Erwartung also, daß es vielleicht Begriffe geben könne, die sich a priori auf Gegenstände beziehen mögen, nicht als reine oder sinnliche Anschauungen, sondern bloß als Handlungen des reinen Denkens, die mithin Begriffe, aber weder empirischen noch ästhetischen Ursprungs sind, so machen wir uns zum voraus die Idee von einer Wissenschaft des reinen Verstandes und Vernunfterkenntnisses, dadurch wir Gegenstände völlig a priori denken. Eine solche Wissenschaft, welche den Ursprung, den Umfang und die objektive Gültigkeit solcher Erkenntnisse bestimmte, würde transzendentale Logik heißen müssen, weil sie es bloß mit den Gesetzen des Verstandes und der Vernunft zu tun hat, aber lediglich, sofern sie auf Gegenstände a priori bezogen wird und nicht wie die allgemeine Logik auf die empirischen sowohl als reinen Vernunfterkenntnisse ohne Unterschied." (B 81)

§ 6 Kants Lehre von der Möglichkeit synthetischer Urteile a priori und die transzendentale Deduktion

Wenn die entworfenen Elemente einer reinen Subjektivität ebenso wie die anzuerkennende Schranke dieses Entwurfs selber nicht auf objektiven Erkenntnissen beruhen, so erklärt sich dies daraus, daß sie, indem sie auf einem Akt des Entwurfs beruhen, auch auf einem synthetischen Urteil beruhen und überdies auf einem synthetischen Urteil, welches die Grenzen der Erfahrung überschreitet. Sie sind unmittelbar erfahrungstranszendente Annahmen. Nicht nur das Etwas, welches ich annehme, um die Affektion der Sinnlichkeit zu erklären, ist selber ein Nichterkennbares, auch die Tätigkeit der Spontaneität, auch die Kategorien sind Gehalte einer voraussetzenden Annahme, aber keine objektiven Erkenntnisse.

Daraus folgt zweierlei: Es bleibt im Nachstehenden zu prüfen, ob die vorausgesetzten Bedingungen in dem Was ihres Voraussetzungsgehaltes und in dem Wie ihres Vorausgesetztseins in der Lage sind, tatsächlich die Möglichkeit synthetischer Urteile a priori begreiflich zu machen. Es bleibt darüber hinaus aber auch zu prüfen, ob und wenn, auf welche Weise die vorausgesetzten Bedingungen sich als rechtmäßig vorausgesetzte dartun lassen. Diese Rechtmäßigkeit kann auch einem unbedingten Vernunftanspruch allein nicht entwachsen, er muß sich dazu als erfüllbar ausweisen lassen. Denn das, was die Möglichkeit allgemeingültiger und objektiver synthetischer Erkenntnis begründen soll, muß seinerseits als objektiv und allgemeingültig ausgewiesen werden können und nicht nur als vernunftnotwendig.

Dem ersten der beiden Anliegen wird nachgekommen, indem das entwickelte Bedingungsgefüge auf die Denkmöglichkeit der synthetischen Urteile a priori angewandt und daran überprüft wird.

Synthetische Urteile a priori sind vermeint als allgemeingültige und objektiv gültige Erweiterungserkenntnisse. Sie sind vermeint als Urteile, die „zu dem Begriffe des Subjekts ein Prädikat" hinzutun, „welches in jenem gar nicht gedacht war und durch keine Zergliederung desselben hätte können herausgezogen werden" (B 11). Und sie tun es a priori hinzu, weswegen sie sich dabei nicht auf die bloße empirische Erfahrung stützen können. Darum lautet die Frage ihrer Begreifbarkeit: „Wenn ich über den Begriff A hinausgehen soll, um einen anderen B als damit verbunden zu erkennen: was ist das, worauf ich mich stütze, und wodurch die Synthesis möglich wird, da ich hier den Vorteil nicht habe, mich im Felde der Erfahrung danach umzusehen?" (B 13) „Was ist hier das Unbekannte = x, worauf sich der Verstand stützt, wenn er außer dem Begriff von A ein demselben fremdes Prädikat B aufzufinden glaubt, welches er gleichwohl damit verknüpft zu sein erachtet?" (B 13)

Nach den obigen Ausführungen stützt sich der Verstand

bei dieser Synthesis auf die „ursprüngliche Apperzeption" (B 132). Demnach ist synthetisch a priori urteilen zuerst: Zwei Begriffen auf der Grundlage ihrer Einheit in der ursprünglichen Apperzeption durch die reine Tätigkeit des Verstandes das Gemeinsame verschaffen. Der Verstand stützt sich dabei auf die reinen Verbindungsformen, auf die Kategorien. Daher ist synthetisch a priori urteilen ferner: zwei Begriffen auf der Basis ihrer Einheit in der ursprünglichen Apperzeption nach Maßgabe apriorischer Verbindungsgesetze (der Kategorien) das Gemeinsame verschaffen.

Synthetisch a priori urteilen bestimmt sich darum von seiten des Verstandes als reines Formen nach den ihm innewohnenden Formungsgesetzen, genauer gesagt, als Überformen. Denn da der Verstand diskursiv ist und deshalb Mannigfaltiges als bloßes Material nicht direkt betrifft, sondern immer schon als geformtes, bezieht er sich direkt nur auf die reinen Anschauungsformen. Diese sind es, „in welchen wir, wenn wir im Urteil a priori über den gegebenen Begriff hinausgehen wollen, dasjenige antreffen, was nicht im Begriffe, wohl aber in der Anschauung, die ihm entspricht, a priori entdeckt werden und mit jenem synthetisch verbunden werden kann" (B 73). Auf die Weise gehen die reinen Anschauungsformen, immer aber die reine Zeitform, in jedes synthetische Urteil a priori als dessen Möglichkeitsbedingungen ein. Synthetisch a priori urteilen bedeutet darum drittens: zwei Begriffen auf der Basis ihrer Einheit in der ursprünglichen Apperzeption nach Maßgabe der Überformung der reinen Zeitform durch die Kategorien oder nach Maßgabe der reinen Grundsätze, den Zusammenhang, d. i. das Gemeinsame, verschaffen.

Aus dem Zusammenhang der letzten Bestimmung wird abnehmbar, daß die angeführten Elemente des Entwurfs einer reinen Subjektivität in der Tat, wie gefordert, zum Begreifen der Denkmöglichkeit synthetischer Urteile a priori ausreichen. Es wird auch abnehmbar, warum dem so ist, weil das synthetische Urteil a priori aus eben denselben Bedingungen erklärbar ist, aus denen sich die Beziehung einer gegebenen Vorstellung auf die Einheit des Ich denke, der ursprünglichen Apperzeption, erklärt. Das „ist" im synthetischen Urteil a priori, die apriorische Synthesis von Vorstellung und Vorstellung, beruht auf denselben Elementen, auf welchen jede Vorstellung selber beruht. Im synthetischen Urteil a priori gehören mithin zwei Vorstellungen aus demselben Grunde als Subjekt und Prädikat zueinander, aus welchen die Bestandteile einer einzigen Vorstellung zueinander gehören, sie gehören „vermöge der notwendigen Einheit der Apperzeption in der Synthesis der Anschauung zueinander" (B 142). Die Möglichkeit im synthetischen Urteil a priori von einem gegebenen Begriffe A zu einem gegebenen Begriffe B hinauszugehen, um diesen als mit jenem verbunden zu erkennen, liegt daher nach dem entwickelten Entwurf in dem, was den Begriff A und den Begriff B zu dem, was der eine wie der andere jeweils ist, macht, zu einem gegebenen Begriff macht. Die Synthesis wird geleistet von der Gesamtheit der entwickelten Bedingungen, und das „ist", welches im synthetischen Urteil zwischen den Begriffen zu stehen kommt, enthält sie allesamt, wenn auch in je verschiedener Art.

Wenn dem aber so ist, daß die Möglichkeit, synthetische Urteile a priori zu denken, daran gebunden bleibt, daß aus eben den Bedingungen, aus welchen sie gedacht wird, auch die Verbindung von Mannigfaltigem überhaupt, von bloßem Stoff der Erkenntnis, zu einer Vorstellung muß gedacht werden können, so müssen diese Bedingungen auch als die der Möglichkeit einer Erfahrungsvorstellung gedacht werden. Müssen sie aber als Bedingungen der Möglichkeit einer jeden Erfahrungsvorstellung gedacht werden können, so müssen sie auch als Bedingungen der Möglichkeit der Erfahrung überhaupt zu denken sein.

Daraus ergibt sich einmal: Der Entwurf einer reinen Subjektivität ist, insofern er der Entwurf der Gesamtheit der Bedingungen der Möglichkeit synthetischer Urteile a priori ist, auch der Entwurf der Bedingungen einer möglichen Erfahrung.

Daraus ergibt sich zum anderen: Der Entwurf einer reinen Subjektivität ist, insofern er der Entwurf einer möglichen Erfahrung ist, notwendig auch der Entwurf von Bedingungen der Möglichkeit der wirklichen Erfahrung.

Aus dem einen folgt die notwendige Anerkennung seiner Bezogenheit auf die empirische Erfahrung, auf das faktisch gegebene Sinnenmaterial. Diese ist gesichert, wenn die Denkmöglichkeit synthetischer Urteile a priori die Bedingung einschließt, „daß das Mannigfaltige für die Anschauung noch vor der Synthesis des Verstandes und unabhängig von ihr gegeben sein müsse" (B 145). Sie betrifft eine Restriktion, unter welcher der Entwurf als Denkmodell steht. Durch sie ist er keine schlechthin freie Konstruktion der reinen Subjektivität, sondern die Rekonstruktion einer reinen über der empirischen Subjektivität.

Aus dem andern folgt: Der Entwurf einer reinen Subjektivität bezieht sich als Entwurf einer möglichen Erfahrung nicht bloß auf die Denkbarkeit einer solchen Erfahrung, sondern auf deren Vollziehbarkeit für ein menschliches Subjekt. Nicht das widerspruchsfreie Denkenkönnen synthetischer Urteile a priori durch ihn, sondern die Möglichkeit der Erkenntnis in synthetischen Urteilen a priori ist angezielt. Diese ist aber weder auf den unbedingten Vernunftanspruch noch auf die bloße Denkmöglichkeit zu bauen. Sie ist darum nicht abzuleiten, weil die Möglichkeit der Erkenntnis in synthetischen Urteilen a priori davon abhängt, daß sich zeigen läßt, wie sich diese Urteile auf Erkenntnisgegenstände beziehen können. Erkenntnisgegenstände sind aber gegebene Gegenstände, empirisch gegebene Gegenstände, nicht bloß gedachte Gegenstände. Denn auf Grund der Diskursivität des Verstandes muß gelten: „Sich einen Gegenstand denken und einen Gegenstand erkennen, ist also nicht einerlei." (B 146)

Für den Entwurf einer reinen Subjektivität oder für die Konstruktion der Bedingungen der Möglichkeit synthetischer Urteile a priori wird es daher unerläßlich, wenn es sich in ihm um den einer Erkenntnis handeln soll, darzutun, wie „sich Begriffe a priori auf Gegenstände beziehen können" (B 117). Diese Rechtfertigung der Gegenständlichkeit synthetischer Urteile a priori macht den Kern der transzendentalen Deduktion aus.

Die Anfangsbedingungen einer solchen Deduktion stehen nach dem Vorangegangenen fest. Dazu gehört die Nichthinterfragbarkeit der Empirie ihrem Vorhandensein und ihrer Beschaffenheit nach. Dadurch ist von vornherein keine Rechtfertigung des Entwurfsgehaltes der reinen Subjektivität im Sinne eines Ursachenkomplexes für die empirische Erfahrung möglich. Mit anderen Worten, den entworfenen Elementen einer reinen Subjektivität kann nicht dadurch Gegenstandsbezogenheit gesichert werden, daß sie als Ursachen der Empirie und der empirischen Erkenntnisgegenständlichkeit als indirekt gegenständlich erwiesen werden.

Von diesem Ausgang her kann eine gesuchte Deduktion nur darauf hinausgehen, unter Anerkennung der kausalen Nichthinterfragbarkeit der Empirie, die angenommenen Bedingungen als der Empirie selbst immanent notwendige Bedingungen zu demonstrieren.

Als immanente Bedingungen der empirischen Erkenntnis können die Elemente der reinen Subjektivität nicht auf dem Wege einer positiv aufweisenden Analyse dargetan werden. Dazu bedürfte es einer reinen Erkenntnis als Erkenntnis der empirischen Erkenntnis, die nach Kant ausgeschlossen ist. Sie können darum nur dadurch als gültige Bedingungen für die Möglichkeit der Empirie und so indirekt für die Möglichkeit empirischer Gegenstände deduziert werden, daß gezeigt wird, daß empirische Erfahrung, ohne diese reine Bedingung zu enthalten, nicht möglich ist, d. h. sich selber widerspricht.

Empirische Erfahrung als bloß empirische ist ausgezeichnet durch unmittelbaren Gegenstandsbezug. Entblößt von allen reinen Formen des Denkens und der Anschauung gedacht, ist sie unmittelbares Haben, subjektives Haben eines empirischen Gegenstandes durch das empirische Subjekt, bloße Wahrnehmung.

Soll also eine Deduktion der Bestandstücke der entworfenen reinen Subjektivität stattfinden, so ist nach dem Gesagten zu zeigen, daß ohne die Voraussetzung der angenommenen Geltung und der angenommenen Art und Weise der Geltung dieser Bestandstücke einer reinen Subjektivität keine empirische Erfahrung, keine Wahrnehmung, möglich ist. Denn nur auf die Art ist der Gegenstandsbezug der rekonstruierten Bedingungen der Möglichkeit synthetischer Urteile a priori zu sichern, und nur dadurch ist den synthetischen Urteilen a priori eine Gegenständlichkeit, die ihnen die Bedeutung von apriorischen Erkenntnisurteilen gibt, zu garantieren.

Diese indirekte Nachweisung der Gegenstandsbezogenheit, d. h. der Erkenntniswertigkeit synthetischer Urteile a priori, dadurch, daß ihre Bedingungen als die Bedingungen empirischer Erkenntnis nachgewiesen werden, findet für alle vorausgesetzten reinen Formen und deren Voraussetzungssinn statt.

Sie besteht für alle gleichermaßen darin, zu zeigen, daß empirische Erkenntnis nicht anders möglich ist als allein unter der Voraussetzung der apriorischen Gültigkeit derselben. „Die transzendentale Deduktion aller Begriffe a priori hat also ein Principium, worauf die ganze Nachforschung gerichtet werden muß, nämlich dieses: daß sie als Bedingungen a priori der Möglichkeit der Erfahrung erkannt werden müssen (es sei der Anschauung, die in ihr angetroffen wird, oder des Denkens)." (B 126)

Ist Erfahrung, verstanden als Wahrnehmung, das unmittelbare Haben des Gegenstandes durch das empirische Subjekt, so folgt aus diesem Prinzip: Sie sind als Bedingungen a priori der Möglichkeit des empirischen Subjekts, als Bedingungen a priori der Möglichkeit des empirischen Objekts und als Bedingungen a priori der Möglichkeit der Erkenntnisbeziehung zwischen beiden zu deduzieren.

Indem diese Gültigkeit als notwendige für die Ermöglichung des empirischen Subjekts demonstriert wird (Gültigkeit für alle möglichen empirischen Subjekte), wird sie subjektive Allgemeingültigkeit a priori. Indem diese Gültigkeit als notwendige für die Ermöglichung eines empirischen Objekts überhaupt demonstriert wird, wird sie objektive Gültigkeit (Gültigkeit für alle möglichen empirischen Objekte). Indem diese Gültigkeit nach beiden Seiten in einem erwiesen wird (Gültigkeit für alle möglichen Erkenntnisverhältnisse des Menschen), wird sie allgemeingültige Objektivität oder objektive Allgemeingültigkeit.

Der letztere Erweis besteht der subjektiven Richtung des Entwurfs zufolge darin, darzutun, daß ohne jene als subjektiv allgemeingültig erfaßten und für die Konstitution des empirischen Objekts unerläßlichen Bedingungen schlechterdings kein Erkenntnisobjekt für die Erkenntnis des Menschen möglich sein kann. Es wird also die auftretende Frage, „wie nämlich subjektive Bedingungen des Denkens sollten objektive Gültigkeit haben", damit beantwortet, daß nachgewiesen wird, daß ohne jene apriorischen Bedingungen für das menschliche Subjekt überhaupt kein Erkenntnisgegenstand gegeben sein kann (B 122). Daraus wird ersichtlich, daß jene Bedingungen den objektiven Grund der Möglichkeit des Gegenstandes und damit der Erfahrung abgeben. Deshalb sind sie notwendig gültig. „Begriffe, die den objektiven Grund der Möglichkeit der Erfahrung abgeben, sind eben darum notwendig." (B 126)

Unter Bezugnahme auf die einzelnen Elemente der entworfenen Subjektivität besagt dies zuerst für die transzendentale Apperzeption: „Die synthetische Einheit des Bewußtseins ist also eine objektive Bedingung aller Erkenntnis, nicht deren ich bloß selbst bedarf, um ein Objekt zu erkennen, sondern unter der jede Anschauuung stehen muß, um für mich Objekt zu werden, weil auf andere Art und ohne diese Synthesis das Mannigfaltige sich nichts in einem Bewußtsein vereinigen würde." (B 138) Es besagt im Blick auf die Kategorien: „folglich wird die objektive Gültigkeit der Kategorien als Begriffe a priori darauf beruhen, daß durch sie allein Erfahrung (der Form des Denkens nach) möglich sei. Denn alsdann beziehen sie sich notwendigerweise und a priori auf Gegenstände der Erfahrung, weil nur vermittelst ihrer überhaupt irgendein Gegenstand der Erfahrung gedacht werden kann." (B 126) Es besagt in Rücksicht auf die reinen Grundsätze, „daß wir die Möglichkeit keines Dinges nach der bloßen Kategorie einsehen können, sondern immer eine Anschauung bei der Hand haben müssen", um dieselbe zu sichern (B 288). Es besagt also, daß auch die reinen Grundsätze als Bedingungen der Möglichkeit des empirischen Objekts notwendig sind. Im Hinblick auf die reinen Anschauungsformen gilt entsprechendes. Sie sind allgemeine Bedingungen a priori, unter denen „allein das Objekt" der äußeren und inneren „Anschauung selbst möglich ist" (B 65).

So kann für alle Elemente der entworfenen reinen Subjektivität festgestellt werden: „Die Bedingungen der Möglichkeit der Erfahrung überhaupt, sind zugleich Bedingungen der Möglichkeit der Gegenstände der Erfahrung und haben darum objektive Gültigkeit in einem synthetischen Urteil a priori." (B 197)

Dieses Resultat der Deduktion der Bedingungen der Möglichkeit synthetischer Urteile a priori besagt nach den verschiedenen Bezügen, die es enthält: die Elemente der entworfenen reinen Subjektivität sind erwiesen als notwendige Bedingungen 1. für die Konstitution jeden menschlichen Erkenntnissubjekts, 2. für die Konstitution jeden menschlichen Erkenntnisobjekts, 3. für die Konstitution jeden menschlichen Erkenntnisverhältnisses synthetischer Art. Sie sind darum gültig, unabhängig von jedem empirischen Subjekt für jedes empirische Subjekt – a priori allgemeingültig. Sie sind darum gültig unabhängig von jedem empirischen Objekt für jedes empirische Objekt – a priori objektiv. Sie sind darum gültig unabhängig von jeder erfahrungsmäßigen Synthese für jede synthetische Erkenntnis – apriorische Formen synthetischer Erkenntnis als allgemeingültige und objektive Formen aller synthetischen Erkenntnis. Sie sind Bedingungen der Möglichkeit synthetischer Urteile a priori und zwar a priori allgemeingültige und objektive Bedingungen.

Im Blick auf das hier in Rede stehende Ausgangsproblem folgt daraus: Wenn auch die entworfenen Elemente einer reinen Subjektivität dem Akt ihres Entwurfs nach selbst als synthetische Voraussetzungen a priori die Grenzen der Erfahrung übersteigen, so lassen sie sich doch mittelbar, vermittelst der transzendentalen Deduktion als objektive und allgemeingültige dartun. Sie begründen die Möglichkeit synthetischer Urteile a priori als Urteile einer möglichen Erfahrung, indem sie selber sich als Bedingungen der Möglichkeit jeder Erfahrung begründen lassen. Als Bedingungen jeder Objektivität und Allgemeingültigkeit erfaßt, werden sie selber als objektiv und allgemeingültig erfaßt, sind sie selber objektiv und allgemeingültig gewußt.

Im Entwurf der Idee der Transzendentalphilosophie noch vorausgesetzt als notwendige Methodenprinzipien, sind sie dadurch nunmehr legitimiert als objektives und allgemeingültiges Wissen von den Bedingungen der Möglichkeit objektiven und allgemeingültigen Wissens. Aus dem bloßen Vernunftentwurf der Philosophie als Wissenschaft wird durch die Deduktion desselben die Philosophie als Wissenschaft.

III. Kants Lösung der
Aufgabe der theoretischen Philosophie
nach den angegebenen Bezugspunkten

Mit der objektiven und allgemeingültigen Beantwortung der Frage nach der Möglichkeit synthetischer Urteile a priori ist für Kant, wie sich ergeben hat, voraussetzungsgemäß die Frage nach der Möglichkeit der Philosophie als Wissenschaft objektiv und allgemeingültig aufgelöst.

Denn die der letzten Frage voraufgehende, aus dem Primat der praktischen über die theoretische herrührende Vernunftforderung nach der Wissenschaftlichkeit der Philosophie ist als erfüllt erwiesen.

Die im Ansatz nur subjektive Notwendigkeit für das empirische Subjekt, die Vernunftforderung zu übernehmen, um dadurch ein Kriterium der Unterscheidung der empirischen Erkenntnisse nach wahr und falsch und mit ihm ein Richtmaß für die Verwendung seiner Vermögen zu erhalten, hat sich als allgemeingültig herausgestellt. Die daraus entspringende oberste Norm für die Beurteilung aller Erkenntnis, die, daß das Ich denke alle meine Vorstellungen begleiten können soll, hat sich als das selbst objektive und allgemeingültige Prinzip aller synthetischen Erkenntnisse a priori erwiesen. Die für die Möglichkeit der Anwendung dieser Norm auf die empirische Erfahrung vorauszusetzenden Bedingungen, die rekonstruierten Elemente einer reinen Subjektivität, wurden als objektiv gewußte und allgemeingültig gewußte gesichert. Aus dem ursprünglichen Sollen, dem ,es sollen objektive Bedingungen der Möglichkeit synthetischer Urteile a priori sein, es soll Wissen dieser Bedingungen a priori sein', ist selbst objektiv gesichertes Wissen geworden. Kurzum, die als System der Bedingungen objektiven und allgemeingültigen

Erkennens entworfene Vernunftidee ist ein System objektiven Wissens, ein System objektiven Wissens von den Bedingungen der Möglichkeit objektiver und allgemeingültiger Erkenntnis geworden. Als System objektiven Wissens von den Bedingungen der objektiven Erkenntnis ist die Philosophie Wissenschaft.

Fragt man sich im Anschluß an diese Feststellung ausdrücklich nach dem Sinn der damit gegebenen Kantischen Lösung der Aufgabe der theoretischen Philosophie, so läßt sich dieser nur durch ihre Rückbeziehung auf die sie ermöglichenden und tragenden Voraussetzungen explizieren.

Zu diesen gehören zuerst die beiden für Kant feststehenden Ausgangspunkte philosophischen Fragens. Der eine ist die empirische Erfahrung, der andere die Vernunftforderung nach objektiver und allgemeingültiger Erkenntnis.

Zu diesen gehören ferner die aus der Beziehung des Anspruchs der Vernunft auf die Erkenntnis erwachsenden Kriterien. Zu diesen gehören zuletzt die aus der Vermittlung der beiden Ausgangspunkte des Kantischen Systems hervorgehenden Bedingungen und deren Deduktion.

Sie sind in ihrer Bedeutung nacheinander zu entfalten, wenn der Sinn der Kantischen Fassung der Philosophie als Wissenschaft ausgelegt werden soll.

§ 7 *Die Objektivität und Allgemeingültigkeit*
der menschlichen Erkenntnis

Wenn man die Resultate der Betrachtung des Kantischen Systems unter den angegebenen Gesichtswinkeln ins Auge faßt, so wird erkennbar, daß durch seine angegebenen Fixpunkte und deren Beziehung aufeinander sachlich an erster Stelle die Neufestlegung von Objektivität und objektiver Wahrheit steht. Diese tangiert zwar die Fassung, daß „Wahrheit in der Übereinstimmung einer Erkenntnis mit ihrem Gegenstande besteht", äußerlich nicht, füllt sie aber inhaltlich den beiden Bezugspunkten entsprechend neu aus (B 83). Sie füllt sie dahingehend aus, daß objektive Wahrheit der Erkenntnis von vornherein verstanden werden muß als Möglichkeit der apriorischen Beziehung bloß empirisch gegebenen Materials auf das reine Ich denke oder des reinen Ich denke auf bloß empirisch gegebenes Material. Damit wird Synthetisierbarkeit a priori von reiner Subjektivität und bloßer Gegenständlichkeit zur Norm der Wahrheit erhoben. Nicht Subjektivität, also nicht Allgemeingültigkeit für sich, wird das Maß der Wahrheit, nicht Gegenstandsbezogenheit, nicht Objektivität für sich, wird das Maß der Wahrheit, die apriorische Beziehbarkeit beider aufeinander wird es. Dieses Maß ist nur zu erfüllen und nur so weit zu erfüllen, wenn und inwieweit Subjektivität als allgemeingültige, d. h. Allgemeingültigkeit überhaupt und Gegenständlichkeit, d. h. Objektivität überhaupt zusammenfallen können. Es ist nur zu erfüllen, soweit Objektivität Allgemeingültigkeit ist und Allgemeingültigkeit Objektivität. „Es sind daher objektive Gültigkeit und notwendige Allgemeingültigkeit (für jedermann) Wechselbegriffe, und ob wir gleich das Objekt an sich nicht kennen, so ist doch, wenn wir ein Urteil als gemeingültig und mithin notwendig ansehen, eben darunter die objektive Gültigkeit verstanden. Wir erkennen durch dieses Urteil das Objekt (wenn es auch sonst, wie es an sich selbst sein möchte, unbekannt bliebe) durch die allgemeingültige und notwendige Verknüpfung der gegebenen Wahrnehmungen; und da dieses der Fall von allen Gegenständen der Sinne ist, so werden Erfahrungsurteile ihre objektive Gültigkeit nicht von der unmittelbaren Erkenntnis des Gegenstandes (denn diese ist unmöglich), sondern bloß von der Bedingung der Allgemeingültigkeit der empirischen Urteile entlehnen, die, wie gesagt, niemals auf den empirischen, ja überhaupt sinnlichen Bedingungen, sondern auf einem reinen Verstandesbegriffe beruht. Das Objekt bleibt an sich selbst immer unbekannt; wenn aber durch den Verstandesbegriff die Verknüpfung der Vorstellungen, die unsrer Sinnlichkeit von ihm gegeben sind, als allgemeingültig bestimmt wird, so wird der Gegenstand durch dieses Verhältnis bestimmt, und das Urteil ist objektiv." (Prol. 298) Diese Neubestimmung, durch welche die Frage nach der Wahrheit den Sinn einer Frage nach der

Feststellung der Vorhandenheit oder Nichtvorhandenheit einer bestimmten faktischen Beziehung (Übereinstimmung) zwischen zwei Fakten, Gegenstand an sich und Wissen für sich, völlig verliert und dafür den der Frage nach der Erweisbarkeit der Rechtmäßigkeit einer unbedingten Forderung an das Erfahrungsurteil annimmt, hat eine entsprechende Neubestimmung des Sinnes von Erkenntnisgegenstand und Erkenntnissubjekt im Gefolge.

Die erstere zeichnet sich in Kants voranstehender Neufassung des Sinnes von Erkenntniswahrheit schon ab. Denn der Gegenstand möglicher Erkenntnis als Gegenstand möglicher wahrer Erkenntnis wird darin durch eben diese Bedingungen bestimmt, denen die Möglichkeit der wahren Erkenntnis selber unterliegt. Jene Bedingungen, die Bedingungen möglicher Erfahrung, sind also auch seine Bedingungen als Erkenntnisgegenstand. Dieser muß ungeachtet seiner Beziehung auf die Empirie, auf die bloße Empfindung, auch der Beziehung auf das reine Ich denke oder der Unterwerfung unter das Kriterium der Objektivität a priori fähig sein. Dies gilt sowohl in Rücksicht auf sein Dasein als auch in Rücksicht auf die Bestimmung seiner Soseinsbeschaffenheiten. Danach, daß er ist, wie danach, was er ist, steht er also unter Bedingungen a priori seines Auftretens. Sein Auftreten, unter Bedingungen gestellt, ist aber sein Auftreten als Nicht-Ansich, als Erscheinung. Er ist Erscheinung, d. h. Objekt unter den Bedingungen der Möglichkeit wahrer Erkenntnis. Der Gegenstand, auf welchen sich synthetische Urteile a priori beziehen können, ist der Gegenstand möglicher Erfahrung. Das Insgesamt der Gegenstände möglicher Erfahrung ist der Bereich der Erkenntnisobjekte als Erscheinungen.

Als auf Grund der Affektion der Sinnlichkeit in den Grenzen der Bedingungen der reinen Anschauungsformen, der reinen Grundsätze, der Kategorien, des reinen Ich denke auftretender Gegenstand ist die Erscheinung nicht nur kein Schein, sondern der einzig mögliche Gegenstand der objektiven Erkenntnis. Am Beispiel seiner Beziehung auf die Räumlichkeit und Zeitlichkeit ausgeführt, heißt das: „Wenn ich sage: im Raum und der Zeit stellt die Anschauung sowohl der äußeren Objekte, als auch die Selbstanschauung des Gemüts beides vor, so wie es unsere Sinne affiziert, d. i. wie es erscheint, so will das nicht sagen, daß diese Gegenstände ein bloßer Schein wären. Denn in der Erscheinung werden jederzeit die Objekte, ja, selbst die Beschaffenheiten, die wir ihnen beilegen, als etwas wirklich Gegebenes angesehen, nur daß, sofern diese Beschaffenheit nur von der Anschauungsart des Subjekts in der Relation des gegebenen Gegenstandes zu ihm abhängt, dieser Gegenstand als Erscheinung von ihm selber als Objekt an sich unterschieden wird." (B 69)

Was sich für den Gegenstand wahrer Erkenntnis als charakteristisch erwiesen hat, gilt modifiziert auch für die Bestimmung des Subjekts dieser Erkenntnis. Diese Modifikation bezieht sich darauf, daß das Erkennende sich seiner selbst bewußt ist. Es ist sich seiner selbst bewußt als die bloß gedachte Identität bei allem Mannigfaltigen, das es erkennt. Doch „diese Identität des Subjekts, deren ich mir in allen meinen Vorstellungen bewußt werden kann, betrifft nicht die Anschauung desselben" (B 408). Da es sonach Bewußtsein des Ich, abgesehen davon, daß es nur unter Voraussetzung der Gegebenheit des Mannigfaltigen auftritt und daher kein absolutes Bewußtsein ist, nur als bloßen Gedanken, nicht aber als Erkenntnis gibt, stellt das Bewußtsein keine Erkenntnis des Subjekts dar. Es markiert nur das Erkennende als Erkennendes, den logischen Einheitspunkt der Erkenntnis und ist nicht die Erkenntnis des Erkennenden. „Also ist durch die Analysis des Bewußtseins meiner Selbst im Denken überhaupt in Ansehung der Erkenntnis meiner selbst als Objekts nicht das mindeste gewonnen." (B 409) Zur Erkenntnis meiner selbst bedarf es „außer dem, daß ich mich denke, noch einer Anschauung des Mannigfaltigen in mir, wodurch ich diesen Gedanken bestimme" (B 158). Dieses Mannigfaltige kann nur der inneren Erfahrung entspringen. Diese unterliegt denselben Bedingungen wie die mögliche Erfahrung überhaupt. Damit wird das erkennbare Ich wie jeder andere Gegenstand möglicher Erfahrung auch nur als Erscheinung erkennbar. Seine Erkenntnis liefert „keine Erkenntnis von mir, wie ich bin, sondern bloß, wie ich mir selbst erscheine" (B 158).

Daraus resultiert für die Deutung der objektiven Erkenntnis, wie sie sich nach der Kritik der reinen Vernunft darstellt: Objektive Erkenntnis als apriorische Erkenntnis ist Erkenntnis von in möglicher Erfahrung, d. h. als Erscheinungen gegebenen Gegenständen, durch ein sich selbst nur als Erscheinung erkennbares menschliches Subjekt. Sie ist aber gerade auf diese Weise die Erkenntnis alles dessen, was gemäß dem Anfang aller Erkenntnis mit der bloßen Empirie als allgemeingültig bestimmt und auf einen seienden Gegenstand bezogen ist. Denn der Bestimmtheit seiner Erkenntnis nach hängt alles Erkannte davon ab, daß es Formen der reinen Bestimmung unterworfen ist. Seinem Dasein nach hängt alles Erkennbare davon ab, daß es auf die bloße Empfindung, bestimmten Formen entsprechend, beziehbar ist. Nur durch diese Rückbeziehbarkeit auf die bloße Empirie ist etwas ein Seiendes für das Subjekt. Nur durch sie wird es gesetzt, erhält es Position. Diese Position ist deshalb die absolute Position.

Den Phänomenen als Gegenständen möglicher Erfahrung kommt demnach allein Sein im Sinne der Realität und im Sinne der Existenz zu. Sie allein sind durchgehend bestimmt in möglicher Erfahrung, d. h. real, sie allein sind gesetzt durch mögliche Erfahrung, d. h. sie haben Existenz. Die Phänomene allein sind reale Gegenstände der Erkenntnis, in Raum und Zeit bestimmte Gegenstände, die Phänomene allein sind seiende Gegenstände, möglich, wirklich, notwendig seiende Gegenstände, der Erkenntnis. So ist die Erkenntnis der Erscheinungen die Erkenntnis alles Realen und alles Seienden. Sie umfaßt die Gegenstandsbereiche aller positiven Wissenschaften, die Natur im weitesten Sinne des Wortes. Und diese Wissenschaften sind Systeme von synthetischen Urteilen a priori und als solche darum möglich, weil sie Systeme von Erkenntnissen von Erscheinungen sind oder weil gilt: „Die Möglichkeit der Erfahrung überhaupt ist also zugleich das allgemeine Gesetz der Natur, und die Grundsätze der ersteren sind selbst die Gesetze der letzteren." (Prol. 319)

Freilich ist eben auch deshalb die Grenze der möglichen

Erfahrung die Grenze, die objektive Grenze von Seiendem. Sie ist dort anzusetzen, wo sich das reine Ich denke über die entworfenen Bedingungen einer reinen Subjektivität nicht mehr auf die Faktizität der Erfahrung beziehen läßt. Anders formuliert: Das Wissen um die Bedingungen der Möglichkeit synthetischer Urteile a priori und um ihren notwendigen Zusammenhang mit der Empirie ist auch schon das Wissen um die Grenze der objektiven Erkenntnis, um die Grenze des Seienden als Erkennbarem.

Daraus folgt, daß die apriorischen Bedingungen der Möglichkeit der Erfahrung, die, indem sie die Bedingungen der Möglichkeit der Gegenstände der Erfahrung sind, auch die Grenzmarken der Möglichkeit von Seiendem darstellen, weder selber Erkenntnisgegenstände in möglicher Erfahrung, noch selber Seiende im Sinne der absoluten Position sind.

Ihre Bestimmtheit wie ihre Setzungsweise erfüllen sich darin, wie sie Erfahrung als objektive Synthesis ermöglichen und daß sie sie ermöglichen, wie sie sie beschränken und daß sie sie beschränken. Sie sind also in der einen wie der anderen Rücksicht allein dadurch legitimiert, daß sie die Möglichkeit der Synthesis a priori leisten. Sie sind deshalb weder real Seiende noch Seiende im Sinne der absoluten Position. Ihre Erkenntnis ist keine Gegenstandserkenntnis, und sie ist keine objektive Erkenntnis, sofern darunter die auf Gegenstände möglicher Erfahrung bezogene Erkenntnis zu begreifen ist.

Das Wissen, das sich auf sie bezieht, ist demnach, gemessen an der objektiven Erfahrungserkenntnis, transzendent, und es ist, gemessen an dem durch sie konstituierten Gegenstand, gemessen an der Natur, metaphysisch.

Aber nach beiden Bezügen ist damit der Sinn dieses Wissens nur negativ bestimmt, bestimmt in Abhebung von dem durch es begründeten Wissen, von dem durch es geleisteten Wissen. Soll dieser Sinn positiv gefaßt werden, so muß er bestimmt werden auf Grund des von ihm Geleisteten unter Bezugnahme auf die Ausgangspunkte dieser Leistung. Diese stehen fest als unbedingter Zweck einerseits und als gegebene Empirie andererseits. Innerhalb des von beiden abgesteckten Rahmens versteht sich die Leistung der Bedingungen der

Möglichkeit synthetischer Urteile a priori von vornherein als Leistung „für". Sie versteht sich funktional. Das Für, das diese Leistung auszeichnet, ist auf zweifache Weise bestimmt. Es versteht sich einmal aus der Funktion der Ermöglichung objektiver Erkenntnis a priori und der Ermöglichung des Objekts dieser Erkenntnis. Es versteht sich zum anderen aus der Funktion der Begrenzung der objektiven und allgemeingültigen Erkenntnis und des entsprechenden Gegenstandsbereiches. Ausdrücklich um dieser Funktionen willen entworfen, können die Bedingungen objektiver und allgemeingültiger Erkenntnis keine andere Bestimmtheit haben als die der Funktionen, auf die hin sie entworfen sind.

Wie ihr Setzungsgehalt gänzlich in dem ‚Für' ihres Leistens aufgeht, so ergibt sich auch die Weise ihres Gesetztseins gänzlich aus der Rechtfertigung, die ihre Annahme durch ihre Leistung und beschränkt auf ihre Leistung erfährt. Lassen sich die angenommenen Bedingungen als notwendige Bedingungen für die Möglichkeit des Objekts und der allgemeingültigen Erkenntnis erweisen, so sind sie als notwendige Voraussetzungen erwiesen oder erwiesen als von objektiver Gültigkeit. Sie sind damit keineswegs selber als Objekte gesetzt, sie sind vielmehr gesetzt um willen des Möglichseins der Objekte. Ihr Sein ist nicht die absolute Position derselben, sondern Position im Hinblick auf die Objekte, die sie möglich machen. Sie sind gesetzt in Relation, in Abhängigkeit von der Gesetztheit dieser Objekte, in Abhängigkeit vom Sein der Phänomene. Ist ihr Setzungsgehalt Funktionalität, so ist ihre Setzungsweise Gültigkeit a priori. Der Zusammenhang beider ist ‚Gültigkeit a priori für'. Wie sie in der einen Hinsicht abhängig sind von dem zu Leistenden, und ihre Bestimmtheit ihre Zurückbestimmtheit aus der geforderten Leistung ist, so sind sie in der anderen Hinsicht abhängig vom Sein der Phänomene, das sie seiner Möglichkeit nach begründen, und das sie seiner Möglichkeit nach begrenzen. Ihre Gesetztheit ist den beiden angegebenen Rücksichten gemäß entweder bloße Vorausgesetztheit für die absolute Setzung des Phänomens oder Gesetztheit zur Begrenzung des phänomenalen Gesetztseins. In beiden Richtungen sind sie gesetzt um willen des Gesetztseins des Phänomens.

Dies läßt sich an den entworfenen und deduzierten Bedingungen der Möglichkeit und Begrenzung synthetischer Urteile ebenso deutlich zeigen, wie sich an ihnen die gemachte Angabe über die Art ihrer Bestimmtheit bestätigen läßt.

. So begegnet das Ding an sich im Blick auf seine Gewußtheit allein in der Weise einer Voraussetzung für die Ermöglichung und Begrenzung der Gegenstandserkenntnis a priori. Es ist selber bestimmt aus den entsprechenden Funktionen. Diese sind im wesentlichen drei. Es kommt zuerst als das Affizierende in Anschlag, als Bedingung des Stoffs der Erfahrung, als „dasjenige Etwas, . . . was unseren Sinn so affiziert, daß er die Vorstellungen von Raum, Materie, Gestalt usw. bekommt" (A 358). Es kommt ferner als der ansichseiende Gegenstand in Betracht, als das, von dem wir annehmen: „Daß es vor aller Erfahrung an sich selbst gegeben sei." (B 522) Es kommt zuletzt als erfahrungstranszendenter Gegenstand in Betracht, als Denkgegenstand, der auf eine andere als die menschliche Anschauung bezogen gedacht ist, als Noumenon. Aber keine dieser Bestimmungen ist eine echte Erkenntnisbestimmung (Bestimmung der Realität), keine liefert ein reales Prädikat, und keine ist eine Seinsbestimmung (Bestimmung der Position).

Als Bestimmungen der Realität bieten sich scheinbar die der Festlegung des Dinges an sich als affizierendes und als Noumenon an. Doch es gilt vom Ding an sich in der ersten Bedeutung: „Dieses Etwas ist nicht ausgedehnt, nicht undurchdringlich, nicht zusammengesetzt, weil alle diese Prädikate nur die Sinnlichkeit und deren Anschauung angehen." (A 358) Und es gilt von ihm in der Bedeutung des Noumenon: Die Beziehung auf eine gedachte Anschauung ist nur die Beziehung eines Begriffes auf einen anderen Begriff. Weder ist der eine noch der andere gegeben. Es ist nur gezeigt, daß das Denken weiter reicht als die Anschauung und daß es daher die Anschauung einschränkt. Weder in der einen noch in der anderen Hinsicht erhält also das Ding an sich dabei Bestimmtheit.

Als Charakteristikum der Position bietet sich scheinbar das Ansichsein des Dinges an sich an. Aber als außer jedem Bezug zu einem Erkennenden gesetzt, ist es in Wahrheit gar nicht gesetzt und hat eben in dieser Bedeutung gar kein Sein. Unter dem Vorzeichen einer objektiven Erkennbarkeit betrachtet, ist daher das Ding an sich sowohl seiner Realität als auch seinem Sein nach das schlechthin Unbestimmte und das schlechthin Nichtseiende.

Allein durch die Funktion, die es im Zusammenhang der Begründung objektiver Erkenntnis erhält, hat es Bestimmtheit, und allein in diesem Bezug ist es gesetzt. Das Ding an sich als Affizierendes ist eine aus der Notwendigkeit der Erklärung der objektiven Erkenntnis heraus konstruierte und darin völlig aufgehende Funktion. Das Ding an sich als Noumenon ist eine aus der Notwendigkeit der Begrenzung der objektiven Erkenntnis heraus gedachte und in dieser Bezugsrolle völlig aufgehende Funktion. In der einen wie der anderen Bezugsrichtung ist das Sein die Position, die dem Ding an sich zukommt, nicht Ansichsein, sondern Sein – für, nicht Position überhaupt, sondern relative Position, nicht Gesetztsein, sondern Vorausgesetztsein für.

Entsprechend sind die Bestimmtheit und die Position aller für die Möglichkeit synthetischer Urteile a priori in Anschlag zu bringenden Bedingungen zu deuten.

Deshalb lassen sich daran die Konsequenzen für die Kennzeichnung allen Wissens, welches der Philosophie als Wissenschaft zugehört, ablesen. Sie besagen in Kürze: Alles Wissen, das die theoretische Philosophie als Wissenschaft ausmacht, ist Wissen von Funktionen und Gültigkeiten a priori. Diese Funktionen sind Ermöglichungs- und Beschränkungsfunktionen. Der Inhalt der theoretischen Philosophie besteht daher aus dem Wissen um Bedingungen der Ermöglichung und Bedingungen der Begrenzung objektiver synthetischer Erkenntnis.

Durch die Unterscheidung des Gegenstandes der Philosophie
vom Gegenstand objektiver und allgemeingültiger Erkenntnis durch die Charakterisierung der Bestimmtheit und Position des Gegenstandes der Philosophie ist die Aufgabe der
Erhebung der theoretischen Philosophie zur Wissenschaft ab-
geschlossen. Das Ergebnis der kantischen Bewältigung dieser
Aufgabe läßt sich von seinem zuletzt erlangten Bestandteil
aus rückwärtsgehend folgendermaßen im Zusammenhang
darstellen.

Theoretische Philosophie als Wissenschaft ist ihrem Gegenstand nach prinzipeill gekennzeichnet als Wissen von den Bedingungen der Möglichkeit objektiver menschlicher Erkenntnis und als Wissen um die Grenzen der Möglichkeit objektiver
synthetischer Urteile a priori. Sie ist nach der einen Seite
„Logik der Wahrheit", nach der anderen „Logik des Scheins".

Das in der „Logik der Wahrheit" vorliegende Wissen ist
der Bestimmtheit seiner Gegenständlichkeit nach Funktions-
wissen, der Gesetztheit seines Gegenstandes nach Gültigkeits-
wissen. Es ist in beider Rücksicht von der Artung seines Gegenstandes aus gesehen keine Erkenntnis. Das meint, es bezieht sich auf keinen in einer Anschauung gegebenen Gegenstand direkt, weil es sich auf keine Anschauung direkt bezieht. Es bezieht sich weder unmittelbar auf einen Gegenstand, wie ihn sinnliche Anschauung gibt, noch unmittelbar
auf einen solchen, wie er als durch intellektuelle Anschauung
hervorgebracht gedacht werden könnte. Wäre der Gegenstand der Philosophie in der einen oder anderen Anschauung
direkt gegeben, so wäre Philosophie Phänomenologie oder
absolutes Wissen.

Der Gehalt der Philosophie bezieht sich aber nur mittelbar
auf eine Anschauung, und zwar auf die empirische. Nur über
die Ermöglichung des empirischen Objekts, des empirischen
Subjekts und der Beziehung zwischen den beiden als Größen
in einer möglichen Anschauung, der Anschauung in Raum

und Zeit, erhält er selber einen Bezug auf Anschauung, erhält er selber indirekte Gegenständlichkeit. Sein Bezug auf die Anschauung ist darum von besonderer Beschaffenheit, und von besonderer Beschaffenheit ist auch die Gegenständlichkeit des Gehalts der Philosophie.

Sie ist nach der einen Seite transzendent, d. h. sie überschreitet den Umkreis der empirischen Anschauung und damit die Grenze der Erkenntnis der entsprechenden Gegenständlichkeit. Aber sie überschreitet sie nur, um sie als objektive Anschauung, als objektive Erkenntnis, als objektive Gegenständlichkeit, möglich zu machen. Insoweit ist sie nicht einfach transzendent, sondern der Vermeinung nach transzendental, d. h. die vorliegende Erkenntnis zum Behufe der Begründung ihrer Objektivität überschreitend. Der Vermeinung nach besagt freilich, sie ist so entworfen, nicht schon sie ist so legitimiert. Aber dem Entwurfe nach sind die Gehalte der Philosophie als transzendentale Bedingungen bestimmt oder als transzendentale Funktionen. Zu ihnen gehören also das reine Ich denke, die Kategorien, das Schema, die reinen Anschauungsformen usf.

Die transzendentale Vermeinung einer indirekten Objektivität des Gegenstandes der Philosophie über die Objektivität der empirischen Erkenntnis ist zunächst nur Vermeinung. Sie wird erwiesene indirekte Objektivität oder indirekte Gegenständlichkeit nur dadurch, daß gezeigt wird, daß ein empirisches Subjekt, ein empirisches Objekt, eine empirische Beziehung zwischen Subjekt und Objekt ohne die Gültigkeit der vermeinten Bedingungen unmöglich ist. Dadurch, daß erwiesen werden kann, daß Erkenntnis nur möglich ist unter Annahme dieser Bedingungen, werden sie notwendige Bedingungen für das Subjekt und das Objekt der Erkenntnis und für diese selbst. Sie werden damit zwar nicht selber gegebenes Subjekt, gegebenes Objekt und gegebene Erkenntnis im Sinne von Phänomenen, aber sie werden mittelbar gegeben als objektermöglichende, subjektermöglichende, erkenntnisermöglichende ‚Gegenstände‘, als transzendentale Gegenstände. Die reinen Anschauungsformen sind wie die transzendentale Apperzeption, die Kategorien, das transzendentale

Schema dadurch indirekt gegenständlich, daß sie für Gegenstände als Phänomene notwendige Voraussetzungen sind. Sie sind als solche der Phänomenalität voraus-gesetzt. Sie haben, wie sie transzendentale Bestimmtheit haben, transzendentale Setzung.

Das Wissen von ihnen ist im angegebenen Sinne indirekt gegenständliches Wissen oder transzendentales Wissen. Es entfaltet sich den drei Bezugsgrößen des Erkenntnisverhältnisses nach als Wissen vom Gegenstandseinkönnen des Erkenntnisgegenstandes, vom Subjektseinkönnen des Erkenntnissubjekts, vom Erkennenseinkönnen oder Wahrseinkönnen der Erkenntnisbeziehung zwischen beiden.

Damit reduziert sich für Kant der Gehalt der tradierten Metaphysik Welt, Mensch, Gott auf das Wissen von der Objektivität des Objekts, von der Subjektivität des Subjekts und von der Subjekt-Objektivität des Erkenntnisbezuges. Die verbleibenden Größen sind aus dem Gesichtspunkt der Möglichkeit synthetischer Urteile a priori, d. h. aus dem Gesichtspunkt des wahren Erkenntnisverhältnisses reduzierte Größen, d. h. Größen der Ermöglichung synthetischer Urteile a priori und ihrer Gegenständlichkeit.

Insofern die Philosophie als Wissenschaft es aber auch bei Kant mit Bedingungen zu tun hat, die insoweit unabhängig von der Empirie sind, als sie unabhängig von ihr gelten, bleibt sie auch für ihn im positiven Sinne Metaphysik. Insofern die theoretische Philosophie als Wissenschaft es auch nach Kant zu tun hat mit der Ermöglichung von Seiendem seiner Bestimmtheit und seiner Position nach bleibt Philosophie auch für ihn Ontologie. Insofern die theoretische Philosophie es aber zuvörderst nach Kant zu tun hat mit dem Wissen von den Bedingungen der Möglichkeit objektiven und allgemeingültigen Erkennens stehen beide vorgenannten Momente hinter dem Vorrang des Erkenntniswissens, d. h. des Wissenswissens zurück. Und theoretische Philosophie ist von ihrem obersten Gesichtspunkt her und von ihrem obersten Gegenstand aus zuallererst für Kant Wissenswissen, d. i. *Wissenschaft*.

Bezogen auf eine Gegenständlichkeit, die nur in der Bedeutung Gegenständlichkeit ist, als sie Gegenstände möglich macht, und selber Wissen, das nur dadurch objektiv ist, daß es Erkenntnis möglich macht, ist das Wissen der Philosophie kein unmittelbares Urteilswissen, und die zuständige Erkenntnisinstanz ist nicht der auf Anschauung bezogene Verstand für die theoretische Philosophie. Das Wissen der Philosophie ruht nicht mehr auf dem Urteil, sondern auf dem Schluß, das Vermögen der Philosophie ist die theoretische Vernunft. Ihr Wissen aus Schlüssen ist zu verstehen als „mittelbar (durch die Subsumtion der Bedingung eines möglichen Urteils unter die Bedingung eines gegebenen) zu urteilen" (B 386). Dieses Verfahren der Vernunft wiederholt sich an jedem Urteil, sofern die Gegebenheit des gegebenen Urteils nicht eine unbedingte ist. Die theoretische Vernunft gibt sich deshalb in diesem nicht damit zufrieden, die Bedingungen für ein Urteil aufzufinden, sondern unterwirft die aufgefundenen Bedingungen demselben Verfahren, um die Bedingungen der Bedingung aufzudecken und das fort, bis zu einem letzten, d. h. einem schlechtweg Unbedingten.

Daraus ist für das Verhältnis von Vernunft- und Verstandeserkenntnis zu ersehen: „Der eigentümliche Grundsatz der Vernunft überhaupt (im logischen Gebrauche) sei: zu dem bedingten Erkenntnisse des Verstandes das Unbedingte zu finden, womit die Einheit desselben vollendet wird." (B 364) Auf diese Weise das Urteil in Richtung auf seine unbedingten Bedingungen transzendierend, entwirft die Vernunft auf dem Wege des Schließens, ausgehend vom Urteil, die für es denkbaren unbedingten Bedingungen der synthetischen Erkenntnis. Entsprechend der drei Momente des synthetischen Urteils ergeben sich daraus drei unbedingte Bedingungskomplexe für die objektive Erkenntnis.

Der erste beinhaltet ein unbedingtes Subjekt als Grund aller Erkenntnis schlechthin. Der zweite bezieht alle Erkenntnis auf einen unbedingten Gegenstand als ihren Grund. Der dritte unterstellt die absolute Einheit von Subjekt und Gegenstand als Grund aller Erkenntnis. Diese absoluten Bedingungen sind gedachte Bedingungen aller Erkenntnisse, sie sind Begriffe aus reinen Begriffen, sie sind überschwengliche

Vernunftbegriffe. Als bloß gedachte Bedingungen sind sie über die mögliche Erfahrung hinausgehende Begriffe, d. h. über sie hinaus entworfene Begriffe. Als Begriffe aus Begriffen sind sie nur auf Begriffe, also Gedankendinge, bezogen. Als überschwengliche Begriffe sind sie alle Anschauung übersteigende Begriffe und auf keine Anschauung zurückbeziehbare, schlechterdings transzendente Begriffe. Sie können weder einen direkten noch einen indirekten Gegenstandsbezug für sich genommen in Anspruch nehmen.

Nach allen angegebenen Seiten gemeinsam betrachtet, sind sie reine Vernunftbegriffe, d. h. Ideen, d. h. transzendente Begriffe der reinen Vernunft. Nach ihren Gehalten unterschieden, sind sie die Idee der Unbedingtheit des Menschen, die Idee der Unbedingtheit der Welt und der Freiheit, die Idee der Unbedingtheit Gottes als die drei gedachten absoluten Erkenntnisgründe.

Keiner dieser drei Ideenkomplexe läßt sich in einem gegenstandskonstitutiven Sinne rechtfertigen. Als absolute Bedingungen gedacht, entziehen sie sich aller theoretischen Wißbarkeit und fallen als objektive Gründe der Wissenschaft aus.

Doch indem sie sich aller Wißbarkeit entziehen, entziehen sie sich noch nicht aller Brauchbarkeit. Unter dem Aspekt ihrer Brauchbarkeit stehen sie freilich nicht mehr in Betracht gemäß dem in ihnen Vermeinten, sondern nur noch gemäß dem Wozu ihrer Brauchbarkeit. Als dieses Wozu ihrer Brauchbarkeit stellt sich die systematische Anordnung und die systematische Ausweitung der Erfahrungserkenntnis heraus. Diese nachweisliche Nützlichkeit verschafft ihnen eine regulative Gültigkeit für das Vorgehen im Erfahrungserkennen und für die Anordnung von Erfahrungserkenntnissen, und sie verschafft ihnen eine Setzung, die des in ihnen vermeinten Gehaltes als heuristische Fiktionen. In dieser Bedeutung genommen, richten die Ideen „den Verstand zu einem gewissen Ziele, . . . in Aussicht auf welches die Richtungslinien aller seiner Regeln in einen Punkt zusammenlaufen, der, ob er zwar nur eine Idee (focus imaginarius), d. i. ein Punkt, ist, aus welchem die Verstandesbegriffe wirklich nicht ausgehen, indem er ganz außerhalb den Grenzen möglicher Erfahrung liegt, dennoch dazu dient, ihnen die größte Einheit neben der größten Ausbreitung zu verschaffen" (B 672).

Aufgrund dieser Leistung kann den Vernunftideen ein positiver Gebrauch als positive Methodenregeln für das Erkennen und die Anordnung der Erkenntnisse zugebilligt werden. Mehr als dies aber, mehr als die Leistung für die Effektivität der Anordnung der Erkenntnis und der Anordnung der Erkenntnisse ist ihnen nicht zu sichern.

Wenn aber damit das Wesen der Ideen als Leistungen der reinen theoretischen Vernunft im positiven Sinne gekennzeichnet ist und wenn die Philosophie als Leistung der theoretischen Vernunft ebenfalls zu den Ideen zu rechnen ist, so ist nicht abzusehen, wie ihr als der Idee des Wissens von den Bedingungen der Möglichkeit objektiver Erkenntnis eine andere Befugnis zuteil werden soll als den anderen reinen Vernunftideen. Auch die Idee der apriorischen Bedingungen objektiven und allgemeingültigen Wissens scheint sonach unter die bloß methodischen Prinzipien gerechnet werden zu müssen, auch sie scheint infolgedessen nur von einer „Als-ob"-Bedeutung sein zu können.

Doch obschon nach Kant das erste zutrifft, denn die theoretische Vernunft ist keiner anderen als Methodenprinzipien fähig, gilt das zweite nach ihm nicht. Dies ist darum so, weil die Vernunft neben den aufgeführten regulativen Prinzipien eines konstitutiven Methodenprinzips fähig ist. Dies ist jenes, welches dem Primat der praktischen Vernunft über die theoretische entspringt. Es drückt sich aus in der unbedingten Forderung, daß Erkenntnis nach wahr und falsch beurteilt werden können muß, oder in der, daß das Ich denke alle meine Vorstellungen begleiten können muß, oder in der, daß es synthetische Urteile a priori geben muß, oder aber in der, daß es ein Wissen um die Bedingungen und Grenzen der Möglichkeit objektiver und allgemeingültiger, d. i. wahrer Erkenntnis, geben können muß.

Das bedeutet: Im Unterschied zum Vernunftstreben nach absolutem Wissen, das sich in den Ideen des absoluten Subjekts, des absoluten Objekts und der absoluten Einheit von

65

Subjekt und Objekt einen Gegenstand entwirft, beruht das Streben der theoretischen Vernunft nach dem Wissen vom Erkennenkönnen a priori auf einer unbedingten Vernunftforderung. Sie richtet sich als Forderung auch nicht auf eine die menschliche Erkenntnis übersteigende Erkenntnis, sondern an die faktische menschliche Erkenntnis. Gerichtet an eine selber faktische Erkenntnis, die durch Vernunftgebote nicht einfach zu ändern ist, wird sie zu der Frage nach ihrer Erfüllbarkeit, und zwar ihrer Herkunft nach zu einer Methodenfrage, aber eben dadurch nicht zu einer transzendenten Frage.

Sie hat als Frage zwei Seiten. Nach der einen ist gefragt, welche Bedingungen müssen angenommen werden, damit die faktisch empirische Erkenntnis sich dem methodisch unbedingten Anspruch der Vernunft unterwerfen läßt. Ihre Beantwortung entspringt, wie sich gezeigt hat, dem Entwurf der Idee einer reinen Subjektivität, der Idee des Wissenkönnens um die Objektivität und Allgemeingültigkeit. Nach der anderen Seite heißt sie: Mit welchem Recht wird die empirische Erkenntnis dem Vernunftkriterium, einem der Herkunft nach ihr fremden Anspruch, unterworfen? Sie kann nur dadurch zufriedenstellend beantwortet werden, daß gezeigt wird, daß die empirische Erkenntnis ihrer Möglichkeit nach selber auf eben den Gehalten beruht, welche die Vernunft von ihr fordert. Darin besteht die Deduktion der Idee einer reinen Subjektivität, die mithin gleichzeitig die der Möglichkeit der Philosophie als Wissenschaft ist.

Wenn Entwurf und Deduktion der Idee einer reinen Subjektivität nichts anderes als Entwurf und Deduktion einer Wissenschaft vom objektiven und allgemeingültigen Erkennen sind, so ist diese nach der einen Seite Vernunftwissenschaft, nach der anderen Seite Erfahrungswissenschaft, nach beiden Seiten zusammen gesichertes Wissen, Vernunftwissen, vom objektiven und allgemeingültigen Erkennenkönnen des Menschen. Dieses Wissen ist gemäß seiner Herleitung keine absolute Erkenntnis und keine Gegenstandserkenntnis. Es ist, wie gesagt, konstitutives Methodenwissen. Es beruht seinem Entwurf und seiner Rechtfertigung nach darauf, daß das Beurteilenkönnen der Erkenntnis nach wahr und falsch als konstitutiv für jede menschliche Erkenntnis erwiesen wird. Es ist zuletzt als gesichertes Methodenwissen Handhabungswissen des Erkennens, technisches Wissen. Es ist dieses, weil es die gesamte Erkenntnis einem Wahrheitskriterium unterwirft, das seinem Wesen nach ein Verfügbarkeitskriterium ist.

Darum fällt für Kant die Grenze der Erkenntnis notwendig mit der Grenze der Verfügung über die Erkenntnis, d. h. mit der Grenze der Anwendbarkeit des vorliegenden Wahrheitskriteriums zusammen. Das Land der Erkenntnis ist identisch mit dem Land der Beurteilbarkeit der Erkenntnis nach wahr und falsch durch den Menschen. Es fällt zusammen mit dem Land, dessen Bedingungen durch die Philosophie als Wissenschaft gewußt sind. Deshalb kann Kant von diesem Lande im Sinne seiner Verfügbarkeit sagen: „Wir haben jetzt das Land des reinen Verstandes nicht allein durchreiset und jeden Teil davon sorgfältig in Augenschein genommen, sondern es auch durchmessen und jedem Dinge auf demselben seine Stelle bestimmt." (B 294) Er kann aber von diesem Lande auch die Grenzen angeben, die als Grenzen der Verfügbarkeit identisch sind mit den Grenzen der Beziehbarkeit des reinen Ich denke auf die bloße Empirie. „Dieses Land aber ist eine Insel und durch die Natur selbst in unveränderliche Grenzen eingeschlossen. Es ist das Land der Wahrheit (ein reizender Name), umgeben von einem weiten und stürmischen Ozeane, dem eigentlichen Sitze des Scheins, wo manche Nebelbank und manches bald wegschmelzende Eis neue Länder lügt und, indem es den auf Entdeckungen herumschwärmenden Seefahrer unaufhörlich mit leeren Hoffnungen täuscht, ihn in Abenteuer verflechtet, von denen er niemals ablassen und sie doch auch niemals zu Ende bringen kann." (B 295)

Als Grenzen dieses Landes, das seiner Erstreckung nach positiv bestimmt ist durch die Beziehbarkeit des reinen Ich denke auf die bloße Empirie und infolgedessen durch die Beziehbarkeit alles in ihm Vorkommenden, jedweden Objekts, jedweden Subjekts und jedweder Erkenntnis, auf beide, erscheinen die bloßen Ideen der reinen Vernunft, jene oben genannten Ideen, die im Unterschied zu der der Philosophie als Wissenschaft nicht objektiv deduziert werden können.

Sie sind, wie sich gezeigt hat, als ein Objekt gedacht, das keine Beziehung auf das Ich denke hat, absolutes Objekt. Sie sind gedacht als ein Subjekt, das keine Beziehung auf die Empirie aufweist, asolutes Subjekt. Sie sind gedacht als Einheit von Subjekt und Objekt, die weder auf das Ich denke noch auf die Empirie Bezug hat, absolute Erkenntnis.

Sie erfüllen ihre Funktion als Grenzmarken objektiver Erkenntnis dadurch, daß von ihnen nach Kant gewußt werden kann, daß sie keine möglichen Erkenntnisgegenstände sind. Dieses Wissen entfaltet die transzendentale Dialektik, die „Logik des Scheins". Es besteht im Wissen darum, daß der in ihnen gedachte Gegenstand durch sein Gedachtwerden sich selbst aufhebt oder daß das Denken dieses Gegenstandes sich selbst widerspricht mit Ausnahme der Idee der Freiheit. Es besteht also im Wissen darum, daß die Vernunft, indem sie sich auf diese Gegenstände richtet, mit sich selbst in Widerspruch gerät, dialektisch wird.

Die Funktion der transzendentalen Dialektik ist mithin die eines Überprüfungsexperiments der Aussagen der transzendentalen Analytik: „Aber hierin liegt eben das Experiment einer Gegenprobe der Wahrheit des Resultats jener ersten Würdigung unserer Vernunfterkenntnis a priori, daß sie nämlich nur auf Erscheinungen gehe, die Sache an sich selbst dagegen zwar als für sich wirklich, aber von uns unerkannt liegen lasse. Denn das, was uns notwendig über die Grenze der Erfahrung und aller Erscheinungen hinauszugehen treibt, ist das Unbedingte, welches die Vernunft in den Dingen an sich selbst notwendig und mit allem Recht zu allem Bedingten und dadurch die Reihe der Bedingungen als vollendet verlangt. Findet sich nun, wenn man annimmt, unsere Erfahrungserkenntnis richte sich nach den Gegenständen als Dingen an sich selbst, daß das Unbedingte ohne Widerspruch gar nicht gedacht werden könne; dagegen, wenn man annimmt, unsere Vorstellung der Dinge, wie sie uns gegeben werden, richte sich nach diesen als Dingen an sich selbst, sondern diese Gegenstände vielmehr als Erscheinungen richten sich nach unserer Vorstellungsart, der Widerspruch wegfalle; und daß folglich das Unbedingte nicht an Dingen, sofern wir sie kennen (sie uns gegeben werden), wohl aber an ihnen, sofern wir sie nicht kennen, als Sachen an sich selbst angetroffen werden müsse: so zeigt sich, daß, was wir anfangs nur zum Versuche annahmen, gegründet sei." (B XIX)

Daran werden die Letztbezüge der Kantischen Fassung der theoretischen Philosophie als Wissenschaft noch einmal deutlich. Philosophie, indem sie Wissenschaft ist, ist Wissen von der Möglichkeit objektiven und allgemeingültigen Erkennens und nichts anderes. Allgemeingültige Erkenntnis ist möglich durch die Philosophie als Wissenschaft, d. h. durch sie als Wissen vom Erkennenkönnen und nicht anders. Philosophie als Wissenschaft ist notwendig Transzendentalphilosophie, und als diese notwendig kritische Philosophie. Als kritische Philosophie ist sie vorab Einschränkung der menschlichen Erkenntnis auf ihren Möglichkeitsbereich, dann aber auch Einschränkung des menschlichen Wissenkönnens, d. h. Selbstbeschränkung der Philosophie. Indem sie so und nur so Wissenschaft ist und nur so theoretische Philosophie, hat sie ihren bestimmten Gegenstand. Sie leistet freilich nicht nur dies. Sie eröffnet auch den Weg zur Philosophie als Metaphysik im neuen Sinne in ihren verschiedenen Teilbereichen. Der erste, der nach der spekulativen Vernunft unter diesem Vorzeichen zu betrachten ist, ist der der Philosophie der praktischen Vernunft, die Lehre von der Freiheit.

Was soll ich tun? —
Die Lehre von der Freiheit

Die Frage nach Kants praktischer Philosophie stellt sich im Anschluß an die Darstellung der Grundzüge seines theoretischen Systems zunächst als die nach seiner Untersuchung einer dort schon berufenen und durch Berufung in Anspruch genommenen Instanz. Sie wurde in Anspruch genommen als letztbegründende Instanz und als solche willensbestimmende und als solche den Primat über die theoretische Vernunft ausübende Instanz. Sie wurde, mit anderen Worten, in Anspruch genommen als sich selbst bestimmende und selbst begründende, als aus ihrer Selbstbestimmung und Selbstbegründung den Willen unbedingt bestimmende, als durch unbedingte Willensbestimmung den Gebrauch aller Vermögen unbedingt bestimmende Vernunft, kurz gesagt, sie wurde in Anspruch genommen als *reine praktische Vernunft*.

Diese vorlaufende Inanspruchnahme als endgültige Berufungsgröße für die Entwicklung der theoretischen Philosophie gründet für Kant keineswegs auf vorläufigen, sondern auf selber endgültigen Gesichtspunkten des Verständnisses des Gegenstandes der praktischen Philosophie. Das gemeinsame Moment dieser Gesichtspunkte ist es, in ihm eine der Ableitung und Begründung ihrer Beschaffenheit und Leistung nicht fähige und nicht bedürftige Größe vor sich zu haben. Denn ein so vorverstandener Gegenstand kann nach Vorhandenheit und Beschaffenheit nur in der Weise feststellenden Fragens erfragt werden. Damit liegt aus diesem Vorverständnis auch unmittelbar eine bestimmte Frageweise nach ihm und mittelbar eine bestimmte Untersuchungsweise für ihn fest. Die erste ist die des schlichten: Gibt es?

Die zweite ist die des Ausweisens von Tatsachen durch Kritik.

In diesen Umrissen bestimmen sich für Kant die Aufgabe und das Verfahren der 1788 veröffentlichten „Kritik der praktischen Vernunft" und der ihr voraufgehenden und nachfolgenden Schriften zur praktischen Philosophie.

In der Kritik der praktischen Vernunft wird dabei die Aufgabe der praktischen Philosophie gemäß ihrer gekennzeichneten Umrißlinien – in ihrem Zusammenhang mit Gegenstand und Verfahren der theoretischen Philosophie, wie in ihrer Absetzung von Gegenstand und Verfahren der theoretischen Philosophie – von Kant selber mit folgenden Worten deutlich gemacht: „Sie soll bloß dartun, daß es reine praktische Vernunft gebe, und kritisiert in dieser Absicht ihr ganzes praktisches Vermögen. Wenn es ihr hiermit gelingt, so bedarf sie das reine Vermögen selbst nicht zu kritisieren, um zu sehen, ob sich die Vernunft mit einem solchen als einer bloßen Anmaßung nicht übersteige (wie es wohl mit der spekulativen geschieht). Denn wenn sie als reine Vernunft wirklich praktisch ist, so beweiset sie ihre und ihrer Begriffe Realität durch die Tat, und alles Vernünfteln wider die Möglichkeit, es zu sein, ist vergeblich." (p 3)

Den drei aufgedeckten Gesichtspunkten und der angegebenen Erfassungsweise entsprechend, an denen, wie gezeigt wurde, sich diese von Kant formulierte Gesamtsicht der Aufgabe der praktischen Philosophie orientiert, läßt sich der Gang seiner Auflösung derselben in drei unterscheidbaren Schritten darstellen. Der erste folgt dann seiner Beantwortung der Leitfrage: Gibt es eine reine Vernunft? Der zweite ist von dem ersten in seiner Vollziehbarkeit schon abhängig und richtet sich an der Beantwortung der Frage aus: Gibt es eine reine Vernunft, die als reine Vernunft praktisch ist? Der dritte, in seiner Möglichkeit von den beiden anderen bedingt, wird von der Beantwortung der Frage gelenkt: Welche Tatsachen gibt es, die ihre Realität der Herrschaft der reinen praktischen Vernunft über die menschlichen Vermögen verdanken?

§ 9 Die reine Vernunft als durch sich selbst bestimmte und durch sich selbst begründete Vernunft

Die nach der obigen Anordnung der Leitfragen zuerst zu stellende Frage heißt: Gibt es eine reine Vernunft? Da ‚gibt es‘ in dieser Frage unzweifelhaft auf Tatsachenfeststellung abzielt und ‚rein‘ soviel wie unbedingt meint, so fragt diese Frage nach der Tatsache einer unbedingten, einer auf sich allein gegründeten Vernunft. Da sie überdies, wie festgestellt wurde, nur auf dem Wege der Tatsachenausweisung beantwortbar ist und dazu weder mögliche Erfahrung noch transzendentales Wissen in Frage kommen und eine intellektuelle Anschauung nicht zur Verfügung steht, so spitzt sich die ihr entspringende Aufgabenstellung folgendermaßen zu: Die Existenz einer unbedingten Vernunft ist, weil sie sonst nicht unbedingt wäre, durch sich selbst auszuweisen. Da das nur denkbar ist unter der Voraussetzung, daß das Ausweisungsverhältnis und das Tatsachenverhältnis und die Unbedingtheitsbestimmung zusammenfallen und sich gleichwohl unterscheiden lassen, so erhält die Suche nach der Beantwortung der Frage aus diesen Erfordernissen des Gesuchten ihre eindeutige Ausrichtung. Sie besagt: Es ist unter den Vernunftleistungen nach einer solchen zu suchen, die als sachhaltige Bestimmung sowohl Sachbestimmung als auch Vorhandenheitsausweisung der Vernunft ist.

Nun sind, wie bei der theoretischen Betrachtung des Vernunftvermögens festgestellt wurde, alle Vernunftleistungen Ideen. Diese Ideen haben sich insgesamt als problematische Begriffe erwiesen, d. h. als solche Begriffe, denen weder in möglicher Erfahrung noch im Rahmen der Begründung möglicher Erfahrung ein direkter Gegenstandsbezug und daher auch keine Existenz und keine existenzausweisende Leistung im gesamten theoretischen Bereich gesichert werden kann; denen aber gleichwohl ihr Ursprung aus der reinen Vernunft und ihre Widerspruchsfreiheit innerhalb der bloßen theoretischen Vernunft problematische Sachbestimmtheit sichern.

Sind alle Vernunftleistungen Ideen, und soll die anstehende Aufgabe dennoch im erwarteten Sinne aufgelöst werden können, so muß zumindest einer dieser Ideen eine tatsachenausweisende Leistung zufallen können.

Eine solche Leistung kann einer Vernunftidee im Rahmen der theoretischen Vernunft unter keinen Umständen zufallen, sie muß ihr also zufallen durch ihr Hineinreichen in den Bereich der praktischen Philosophie. Dies hat nichts mit einem Übergang von der theoretischen in die praktische Philosophie zu tun, da es einen solchen immer nur von der praktischen zur theoretischen geben kann, wie von allem Anfang an klargestellt wurde. Es wird also eine theoretische Vernunftidee gesucht, die in den Bereich der praktischen Philosophie hineinreicht und in ihn hineinreicht, weil sie durch den Primat der praktischen Vernunft schon ihre Wurzel in ihm hat.

Eine solche Leistung kann einer Vernunftidee aber auch durch ihr Hineinreichen in den Bereich der praktischen Philosophie nur zufallen, wenn sie selber als Idee schon einer ausweisenden Leistung fähig ist; denn nicht eine ausweisende Leistung überhaupt soll ihr durch die Zurückführung in den Bereich der praktischen Vernunft allererst gesichert werden. Wenn die anstehende Aufgabe aufgelöst werden können soll, so setzt dies voraus, daß es einen theoretischen, d. h. problematischen Vernunftbegriff gibt, der für sich genommen als theoretischer einer ausweisenden Leistung fähig ist, die eine solche für sich genommen, d. h. eine selbstausweisende ist. Daher muß er ein problematischer Begriff sein, der das, was er ist (seine Sachbestimmtheit) an sich selbst ausdrückt, der seine eigene Sachbestimmtheit unmittelbar ausweist, weil er sie ist.

Wenn die anstehende Aufgabe aufgelöst werden können soll, so setzt dies voraus, daß es einen so gearteten theoretischen Begriff gibt, der durch die Betrachtung innerhalb des Bereichs der praktischen Vernunft unmittelbar zur Tatsache wird, der daher unmittelbar an sich selbst nicht nur ausweist, was er ist, sondern auch, daß er ist und daher im Ausweisen ist, was er ausweist, schlechthin unbedingte Tatsache.

Wenn die anstehende Aufgabe aufgelöst werden können soll, so setzt dies zuletzt voraus, daß sich in ihm, dem gesuchten Begriff, theoretische Vernunft selber ausweist als das, was sie ist, daß sich in ihm praktische Vernunft selber ausweist, danach, daß sie schlechthin ist oder unbedingt existiert, daß in dem Verhältnis zwischen theoretischem und praktischem der Primat der praktischen Vernunft über die theoretische unmittelbar ausgewiesen wird.

Das bedeutet zusammengenommen: Es muß einen reinen Vernunftbegriff (Idee) von etwas geben, der als problematischer Begriff jenes Etwas seiner Sachbestimmtheit nach selber ist. Es muß einen reinen Vernunftbegriff von etwas geben, der, indem er aus der Betrachtung des theoretischen Bereichs in den praktischen übergeführt wird, die unbedingte Tatsache jenes ausweist, und indem er sie ausweist, diese Tatsache ist. Es muß einen reinen Vernunftbegriff von etwas geben, der in seiner theoretischen Ausweisung die Beschaffenheit der theoretischen Vernunft, in seiner praktischen Ausweisung die Tatsache der praktischen Vernunft als unbedingte unmittelbar ausweist.

Geht man entsprechend dieser Auffächerung der Merkmale des gesuchten Begriffs auf die Suche nach ihm selbst, so findet sich: Es läßt sich nur eine einzige Sachbestimmtheit und es kann sich nur eine einzige Sachbestimmtheit auftreiben lassen, die in beiden Vernunftbereichen als dieselbe auftritt. Es ist die, welche beide Vernunftbereiche als Vernunftbereiche sachlich kennzeichnet, die Bestimmtheit als allgemeine apriorische Gesetzgebung, der Gedanke der Allgemeingültigkeit. Also ist der gesuchte Begriff, was seine Sachbestimmtheit anbetrifft, gefunden als „der Gedanke a priori von einer möglichen allgemeinen Gesetzgebung" (p 55).

Nach dieser Feststellung hat die weitere Suche, der aufgestellten Liste der angegebenen Merkmale folgend, darauf auszugehen, die Idee der allgemeinen apriorischen Gesetzgebung, der Allgemeingültigkeit, als ihrer Funktion nach sich selbst ausweisende festzustellen. Diese Funktion der Selbstausweisung hat im theoretischen Bereich die der Selbstausweisung der Beschaffenheit (Sachbestimmtheit) der Idee, im praktischen Bereich die Funktion der Selbstausweisung der Tatsache (unbedingten Wirkung) des Vernunftbegriffes zu

sein. Daraus entstehen zwei verschieden geartete Aufgabenhälften durch Aufspaltung der Aufgabe.

Wendet man sich zunächst der zuerst genannten zu, so besteht sie darin, die Idee der Allgemeingültigkeit in der Funktion der Selbstausweisung oder als sich selbst ausweisende
ausfindig zu machen.

Nichts scheint einfacher als dies. Denn es haben sich unter
den von Kant in der transzendentalen Dialektik erörterten
Ideen, wie man auf den ersten Blick meinen muß, mehrere
dafür qualifiziert.

Da ist vorab das transzendentale Ideal. Denn unter welchem Gesichtspunkte es als Idee auch immer betrachtet wird,
jederzeit wird es als Idee einer allgemeinen Gesetzgebung,
und jederzeit wird es als sich selbst ausweisendes Ideal, d. h.
als absolute Selbsterkenntnis, problematisch gedacht. Allein
die Frage war nicht, wird das transzendentale Ideal als Idee
einer allgemeinen Gesetzgebung und als Idee einer sich selbst
ausweisenden Gesetzgebung problematisch gedacht. Die
Frage war die, ist die im transzendentalen Ideal problematisch gedachte allgemeine Gesetzgebung, ist die Idee der Allgemeingültigkeit, mit der Funktion der faktischen (nicht
problematisch gedachten Funktion) der Selbstausweisung
ihrer Sachbestimmtheit verbunden? Sie ist es nach Kant, wie
seine Kritik der Gottesbeweise zeigt, in keinem Fall.

Da ist ferner unter den kosmologischen Ideen der problematische Begriff der Freiheit, der sich nicht nur in der Sachbestimmtheit einer allgemeinen Gesetzgebung zeigt, sondern
auch mit der Funktion der Selbstausweisung versehen zu sein
scheint. Denn die „transzendentale Idee der Freiheit", „die
Idee von einer Spontaneität, die von selbst anheben könne,
zu handeln, ohne daß eine andere Ursache vorangeschickt
werden dürfe", schließt zweifellos die Idee eines intelligiblen
Grundes als in ihr Mitgedachten ein (B 476, 561). Doch eben
dieses Eingeschlossensein macht die gedachte Selbstausweisung zu einer problematischen Eigenschaft neben der der
Allgemeingültigkeit und nicht zu einer faktischen Selbstausweisung. Die Idee der Freiheit gibt infolgedessen nicht den
erwarteten Aufschluß. Sie verweist die Suche weiter.

Sie verweist durch die in sie eingeschlossene Idee eines intelligiblen Grundes aus sich hinaus auf die Idee eines intelligiblen Grundes, die als solche selbstausweisend ist, indem sie als bloße Idee tatsächlicher intelligibler Grund ist. In seiner Ausdrücklichkeit heißt dieser in Kants „Erläuterung der kosmologischen Idee einer Freiheit in Verbindung mit der Naturnotwendigkeit" vorfindliche Verweis: „Allein der Mensch, der die ganze Natur sonst lediglich nur durch Sinne kennt, erkennt sich selbst auch durch bloße Apperzeption." (B 570, 574) Sieht man zunächst von der Eigenart dessen, worauf man verwiesen wird, ab, so ist festzustellen, er lenkt auf die Paralogismen der reinen Vernunft (B 399 ff.). Er lenkt, genauer gesagt, auf eine in ihnen auftretende Idee, auf die Idee der transzendentalen Apperzeption als sich selbst ausweisende Idee. An ihr muß sich mithin die gesuchte Funktion, wenn überhaupt, finden.

Doch es scheint statt dessen eine neue Schwierigkeit aufzutreten. Denn die transzendentale Apperzeption tritt in der Kritik der reinen Vernunft ursprünglich gar nicht als Idee auf, sondern als eine in ihrer objektiven Gültigkeit nachweisbare transzendentale Bedingung. Aber diese Schwierigkeit behebt sich in der näheren Betrachtung von selber. Als deduzierbare transzendentale Bedingung ist sie „Verbindung" (B 130). Als Verbindung ist sie „Vorstellung der synthetischen Einheit des Mannigfaltigen" (B 130). Als deduzierbare transzendentale Bedingung ist sie demnach Verbindung des Mannigfaltigen als Vorstellung der synthetischen Einheit (Verbindung) des Mannigfaltigen. Darin stecken offensichtlich zwei unterscheidbare Elemente. Das eine davon ist dies, daß die bloße Vorstellung einer Verbindung die tatsächliche Verbindung ist oder daß die Vorstellung das Vorgestellte ist. Das andere ist dies, daß sie als bloße Vorstellung der Verbindung des Mannigfaltigen die tatsächliche Verbindung des Mannigfaltigen ist.

Beide Elemente unterscheiden sich offensichtlich wie der bloß problematische Begriff der transzendentalen Apperzeption und die durch die transzendentale Deduktion erlangte objektive Leistung der transzendentalen Apperzeption. Das aber bedeutet, in dem objektiven Begriff der transzendentalen Apperzeption, wie er in der Kritik der reinen Vernunft zuerst auftritt, ist die Idee der transzendentalen Apperzeption als ein ihn konstituierendes Element schon mit eingegangen. Sie läuft daher als methodisch ursprünglicher dem objektiven Begriff der transzendentalen Apperzeption schon vorweg und kann als ursprünglich unabhängig von ihm auch wieder betrachtet werden und betrachtet werden ohne Rücksicht auf ihn.

Nach dieser Beseitigung der Befürchtung, die transzendentale Apperzeption als problematischen Begriff nicht ursprünglich für sich betrachten zu können, kann die transzendentale Apperzeption nunmehr als Idee genommen werden, und sie kann zur Untersuchung gestellt werden als problematischer Begriff, wie er sich aus dem objektiven Begriff der transzendentalen Apperzeption wieder herauslösen läßt oder wie er in den Paralogismen der reinen Vernunft für sich behandelt wird. Der problematische Begriff der transzendentalen Apperzeption ist dann nach beiden Hinsichten zu nehmen als die Idee oder diejenige Vorstellung, welche das von ihr Vorgestellte ist, und diese Idee ist das „Ich denke" (B 131).

Die Vorstellung Ich denke gründet in nichts weiter als dem Ich denke, das Ich denke besteht in nichts anderem als in seinem Gedachtsein. Das Ich denke als Gedachtes und als Grund des Gedachten unterscheiden sich durch nichts. Das Ich denke ist also bloße Idee, und es ist als solche, als problematischer Begriff, alles, was es überhaupt sein kann. Das Denken der Spontaneität des Denkens, der problematische Begriff der Spontaneität des Denkens ist die ganze Sachbestimmtheit der Spontaneität des Denkens. Als Vorstellung und als Vorstellen der Vorstellung ein und dasselbe, ist das problematische Ich denke, die bloße Idee des Ich denke, „dasjenige Selbstbewußtsein ... was, indem es die Vorstellung Ich denke hervorbringt", das Ich denke ist und eben darum keiner weiteren Bedingung bedarf und von keiner weiteren Vorstellung „begleitet werden kann" (B 132). Das Ich denke ist also eine Idee und als solche eine analytische

Idee und als solche die „analytische Einheit der Apperzeption" (B 133).

Geht man die drei aufgeführten Merkmale des problematischen Begriffs des Ich denke oder der Idee der transzendentalen Apperzeption unter Bezugnahme auf die Liste der gesuchten Merkmale durch, so läßt sich herausstellen:

Das Ich denke, problematisch genommen, 'ist seiner Sachbestimmtheit nach die Idee einer allgemeinen Gesetzgebung, denn es ist der problematische Begriff von Grund und Begründetem oder von unbedingter Gesetzgebung als Selbstbegründung.

Das Ich denke, problematisch genommen, ist seiner Funktion nach selbstausweisend, denn die problematische Gedachtheit seiner Selbstausweisung ist seine Selbstausweisung als faktische Selbstausweisung und vollständige Selbstausweisung, weil das Ich denke als problematisch Gedachtes alles ist, was es sein kann, und seine Selbstausweisung seine vollständige Sachbestimmtheit ist.

Also ist in der Idee des Ich denke, in der Idee des reinen Selbstbewußtseins, das im Vollzug der Ausweisung alles ist, was es sein kann, die gesuchte Idee der allgemeinen Gesetzgebung in der Funktion der Selbstausweisung ihrer Sachbestimmtheit oder die Idee als sich selbst ausweisender Begriff problematischer Allgemeingültigkeit a priori ausfindig gemacht. Damit ist der ersten der beiden unterschiedenen Aufgabenhälften im Sinne der mit ihr verbundenen Erwartung Rechnung getragen.

Gänzlich offen steht demgegenüber noch die zweite Hälfte der gestellten Aufgabe. Denn nicht von der Selbstausweisung einer gesuchten unbedingten Tatsache, sondern nur von der Sachbestimmtheit einer bloßen Idee konnte bislang die Rede sein.

In ihrer zweiten Hälfte stellt sich die Aufgabe darum so: Der aufgefundene problematische Begriff einer allgemeinen Gesetzgebung, der in seiner Sachbestimmtheit selbstausweisend ist, ist als unbedingt seiend und in seinem unbedingten Sein, als sich selbst ausweisend, darzutun. Das will sagen: Der problematische Begriff einer allgemeinen Gesetzgebung ist als unbedingt gesetzgebend oder als unbedingte Gesetzgebung zu erweisen. Und der problematische Begriff einer allgemeinen Gesetzgebung ist als unbedingt gesetzgebend durch seine Selbstausweisung zu erweisen. Die Lösung dieser Hälfte der gestellten Aufgabe ist nach der obigen Feststellung ohne Übergang allein im Bereich der praktischen Vernunft zu suchen.

Doch in der praktischen Philosophie scheint das Ich denke gar nicht aufzutauchen. Denn die praktische Erkenntnis ist eine Erkenntnis eigener Art. Sie ist die Erfassung von „Bestimmungsgründen des Willens", welche „Handlung als Mittel zur Wirkung als Absicht" vorschreiben, oder sie ist die Erkenntnis von Vernunftregeln für den Willen (p 36). Diese Regeln sind dem Menschen, dem Vernunft nicht der ausschließliche Bestimmungsgrund des Willens ist, Sollensregeln oder Imperative und zwar hypothetische, sofern sie als bloße Regeln allein nicht zur Bestimmung des Willens ausreichen, kategorische aber und Gesetze, sofern sie den Willen als bloße Regeln allein zu bestimmen vermögen (p 37 ff.). Danach bestimmt sich das praktische Vernunftgesetz als ein solches, in welchem die Vernunft „bloß sich selbst vorauszusetzen bedürfe, d. h. nur ihrer selbst als reiner Form bedarf", um den Willen zu bestimmen (p 37 f., 48).

Aber die einzige Vernunftäußerung, in welcher die Vernunft nur sich selbst voraussetzt, und in welcher sie reine Form ist, ist allein, wie sich zeigte, das bloße Ich denke, das Ich denke als Idee, das Ich denke problematisch genommen und als sich in seiner Sachbestimmtheit selbstausweisend. Nur dieses Ich denke problematisch genommen kann mithin das unbedingte praktische Gebot, das unbedingte Sollen, den kategorischen Imperativ seiner Sachbestimmtheit nach ausmachen, insofern es auf den Willen bezogen ist. Das Ich denke tritt also trotz der beschriebenen Unüberbrückbarkeit des Abstandes von theoretischer und praktischer Vernunft sehr wohl in der praktischen Philosophie auf, aber in praktischer Gestalt, d. h. auf den Willen bezogen und zwar als unbedingt gebotener Willensgrund. Genauer gesagt, muß es heißen, es tritt in seiner ursprünglichen Gestalt als ‚Du sollst' auf, bevor es als ‚Ich denke' theoretisch zum Tragen kommt.

Dieser Imperativ besagt demnach: Das auf den Willen bezogene Ich denke, die in der bloß problematisch gedachten Identität des Ich denke problematisch gedachte Identität des Willens, soll der alleinige Bestimmungsgrund des Willens sein. Das aber heißt: Das Ich denke problematisch genommen, die Idee einer allgemeinen Gesetzgebung a priori, ist, auf den Willen bezogen, der kategorische Imperativ und als solcher das gesuchte praktisch unbedingte Seiende, d. h. das unbedingt geltende Gesetz. Im kategorischen Imperativ ist darum der problematische Begriff einer allgemeinen Gesetzgebung als unbedingt gesetzgebender oder unbedingt gesollter gefunden: „Denn der Gedanke a priori von einer möglichen allgemeinen Gesetzgebung, der also bloß problematisch ist, wird, ohne von der Erfahrung oder irgendeinem äußeren Willen etwas zu entlehnen, als Gesetz unbedingt geboten." (p 55)

Es bleibt zur vollständigen Auflösung des zweiten Teils der gestellten Aufgabe zu zeigen, daß der kategorische Imperativ als problematischer Begriff einer allgemeinen Gesetzgebung, der als solcher unbedingt gesetzgebend ist, mit der Funktion der Selbstausweisung seiner unbedingten Geltung, d. h. seiner unbedingten Existenz, verbunden ist.

Dazu ist davon auszugehen, daß die unbedingte Forderung, das auf den Willen bezogene Ich denke solle der alleinige Bestimmungsgrund des Willens sein, die Forderung impliziert, der reine Wille solle der einzige Wirklichkeitsgrund des Ich denke sein. Das meint: In die unmittelbar vorhandene Wirklichkeit des problematischen Begriffs als unbedingte Sollensforderung ist als die gesollte und geforderte eine andere Wirklichkeit als zu verwirklichende eingeschlossen. Dies bedeutet auseinandergelegt: Das Ich denke soll seine Wirklichkeit allein aus dem Gewolltsein des Ich denke, das ich will soll seine einzige Bestimmtheit aus der bloßen Gedachtheit des Willens haben. Beider Verhältnis zueinander soll also Bewußtsein konstituieren, denn das durch seine Bestimmtheit schlechthin Wirkliche und das durch seine Wirklichkeit allein Bestimmte ist Bewußtsein. Dieses Bewußtsein ist ein gesolltes Bewußtsein. Seine Vorwegnahme im Sollen oder dieses Gesolltsein ist ebenfalls bloßes Bewußtsein. Es ist als gesolltes das unbedingte Bewußtsein des Sollens eines solchen Bewußtseins und sonach das Bewußtsein eines unbedingten Handlungsgesetzes. Also gründet theoretisch genommen das bloße problematische Ich denke im praktischen Bereich ein unbedingtes Handlungsgesetz, welches unbedingt geboten gegeben ist in einem Selbstbewußtsein oder welches als „Factum der Vernunft" oder als unmittelbares praktisches Wissen gegeben ist (p 56). Als dieses ist es ein auf keine Anschauung bezogener unmittelbar gewisser „synthetischer Satz a priori" (p 56). In ihm ist unmittelbar gewiß: Der reine mit sich selbst identisch seinsollende Wille soll die einzige Wirklichkeit der Vernunft sein, d. i. die Wirklichkeit der Vernunft soll allein die Freiheit des Willens sein, die Freiheit des Willens aber soll die reine Vernunftbestimmtheit des Willens sein. Dieses synthetische Wissen ist Faktum und unmittelbares Gewißsein.

Damit ist die leitende Frage der voranstehenden Überlegungen nach Kant endgültig beantwortet. Diese Frage lautete: Gibt es eine reine Vernunft als durch sich selbst bestimmte und durch sich selbst begründete Vernunft? Sie meinte, nach ihren verschiedenen Merkmalen entfaltet: Existiert eine unbedingte Vernunft, die sich in ihrer Sachbestimmtheit und in ihrer Existenz selbst unmittelbar ausweist oder deren Ausweisungsverhältnis zugleich ihr Sachbestimmtheits- und Existenzverhältnis ist. Die Antwort Kants darauf heißt: Es existiert eine reine Vernunft als durch sich selbst bestimmte und durch sich selbst begründete, und sie existiert als reine praktische Vernunft. Diese Antwort meint, nach ihren verschiedenen Momenten entfaltet: Es existiert eine Vernunft, die sich in ihrer Sachbestimmtheit als apriorische allgemeine Gesetzgebung und als Gesetz der Allgemeingültigkeit des Willens und ihrer Existenz nach als Faktum, d. h. als sich unmittelbar durchsichtige ausweist. Sie schließt, wie sich gezeigt hat, ein: Es gibt einen reinen Vernunftbegriff (Idee) von etwas, der als problematischer Begriff jenes Etwas seiner Sachbestimmtheit nach selber ist. Es gibt einen reinen Vernunftbegriff von etwas, der, indem er aus dem theoretischen in den praktischen Vernunftbereich wieder zurückgeführt wird, die unbedingte Tatsächlichkeit desselben Etwas ausweist und indem er sie ausweist, diese Tatsache ist. Es gibt einen reinen Vernunftbegriff von Etwas, der in seiner theoretischen Ausweisung die Beschaffenheit der theoretischen Vernunft, in seiner praktischen Ausweisung die Existenz der praktischen als unbedingte unmittelbar ausweist.

In umgekehrter Reihenfolge zu dieser Beantwortung der Fragen waltet dabei das durch diese Beantwortung aufgedeckte Begründungsverhältnis innerhalb der Erfragten. Als dieses erhellt: Schlechthin unbedingt existiert nur eine reine praktische Vernunft, und zwar als schlechthin unbedingtes Sollensgesetz oder als Faktum der reinen praktischen Vernunft. Eine reine theoretische Vernunft gibt es nur als die unbedingt vorgeschriebene Sachbestimmtheit des theoretischen Vernunftvermögens auf Grund des unbedingten Gebots der praktischen Vernunft, oder es gibt eine reine theoretische Vernunft nur als aus der praktischen Vernunft gebotenes Wahrheitskriterium für das theoretische Vernunftvermögen. Die praktische Vernunft als sich selbst durchsichtiges Faktum gründet ein Wahrheitskriterium vermittelst dessen die theoretische Vernunft sich selbst durchsichtig wird in ihrer Bestimmtheit, so daß die letztere ist, was sie ist, weil die erstere unbedingt existiert, und dieses Verhältnis macht den Primat der praktischen über die theoretische Vernunft aus.

§ 10   Die reine Vernunft als praktische Vernunft

Die Frage: Gibt es eine reine Vernunft, die als solche praktisch ist? ist im Voraufgehenden dahingehend beantwortet worden: Es gibt nur praktische Vernunft, die als schlechthin reine Vernunft ist. Denn nur die praktische Vernunft ist nach Kant einer Leistung fähig, die als sachhaltige Bestimmung ihrer selbst zugleich die Bestimmung ihrer unbedingten Existenz und in eins damit die unmittelbare Ausweisung ihrer Sachbestimmtheit und ihrer unbedingten Existenz ist. Diese Leistung besteht darin, daß die praktische Vernunft durch den problematischen Gedanken einer allgemeinen Gesetzgebung unbedingt gesetzgebend ist, oder daß sie allein durch den problematischen Gedanken der Allgemeingültigkeit als unbedingtes Gesetz vorschreibt.

Als dieses unbedingte praktische Gesetz wird der bloß problematische Gedanke einer allgemeinen Gesetzgebung zum allgemeinen Gesetz a priori als kategorischer Imperativ, d. h. zum unbedingten Sollensgesetz und lautet: „Handle so, daß die Maxime deines Willens jederzeit zugleich als Prinzip einer allgemeinen Gesetzgebung gelten könne." (p 54) Seiner Existenz nach ist dieses Gesetz, wie sich erwiesen hat, „das einzige Faktum der reinen Vernunft" (p 56). Seiner Ausweisung nach ist dieses Gesetz, wie ebenfalls erwiesen worden ist, selbstausweisend; es ist „das moralische Gesetz, dessen wir uns unmittelbar bewußt werden" (p 53). Beides aber ist es als praktisches Gesetz, d. h. als Gesetz der Bestimmung des Willens, und beides ist es ausschließlich als Gesetz der Bestimmung des Willens.

Deshalb ist alle weitergehende Auskunft darüber, worin die unbedingte Existenz der reinen Vernunft des näheren besteht, was reine Vernunft des näheren ist, wie sie sich selbst des näheren ausweist, nur über die Beantwortung der Frage zu erlangen, wie sie als reine Vernunft den Willen bestimmt.

Die Beantwortung dieser Frage schließt ein, daß Auskunft über die Beschaffenheit des Willens als menschliches Vermögen gegeben wird. Sie setzt aber ferner voraus – da es um die allgemeingültige Bestimmung des Willens aus der Denkbarkeit der allgemeingültigen Bestimmung des Willens zu tun ist –, daß sowohl die Denkbarkeit der allgemeingültigen Bestimmung des Willens als auch seine Bestimmung daraus ausdrücklich entwickelt werden.

Als feststellbares Vermögen genommen, stellt der Wille nach Kant das Vermögen der Zwecktätigkeit dar. Das will in erster Näherung bedeuten: Er ist das Vermögen des Menschen, „durch seine Vorstellungen Ursache von der Wirklichkeit der Gegenstände dieser Vorstellungen zu sein" (p 15 Anm.). Genauer bestimmt, will das Gesagte heißen: Der Wille ist das Vermögen des Menschen, „den Vorstellungen entsprechende Gegenstände entweder hervorzubringen, oder doch sich selbst zu Bewirkung derselben (das physische Vermögen mag nun hinreichend sein, oder nicht), d. i. seine Kausalität zu bestimmen" (p 29, vgl. MS 212).

Die Willensbestimmung vollzieht sich darum beim Menschen nicht schon dadurch, daß überhaupt Vorstellungen im Horizont theoretischer Erkenntnis auftreten, sondern sie vollzieht sich durch Bestimmung zum Begehren der Wirklichkeit der durch sie vorgestellten Gegenstände. Daher bedarf es eigener Bestimmungsgründe des Willens.

Solche Bestimmungsgründe müssen, da sie den Willen eines Subjekts bestimmen, zunächst subjektiv bestimmende, d. h. subjektive Bestimmungsgründe sein. Sie müssen ferner, da sie den Willen eines durch Begriffe begründenden Wesens bestimmen, selber begrifflich bestimmte, d. h. allgemeine Bestimmungsgründe sein. Sie müssen zuletzt, da sie den Willen als ein menschliches Vermögen in seinem Gebrauch lenken sollen, lenkende Bestimmungsgründe, d. h. „praktische Grundsätze" sein (p 35). Als diese subjektiv allgemeinen, den Willen auf Wollensziele lenkenden Grundsätze sind die praktischen Grundsätze „Maximen" (p 35).

Diese Maximen des Willens sind keineswegs „Gesetze, darunter man unvermeidlich stehe" (p 36). Sie gründen aber, obschon sie subjektiv sind, im Verein mit der tatsächlichen Lebenssituation des Menschen, in der sie als Grundsätze der Auswahl von Willensabsichten wirksam sind, praktische Regeln. Denn ist der zu verwirklichende Zweck angegeben, d. h. ausgewählt und die dazu gehörige Situation überschaut, so schreibt die Vernunft vor, welche Handlungen erforderlich sind, um den vorgestellten Zweck, die Absicht, zu erreichen. Die so entspringende praktische Regel „ist jederzeit ein Produkt der Vernunft, weil sie Handlung als Mittel zur Wirkung als Absicht vorschreibt" (p 36). Weil die so entspringende Vernunftregel aber zur Erlangung der vorgesetzten Absicht nicht selber ausreicht, weil sie nicht selber als Verwirklichungsregel auch der Verwirklichungsgrund der Absicht ist – da das menschliche Wesen nicht reines Vernunftwesen ist –, so drückt sie ein Sollen aus und nimmt die Gestalt eines „Imperativs" an (p 36). Durch den Imperativ wird „die objektive Nötigung der Handlung" danach, daß sie stattfinden soll, und danach, wie sie stattfinden soll, ausgedrückt (p 36). „Die Imperativen gelten also objektiv und sind von Maximen, als subjektiven Grundsätzen, gänzlich unterschieden." (p 37)

Aber so, wie diese Imperative im gegebenen Zusammenhang auftreten, bleibt ihre objektive Geltung eine bedingte, bedingt durch die ihnen voraufgehende Maxime und bedingt durch den Bezug auf die gegebene Situation, kurzum bedingt durch „zufällig, subjektive Bedingungen" (p 38). Die „objektive Nötigung der Handlung", die diese Imperative als Sollen ausdrücken, bestimmt den Willen „nur in Ansehung einer begehrten Wirkung", d. h. hypothetisch, und bestimmt den Willen nur in Ansehung ihrer Verwirklichung in der jeweils gegebenen Situation, und d. h. als Vorschrift „der Geschicklichkeit" (p 37). Diese Regeln sind daher als praktische Regeln „hypothetische Imperativen und bloße Vorschriften der Geschicklichkeit" (p 37).

Daraus wird abnehmbar, daß der menschliche Wille als empirisches Vermögen, als erfahrungsmäßig feststellbare Größe nur durch hypothetische Imperative oder durch bedingt objektive Regeln bestimmt ist. Als Gründe der Bedingtheit seiner objektiven oder seiner Vernunftbestimmung ergeben sich dabei zuerst die bloß subjektive Allgemeinheit der Bestimmungsgründe des Willens oder der Maximen des Willens, ferner ihre Gegenstandsabhängigkeit und schließlich ihre Situationsgebundenheit.

Durch diese drei Abhängigkeiten, welche die Maximen indirekt auf die Willensregeln übertragen, verweisen die Maximen selbst als Grundsätze des Willens auf ihnen zugrunde liegende Prinzipien. Sie verweisen auf ein Prinzip der subjektiven Allgemeinheit, auf ein Prinzip der Gegenständlichkeit und auf ein Prinzip der Zufallsbestimmung des Willens.

Das erste deckt folgende Überlegung auf: Den Willen subjektiv bestimmen, bedeutet den Willen bestimmen aus der erwarteten Wirkung der Verwirklichung des vorgestellten Gegenstandes auf das Subjekt. Die erwartete Wirkung ist demnach Erfüllung des Begehrens. Erfüllung des Begehrens durch die Wirklichkeit eines Gegenstandes kann nur Lust sein. Der Grund der Willensbestimmung aus einem solchen „Verhältnis aber zum Subjekt heißt die Lust an der Wirklichkeit eines Gegenstandes" (p 39). Dieser subjektive Grund der Willensbestimmung, allgemein genommen, d. h. genommen als allgemeiner Zustand des Subjekts, ist der Zustand „der Annehmlichkeit des Lebens, die ununterbrochen" das Dasein eines Subjekts begleitet, ist „die Glückseligkeit" (p 40). Der Grund dafür, die Glückseligkeit, „sich zum höchsten Bestimmungsgrunde der Willkür zu machen", ist offensichtlich „das Prinzip der Selbstliebe" (p 40). Damit ist das Prinzip der Maximen, sofern sie subjektiv allgemeine Bestimmungsgründe des Willens sind, als die Selbstliebe herausgestellt.

Das andere wird durch folgende Überlegung sichtbar: Die charakterisierten Maximen leiten den Willen auf die Verwirklichung eines zu verwirklichend vorgestellten Gegenstandes. Indem die Maximen den Willen so auf vorgestellte Objekte ausrichten, richten sie ihn notwendig an Vorstellungsinhalten, am Material der Vorstellungen aus. Da aber alles Material von Vorstellungen empirisch ist, machen die Maximen, indem sie den Willen auf ein „Objekt (Materie) des Begehrungsvermögens richten", den Willen empirisch und vom empirischen Objekt abhängig (p 38). Damit ist das Prinzip der Maxime, welche den Willen durch den Bezug auf eine „Materie des Begehrungsvermögens" lenken, das Prinzip der empirischen Objektivität (p 38).

Das dritte stellt sich in folgender Überlegung heraus: Wenn die gekennzeichneten Maximen den Willen über das Material der Vorstellungen leiten, so lenken sie ihn nach dem, was im gegebenen Zusammenhang der Vorstellungen, d. h. der Situation „am meisten das Begehrungsvermögen affiziert" (p 42). Es ist dabei „gänzlich einerlei, durch welche Vorstellungsart er affiziert werde. Nur wie stark, wie lange, wie leicht erworben und oft wiederholt diese Annehmlichkeit sei" im Verhältnis zu anderen, in der gegebenen Situation angebotenen, darin liegt der Bestimmungsgrund (p 42). Damit ist das Prinzip der Maximen, die den Willen auf diese Art bestimmen, als das Prinzip des Zufalls der jeweiligen Situation oder das Prinzip der empirischen Tatsächlichkeit der in der Situation gegebenen Affektionen des Begehrungsvermögens aufgedeckt.

Durch ihren Ursprung aus dem Prinzip der Selbstliebe subjektiv, d. h. nur je für das einzelne Subjekt allgemein und nur für das einzelne Subjekt gültig, durch ihren Ursprung aus dem Prinzip der empirischen Objektivität vom empirischen Material abhängig, d. h. nur empirisch gültig, durch ihre Bezogenheit auf den Zufall der jeweiligen Situation, d. h. auf die in ihr auftretenden Affektionen nur zufällig gültig, lassen die verschiedenen Maximen Vernunftregeln des Willens von vornherein nur als hypothetische Imperative zu. Sie lassen sie nur zu als bloße „Anratungen zum Behuf unserer Begierden" (p 47). Diese Darstellung des menschlichen Willens als Vermögen, wie es sich einer psychologisch empirischen Erkenntnis darbietet, zeigt zu allererst, daß Vernunft, wenn sie willensbestimmend ist, auch willenserzeugend sein muß. Denn dieses Willensvermögen, wie es beschrieben wurde, kann der praktischen Vernunft gar nicht unterworfen werden. Vernunft muß also, wenn sie praktisch ist, zunächst ein anderes als das gezeichnete Begehrungsvermögen hervorbringen. In dem beschriebenen, das im Hinblick auf das durch die Vernunft hervorzubringende Begehrungsvermögen das „untere Begehrungsvermögen" heißen soll, kann Vernunft gar nicht anders als bedingt, d. i. „im Dienste der Neigungen" praktisch sein (p 44, 45).

Das der Hervorbringung durch praktische Vernunft dem gegenüber enspringende „obere Begehrungsvermögen" muß von vornherein so beschaffen sein, daß die reine Vernunft „für sich selbst" bestimmen kann (p 45). Die Vernunft als praktische Vernunft tritt deshalb zuerst auf als Hervorbringerin eines eigenen Begehrungsvermögens, des oberen Begehrungsvermögens, dessen Charakteristikum es ist, durch reine Vernunft allein bestimmt werden zu können.

Was für die Beschaffenheit eines aus der Vernunft entspringenden oberen Begehrungsvermögens nicht ausschlaggebend sein kann, das steht nach dem über das untere Begehrungsvermögen Gesagten fest. Es darf nicht subjektiv allgemein sein, d. h. das Prinzip der Glückseligkeit und das Prinzip der Selbstliebe dürfen seine Maximen nicht bestimmen. Es darf nicht empirisch objektiv sein, d. h. das empirische Objekt darf die Maximen des Willens nicht über die Materie des Begehrungsvermögens notwendig bestimmen. Es darf nicht zufällig gültig sein, d. h. die zufällig gegebene Situation darf die Maximen des Willens nicht kausal bestimmen.

Daraus läßt sich ablesen, was für die Beschaffenheit eines aus der Vernunft entspringenden oberen Begehrungsvermögens ausschlaggebend sein muß. Das obere Begehrungsvermögen muß objektiv allgemein sein können, d. h. es muß durch Maximen bestimmt werden können, die „objektiv" sind oder „praktische Gesetze" sind, die also „für den Willen jedes vernünftigen Wesens gültig" erkannt sind (p 35). Das obere Begehrungsvermögen muß a priori objektiv sein können, d. h. es muß durch Maximen bestimmt werden können, die als „bloß formale Gesetze" des Willens oder „bloß der Form nach den Bestimmungsgrund des Willens enthalten" (p 41, 48). Das obere Begehrungsvermögen muß unabhängig von der zufällig gegebenen Situation und den von ihr ausgehenden Kausalwirkungen sein können, d. h. es muß von Maximen bestimmt werden können, die einen schlechthin unbedingten Bestimmungsgrund des Willens enthalten.

Nach der einen Seite kennzeichnen diese Eigenschaften das obere Begehrungsvermögen als den freien Willen, der in dreifacher Hinsicht als frei auftritt: frei von der Bestimmung durch das Prinzip der Selbstliebe, frei von der Bestimmung durch das empirische Material der Empfindungen, frei von der in der Zufallssituation waltenden Naturgesetzlichkeit.

Nach der anderen Seite kennzeichnen diese Bestimmungen des oberen Begehrungsvermögens den freien Willen nach den Bedingungen, unter denen er allein ein freier Wille ist: Er ist freier Wille, wenn er durch Maximen bestimmt ist, die objektive praktische Gesetze sind und für den Willen jedes vernünftigen Wesens gelten. Er ist freier Wille, wenn er durch Maximen bestimmt ist, die den Bestimmungsgrund des Willens als reine Form enthalten. Er ist freier Wille, wenn er durch

Maximen bestimmt wird, die auf dem kategorischen Imperativ als einem schlechthin unbedingten Sollen beruhen.

„Freiheit und unbedingtes praktisches Gesetz weisen also wechselweise aufeinander zurück." (p 52) Es ist „das moralische Gesetz" . . ., welches „gerade auf den Begriff der Freiheit führt", und es ist der praktische Begriff der Freiheit, der das unbedingte praktische Gesetz verlangt (p 53). Diese Verwiesenheit von praktischem Gesetz und Freiheit aufeinander legt das Gesetz an den Grundmerkmalen der Freiheit und die Freiheit an den Grundmerkmalen des Gesetzes aus. Die Auslegungen des praktischen Gesetzes am Begriff der praktischen Freiheit schlagen sich in verschiedenen Grundfassungen des kategorischen Imperativs nieder.

Freiheit als Bestimmtheit des Willens nach Maximen, die für den Willen jedes vernünftigen Wesens gelten, gibt dem Gesetz selbst die Fassung: „Handle so, daß du die Menschheit sowohl in deiner Person, als in der Person eines jeden anderen jederzeit zu gleich als Zweck, niemals bloß als Mittel brauchst." (GMS 429) Freiheit als Bestimmtheit des Willens nach Maximen, die als Bestimmungsgrund nur reine Form oder reine Gesetzförmigkeit enthalten, gibt dem Gesetz die Fassung: „Handle nur nach derjenigen Maxime, durch die du zugleich wollen kannst, daß sie ein allgemeines Gesetz werde." (GMS 421) Freiheit als Bestimmtheit des Willens nach Maximen, die unbedingt und unabhängig von aller Beeinflussung durch Naturgesetze gelten, gibt dem Gesetz die Fassung: „Handle so, als ob die Maxime deiner Handlung durch deinen Willen zum allgemeinen Naturgesetz werden sollte." (GMS 421)

Die Auslegungen der Freiheit am Begriffe des Sittengesetzes und die Auslegung des Sittengesetzes am Begriff der Freiheit schlagen sich dem gegebenen Zusammenhang entsprechend in drei Grundbedeutungen ihrer Verbindung nieder, die den Sinn der reinen Vernunft als praktische Vernunft entfalten.

Der Zusammenhang zwischen reiner Vernunft und Willen eröffnet einen Bereich, der durch mögliche Unabhängigkeit von den Gesetzen der Natur, vom Zwang der Naturkausalität ausgezeichnet ist.

Der Zusammenhang zwischen reiner Vernunft und Willen eröffnet diesen Bereich dadurch, daß er dem Prinzip der Willensbestimmung aus der Naturkausalität ein davon ganz unabhängiges Vernunftprinzip der Willensbestimmung entgegenstellt. Er eröffnet den Bereich des Bestimmtwerdenkönnens der Willensmaxime aus dem Sittengesetz oder aus diesem Gesetz widersprechenden Antrieben. Dieser Bereich ist der Bereich der Freiheit im negativ praktischen Verständnis.

Der Zusammenhang zwischen reiner Vernunft und Willen eröffnet schließlich dadurch, daß das Gesetz, um das es geht, ein Sollensgesetz ist, einen Bereich, der als gesollter geboten ist. Dieser ist der Bereich der gesollten Freiheit oder der Bereich des aus dem Gesetz bestimmten Willens. Denn der einzige Text dieses Sollens in bezug auf den menschlichen Willen ist die unbedingte Forderung der Freiheit des Willens, der Selbstbestimmung des Willens aus der reinen Vernunft, der „Autonomie des Willens" (p 58).

Durch diesen Zusammenhang zwischen reiner Vernunft und Willen ist der Sinn der Vernunft als praktische Vernunft und der Sinn der Willensbestimmung in dreifacher Hinsicht erschlossen: Vernunft ist praktische Vernunft, indem sie einen Bereich der Willensbestimmung eröffnet, der von dem Naturgesetz unabhängig ist. Sie ist praktische Vernunft, indem sie einen Bereich der Willensbestimmung erschließt, der zwischen Maximen aus dem kategorischen Imperativ und Maximen wider denselben liegt. Sie ist praktische Vernunft, indem sie schließlich einen Bereich der Willensbestimmung eröffnet, der als der der Bestimmung des Willens durch das Sittengesetz und aus dem Sittengesetz oder als unbedingt gesollte Verwirklichung des Sittengesetzes, der Bereich „der Autonomie des Willens" ist (p 58, 59).

Die entwickelte Verwiesenheit von reinem Vernunftgesetz und Freiheit aufeinander gipfelt also darin, daß das reine Vernunftgesetz, das Gesetz der Freiheit des Willens, die Freiheit des Willens aber in erster Bedeutung das Wollenkönnen unabhängig vom Naturgesetz, in zweiter Bedeutung das Wollenkönnen aus dem Naturgesetz und der Maxime aus der reinen Vernunft und in höchster Bedeutung das Wollen des

Vernunftgesetzes als Wollen des Gesetzes der Freiheit des Willens um seiner selbst willen ist.

Im Zusammenhang der drei Stufen der Bestimmung des Willens durch die reine Vernunft erweist sich reine Vernunft als unmittelbar praktisch, als unmittelbar willensbestimmend. In ihrer Auseinanderfaltung aber enthüllt sie des näheren den Charakter ihres Praktischseins. Denn als bloß problematischer Gedanke einer allgemeinen Gesetzgebung a priori für den Willen enthüllt sie die Unabhängigkeit des Willens von der Naturnotwendigkeit. Als bloß problematischer Gedanke einer allgemeinen Gesetzgebung a priori für den Willen enthüllt sie die Freiheit des Willens zwischen Naturgesetzlichkeit und reinem Vernunftgesetz. Als bloß problematischer Gedanke einer allgemeinen Gesetzgebung a priori für den Willen bestimmt sie als unbedingtes Sollen den Willen zur Autonomie des Willens. Damit ist Auskunft gegeben auf die eingangs gestellten Fragen, auf die Fragen, worin die unbedingte Tatsache, worin die unbedingte Bestimmtheit der reinen Vernunft und worin die unbedingte Selbstausweisung der reinen Vernunft als praktische Vernunft zu finden ist.

Denn die unbedingte Tatsache der reinen Vernunft als praktische Vernunft ist die Freiheit des Willens, und die unbedingte Bestimmtheit des freien Willens liegt in seiner Bestimmtheit aus dem kategorischen Imperativ. Diese unbedingte Bestimmtheit des Willens ist aber wiederum die der Freiheit des Willens und damit die Existenz der reinen Vernunft. Beide, unbedingte Existenz der reinen Vernunft und unbedingte Bestimmtheit des freien Willens, weisen sich im praktischen Selbstbewußtsein unmittelbar aneinander und durcheinander aus. Denn das reine praktische Bewußtsein, d. h. der problematische Gedanke des allgemeingültigen Gesetzes, ist auf den Willen bezogen selber der kategorische Imperativ, das unbedingte Gesetz, und der kategorische Imperativ ist selber der unbedingte Erkenntnisgrund der Freiheit, weil er „die ratio cognoscendi der Freiheit" ist, wie die Freiheit „die ratio essendi des moralischen Gesetzes" (p 4 Anm.).

Es ist gezeigt worden, daß reine Vernunft praktisch ist, und es ist gezeigt worden, wie sie es ist. Es schließt sich notwendig die Frage an: Was wirkt reine Vernunft dadurch, daß sie praktisch ist und dadurch, daß sie so praktisch ist, wie sie es ist?

Diese Frage öffnet sich dem Voranstehenden zufolge zwangsläufig nach drei Seiten. Denn reine Vernunft ist praktisch als unbedingtes Gebot. Ein unbedingtes Gebot wirkt zunächst dadurch, daß es als unbedingtes Gebot jederzeit erfüllt werden kann. Ferner wirkt es dadurch, daß es jederzeit erfüllt werden soll. Endlich wirkt es dadurch, daß es erfüllt wird. In jeder der drei Hinsichten aber wirkt es unbedingt, d. h. auf Grund seiner selbst.

Bezieht man die drei sich daran abzeichnenden Seiten der Wirkung des praktischen Gesetzes auf die möglichen Bezugspunkte seiner Wirkung, d. i. auf die Bezugspunkte der Wirkung des Gesetzes und die dem entsprechenden Weisen der Freiheit, so sind an ihnen jeweils drei Seiten hervorzukehren.

Als Bezugspunkte des Wirkens des Gesetzes stellen sich – wie für ein Handlungsgesetz unumgänglich – die Konstituentien einer Handlung, das Handelnde (Subjekt), der Akt der Handlung (Tat) und das Resultat der Handlung (Wirkung) heraus. Sie haben sich oben schon als die Richtpunkte der drei aufgeführten Grundfassungen des kategorischen Imperativs ergeben. Alle drei sind mithin sowohl unter dem Gesichtspunkt ihres bloßen Gekonntseins, ihres bloßen Gesolltseins und ihres tatsächlichen Gewolltseins, jedes Mal aus dem reinen Sollen, ins Auge zu fassen.

Folgt man der damit gegebenen Richtschnur, so ergibt sich: Wenn ein unbedingtes Gebot zunächst seine Wirkung darin manifestiert, daß es jederzeit erfüllt werden kann, so wirkt es seine eigene Erfüllbarkeit notwendig nach zwei Seiten, nach einer theoretischen und nach einer praktischen. Denn es muß als erfüllbar gedacht werden können, damit es tatsächlich erfüllbar ist.

Das heißt, auf die drei angegebenen Bezugsgrößen angewandt, das Subjekt einer freien Handlung, diese selbst und das Objekt derselben müssen theoretisch widerspruchsfrei gedacht (nicht erkannt) werden können, damit sie freie Handlung und Subjekt und Objekt derselben sein können. Zu dieser Denkbarkeit wird jeweils dreierlei erfordert. Das Subjekt muß gedacht werden können als ein Subjekt, welches unabhängig von den Bestimmungen der Naturkausalität sein kann. Es muß gedacht werden können als Subjekt, das einer anderen als der Naturkausalität fähig ist. Es muß gedacht werden können als ein Subjekt, dem es möglich ist, aus einer anderen Kausalität in den Bereich der Naturkausalität hineinzuwirken, ohne diese aufzuheben. Die Wirkung muß gedacht werden können als Objekt, welches unabhängig von den Bestimmungen der Naturkausalität sein kann. Es muß gedacht werden können als ein Objekt, das einer anderen als der Naturkausalität entspringt. Es muß gedacht werden können als ein Objekt, das als Wirkung einer anderen Kausalität als der der Natur und als Wirkung der Naturkausalität gleichermaßen genommen werden kann. Die Handlung muß gedacht werden können als eine Handlung, welche unabhängig vom naturkausalen Geschehen ist. Sie muß gedacht werden können als eine Handlung, die einem anderen Kausalgesetz als dem der Natur folgt. Sie muß gedacht werden können als eine Handlung, die in den Bereich der Naturkausalität hineinreicht, ohne die Naturkausalität aufzuheben.

In der „transzendentalen Idee der Freiheit" stellt Kant die Erfüllbarkeit dieser Seite des Vernunftgebots heraus. Die Kausalität der Natur erweist sich danach als auf die Bedingungen der Zeit eingeschränkte. Es gibt folglich „keine absolute Totalität der Bedingungen im Kausalverhältnis", sondern nur eine relative Einheit derselben, eine auf die Zeit eingeschränkte Einheit der Bedingungen im Verhältnis der Naturkausalität (B 561).

Darum läßt sich jenseits dieser Sphäre des Inbegriffs „bloßer Natur" ein von der Naturkausalität unabhängiges Subjekt in sich widerspruchsfrei und ohne Widerspruch zum

Inbegriff möglicher Erfahrung denken. Es läßt sich denken als „unter keinen Zeitbedingungen" stehendes Subjekt oder als Ding an sich, „denn die Zeit ist nur die Bedingung der Erscheinungen, nicht aber der Dinge an sich selbst" (B 567). Darum läßt sich auch jenseits des zeitlichen Bereichs ein Subjekt denken, das einer anderen als der Naturkausalität gehorcht, dessen Bestimmung „zur Handlung niemals auf empirischen Bedingungen, sondern auf bloßen Gründen des Verstandes beruht" (B 573). Darum läßt sich dieses Subjekt denken als solches, welches aus dem Bereich einer intelligiblen Kausalität in den der Natur hineinwirkt, wodurch es „sich selbst freilich einesteils Phänomen, anderenteils aber, nämlich in Ansehung gewisser Vermögen, ein bloß intelligibeler Gegenstand" sein kann (B 574). Was für das Subjekt der Handlung gilt, gilt für ihr Objekt nicht weniger. Dieses läßt sich denken als von den „Naturursachen" unabhängige und selbst „wider ihre Gewalt und Einfluß etwas hervorzubringen" entsprungene Wirkung (B 562). Es läßt sich denken als Wirkung einer anderen als der Naturkausalität, nämlich als die „einer nichtempirischen, sondern intelligiblen Kausalität" (B 572). Es läßt sich einerseits gänzlich als Folge einer freien Handlung, als Folge aus reinen Vernunftgründen und andererseits ebenso vollständig als Wirkung aus empirischen Ursachen denken. „Die Wirkung kann also in Ansehung der intelligiblen Ursache als frei und doch zugleich in Ansehung der Erscheinungen als Erfolg aus denselben nach der Notwendigkeit der Natur angesehen werden." (B 565) In Entsprechung zu dem über das Subjekt und das Objekt der Handlung Ausgemachten läßt sich auch die Handlung selber denken. Sie ist denkbar als ein Wirken „außer der Reihe" der Naturursachen, als intellektuelles Wirken. Sie ist denkbar als ein Wirken, das einem anderen Gesetz als dem der Naturkausalität, als dem empirischen Charakter, unterworfen ist, nämlich als Wirken, das dem „intelligiblen Charakter" unterliegt (B 568). Sie ist denkbar als Kausalität aus Freiheit, als „Idee von einer Spontaneität, die von selbst anheben könne zu handeln, ohne daß eine andere Ursache vorangeschickt werden dürfe", welche aber, dem ungeachtet,

Wirkungen hervorzubringen vermag, die im Zusammenhang des empirischen Geschehens auftreten und vollständig aus ihm abgeleitet werden können (B 561).

Im Unterschied und im Zusammenhang von Ding an sich und Erscheinung, von Wirkung aus Freiheit und Wirkung aus der Naturnotwendigkeit, von Wirken nach dem intelligiblen und nach dem empirischen Charakter lassen sich Subjekt und Objekt einer freien Handlung und diese selbst ohne Widerspruch zum Naturgeschehen und ohne Selbstwiderspruch denken. Auf diese Art ergibt sich also, daß das unbedingte Gebot der Vernunft seine Wirkung zunächst darin bewährt, daß seine Erfüllbarkeit theoretisch widerspruchsfrei gedacht werden kann. Das unbedingte Gebot bewährt seine Wirkung danach zuerst darin, daß es seine Erfüllbarkeit als denkbar in der transzendentalen Idee einer Freiheit in Verbindung mit der allgemeinen Naturnotwendigkeit hervorbringt, indem es ihre gemeinsame Denkbarkeit auf die Möglichkeit der prinzipiellen Trennung ihrer Geltungsbereiche gründet.

Folgt man der angegebenen Richtschnur weiter, so ergibt sich ferner: Wenn ein unbedingtes Gebot seine Wirkung auch zuerst darin äußert, daß es jederzeit als erfüllbar für einen Willen gedacht werden kann, so wirkt es doch diese Denkbarkeit seiner Erfüllung nur als Voraussetzung seiner tatsächlichen Erfüllbarkeit; es wirkt das Denkenkönnen nur als Voraussetzung des tatsächlichen Könnens. Dieses aber steht unter anderen Auflagen als das erstere, unter denen der praktischen Unbedingtheit des Vernunftgebots für den Willen. Der daraus entspringende Ausschließlichkeitsanspruch der Vernunft als Handlungsgrund verhindert einerseits, daß dieselbe Handlung unter praktischem Gesichtspunkt sowohl als Wirkung der Naturkausalität als auch als Wirkung einer intelligiblen Kausalität gelten kann. Sie ist gemäß diesem Anspruch entweder allein Handeln aus Naturkausalität oder allein Handeln aus intelligibler Kausalität. Dieser Anspruch des Gebots auf den einen menschlichen Willen verlangt aber andererseits, daß die eine wie die andere wirkliche Handlung, die aus intelligibler Kausalität sowohl als auch die aus

Naturkausalität, dem einen menschlichen Willen entspringen können. Er ist also das Können sowohl zu der einen als auch zu der anderen als der eine menschliche Wille, wobei im Sinne der sittlichen Freiheit nur zählt, daß er autonomer Wille ist. So stellt sich der Wille unter dem Vernunftgebot einerseits dar als das eine Handelnkönnen sowohl aus dem Vernunftgebot als auch aus der Naturkausalität, also als der eine und selbe Ermöglichungsgrund beider. So stellt sich der Wille unter dem Vernunftgebot andererseits dar als das eine Handelnkönnen, entweder allein aus dem Vernunftgebot oder allein aus der Naturkausalität. Im Zusammenhang beider Seiten aber stellt er sich dar als das eine Können zwischen dem Handelnkönnen entweder aus dem Vernunftgebot oder aus der Naturkausalität. Im Zusammenhang beider ist er also der Ermöglichungsgrund seiner selbst als des einen oder anderen Könnens oder als der freie Wille. Er geht darum in jedem einzelnen Willensakt, welcher jeweils entweder allein aus dem Können aus intelligibler Kausalität oder allein aus dem Können aus empirischer Kausalität entspringt, immer aus dem einzigen Willen als Können sowohl der einen wie der anderen Bestimmung hervor.

Auf die drei in Rede stehenden Bezugsgrößen zurückgewendet, besagt das: Das Subjekt in der freien Handlung, diese selbst und das Objekt derselben sind für den einerseits „mit Bedürfnissen und sinnlichen Bewegursachen" affizierten Willen, der andererseits „eines Widerstandes der praktischen Vernunft, der ein innerer, aber intellektueller Zwang genannt werden kann", fähig ist, ein ausschließlich aus dem Willen als Können abzuleitendes Subjekt, eine nur aus diesem Können herzuleitende Handlung, ein nur aus diesem Können entspringendes Objekt (p 57). Als dieses Subjekt ist es Person. Als dieses Handeln ist es Maxime. Als diese Wirkung ist es Selbstverwirklichung.

Die Person ist das sich selbst gegebene Wesen, das sich aus keinem anderen Grunde als dem Können zu sich selbst ableiten läßt. Die Maxime ist die Handlungsregel, die sich aus keinem anderen Gesetz ableiten läßt als wiederum aus einer Handlungsregel. Das Objekt ist die Wirkung, die auf keinen anderen Wirkgrund zurückgehen kann als auf ihren eigenen Begriff, d. h. auf ihre Möglichkeit. Darum sind Subjekt, Handlung und Objekt des freien Willens – ganz gleich, ob sie in der einzelnen Willenshandlung der Bestimmung des Willens aus dem Vernunftgebot oder der Bestimmung des Willens aus dem Naturgesetz entspringen – dem einen Willen als Können zurechenbar. Sie werden also ganz allein auf den einen Willen als Können, aus dem sie hervorgehen, zurückbezogen. Sie sind die diesem Können zurechenbare Person, die ihm zurechenbare Handlung, das ihm zurechenbare Objekt.

Das unbedingte Gebot bewährt seine Wirkung auf den menschlichen Willen also auch darin, daß es seine Erfüllbarkeit durch den empirisch affizierten Willen als Freiheit desselben und als Zurechenbarkeit desselben tatsächlich bewirkt, indem es die in jeder Handlung sich ausschließenden Bestimmungen des Willens aus dem Sittengesetz oder aus dem Naturgesetz auf ein einziges Können zurückbindet und diesem zurechnet.

Folgt man der angegebenen Richtung weiterhin, so ergibt sich ein zweiter grundlegender Gesichtspunkt, unter dem das Subjekt des Willens, die Handlung und sein Objekt in Betracht stehen. Denn ein unbedingtes Gebot wirkt danach auch dadurch, daß es erfüllt werden soll. Das meint, auf die in Rede stehenden Größen der Willenshandlung, Person, Maxime und Wirkung derselben, bezogen: Die Person, die Maxime und die Wirkung des Willens, auf welche sich der kategorische Imperativ als unbedingtes Gebot erstreckt, ist die Person, die Maxime und die Willenswirkung unter einem unbedingten Sollensanspruch.

Nach ihm soll das Subjekt der praktischen Freiheit, die Person, das Subjekt sein, das sich jederzeit aus freiem Willen zum Subjekt einer Willenshandlung macht, die unabhängig von aller Bestimmung durch die Naturkausalität ist. Nach ihm soll die Person aber auch das Subjekt der Willenshandlung sein, das sich jederzeit aus Freiheit zum Subjekt der aus dem Sittengesetz bestimmten Willenshandlung macht. „Jene Unabhängigkeit aber ist Freiheit im negativen, diese eigene Gesetzgebung aber der reinen und als solchen praktischen Vernunft ist Freiheit im positiven Verstande." (p 58) Das Subjekt der Willenshandlung unter dem unbedingten Gebot, das erfüllt werden soll, soll das der Handlung als Freiheit im negativen und positiven Verstande sein. Entsprechendes gilt auch für die Handlung als gesollte selbst. Sie soll die Handlung sein, die unabhängig von aller Naturbestimmtheit ist, die Handlung, die unabhängig „von aller Materie des Gesetzes (nämlich einem begehrten Objekte)" ist (p 58). Sie soll die Handlung sein, die jederzeit allein aus dem Sittengesetz, d. h. aus der bloßen Form des Gesetzes", bestimmt ist (p 51). Die Maxime der Willenshandlung unter dem Sittengesetz soll daher jederzeit die Maxime der Freiheit des Willens im negativen und im positiven Verstande sein. Auch für das Objekt der Willenshandlung als Gesolltes folgt Entsprechendes. Es soll die Wirkung sein, die unabhängig von aller Naturkausalität ist, es soll frei im negativen Verstande sein. Es soll aber auch die Wirkung sein, die jederzeit nur aus dem Sittengesetz, d. i. aus der bloßen Form des Gesetzes selbst hervorgeht und diese verwirklicht. Das Objekt des Willens soll so nur die Wirklichkeit des Sittengesetzes im Willen sein oder der sittliche Wille.

Das aus dem unbedingten Sollen der Person, der Maxime und der Willenswirkung entspringende Können geht allein für den Menschen aus dem moralischen Gesetz hervor: „Er urteilt also, daß er etwas kann, darum, weil er sich bewußt ist, daß er es soll, und erkennt in sich die Freiheit, die ihm sonst ohne das moralische Gesetz unbekannt geblieben wäre." (p 54) Sie ist das Können, das nur Können zum Gesollten ist und zu nichts anderem, weil es nur ihm allein entspringt. Denn aus dem Gesollten als unbedingt Gesolltem ersteht kein Vermögen zum Nichtgesollten, und das Können zum Nichtgesollten ist eben darum kein Vermögen. Deshalb muß festgestellt werden: „Die Freiheit in Beziehung auf die innere Gesetzgebung der Vernunft ist eigentlich allein ein Vermögen; die Möglichkeit, von dieser abzuweichen, ein Unvermögen." (MS 227) Ein solches Unvermögen läßt sich also weder als ein Teil des Vermögens zur Bestimmung des Willens aus dem mo-

ralischen Gesetz ableiten, noch als eine Einschränkung desselben nehmen. Es kann nur als das Nichts des Vermögens selber,
als seine gänzliche Negation angesehen werden. Darum steht
auch nichts außerhalb des Vermögens, worauf das Vermögen
transzendieren könnte. Dieses durch nichts eingeschränkte und
nicht zu transzendierende Vermögen kann als Können nur
Können zum Gesollten sein, Können des Willens zu sich selbst,
Können des Willens zu seiner eigenen Wirklichkeit. In diesem
Sinne erfüllt es die Bedeutung der Autonomie. Der Wille unter dem unbedingten Gebot, das erfüllt werden soll, ist autonomer Wille. Dem Voranstehenden zufolge steht dieser Freiheit des Willens als Vermögen der Autonomie kein anderes
Vermögen der Freiheit gegenüber, sondern nur die Unfreiheit als Prinzip. Wenn der Wille nicht aus der Autonomie
bestimmt ist zur Autonomie, „so kommt jederzeit Heteronomie heraus" (GMS 441).

In Anwendung des Festgestellten auf die drei Bezugsgrößen der Willenshandlung bestimmt sich die Freiheit des Willens als Autonomie näher wie folgt: Als gesolltes Subjekt des
Willens soll die Person nach dem Gesagten das sich selbst be-
zweckende Subjekt oder das sich als Zweck an sich selbst in
seinem Willen setzende Subjekt sein; „nur der Mensch und
mit ihm jedes vernünftige Geschöpf ist Zweck an sich selbst"
(p 155).

Als Zweck an sich selbst soll der Mensch, die Person,
„nichts anders als die Persönlichkeit" sein (p 154). Darum ist
die Freiheit als Autonomie im Blick auf das Willenssubjekt
das Vermögen der Person zur Persönlichkeit. Als gesollte
Handlung des Willens soll die Willenshandlung folgerichtig
die sich selbst gesetzgebende Willenshandlung sein. „Autonomie des Willens ist die Beschaffenheit des Willens,
dadurch derselbe ihm selbst (unabhängig von aller Beschaffenheit der Gegenstände des Wollens) ein Gesetz ist." (GMS
440) Deshalb ist die Freiheit als Autonomie im Blick auf die
Willensmaxime das Vermögen der Selbstgesetzgebung, der
Selbstbestimmung der Willenshandlung. Sie ist das Vermögen des Willens, sich selbst „an eine Ordnung der Dinge, . . .
die nur der Verstand denken kann", anzuknüpfen (p 155).

Als gesolltes Objekt des Willens soll die Wirkung, dem Voraufgehenden gemäß, die sich selbst verwirklichende Willenshandlung sein. In dieser Sicht ist die Autonomie des Willens seine Beschaffenheit, durch sich selbst verwirklichbar zu sein ohne Rücksicht auf die Wirklichkeit irgendwelcher Gegenstände. Autonomie ist also das Vermögen des Willens zur Selbstsetzung, zur Selbstverwirklichung. Freiheit in ihrem Sinne ist das Vermögen zum Wollen aus dem Sollen, zur Willenswirklichkeit aus dem Sollen.

Es ist aus dem Gesagten abzunehmen, daß die Freiheit des Willens als Autonomie, d. h. als unbedingtes Können aus einem unbedingten Sollen, ausschließlich ein Können zu einem unbedingt Gesollten ist. Sie ist Freiheit auf Grund des Sollens allein und deshalb auch Freiheit allein zum Gesollten oder Freiheit aus Verbundenheit zum Gesollten. Sie ist, mit anderen Worten, ein dem Gesollten unverbrüchlich verbundenes und absolut verpflichtetes Können. Sie ist Freiheit aus der Verbindlichkeit des Gesollten oder Freiheit aus Pflicht. Denn „die objektive Notwendigkeit einer Handlung aus Verbindlichkeit heißt Pflicht" (GMS 439). Die Autonomie des Subjekts der freien Handlung ist deshalb die Pflicht der Person zur Persönlichkeit oder zur Menschheit. Die Autonomie der Willenshandlung selber ist darum die Pflicht zur Handlung aus dem Sittengesetz. Die Autonomie der Willenswirkung ist deswegen die Pflicht zur Verwirklichung des Willens aus bloßer Pflicht.

Es ist aus dem Gesagten auch abzunehmen, daß die Unfreiheit des Willens als Heteronomie die Abhängigkeit des Willens von Naturgesetz ist. „Der Wille gibt alsdann sich nicht selbst, sondern das Objekt durch sein Verhältnis zum Willen gibt diesem das Gesetz." (GMS 441) Dieses Heraustreten aus der Autonomie des Willens kann naturgemäß jeweils nur im einzelnen Willensakt stattfinden. Es kann also nicht die Autonomie des Willens als Vermögen überhaupt, nicht die Verbindlichkeit, nicht die Pflicht überhaupt, aufheben. Dieses Heraustreten aus der Autonomie des Willens in der einzelnen Willenshandlung kann aber auch nicht auf das Vermögen der Freiheit im Sinne der Autonomie zurückgehen, da es, wie gezeigt wurde, ausschließlich auf ein Unvermögen der Autonomie zurückgeht. So ist es zwar einerseits die Aufhebung der Pflicht und der Verbindlichkeit in der einzelnen Handlung, hat aber eben darum auch gar keinen Bezug mehr auf das Vermögen der Pflicht und der Verbindlichkeit und scheint sich deshalb an dem Maß der Pflicht und der Verbindlichkeit nicht mehr messen zu lassen. Denn als Vermögen und Unvermögen haben beide scheinbar kein gemeinsames Maß mehr.

Doch es scheint nur so. Denn vermag die nichtautonome Handlung auch nicht aus dem Vermögen als Autonomie hervorzugehen, so geht sie doch aus dem Vermögen der Freiheit des Willens hervor. Auf die Freiheit hat aber auch das Vermögen der Autonomie Bezug, da es bloßes Vermögen zum Gesollten, die eine Seite der Unabhängigkeit, die des Könnens zum Gesollten, konstituiert. In ihr, der Unabhängigkeit, werden daher Autonomie als Vermögen zum Gesollten und Heteronomie als Nichtkönnen umfangen und auf den einen Willen beziehbar als Können zur Freiheit (Autonomie) und Nichtkönnen der Freiheit (Heteronomie). In ihr lassen sie sich verstehen als Können zur Pflicht und Nichtkönnen und werden damit beide aus einem Maße, des unbedingten Sollens, gemessen und nach diesem Sollen der freien Willenshandlung zugemessen. Der freie Wille, die ihm zugehörige Person, die ihm zugehörige Willenshandlung, das ihm zugehörige Willensobjekt werden in jedem Willensvollzug als die gleich möglichen zur Autonomie beurteilt und daher in gleicher Weise am unbedingten Maß der gesollten Autonomie gemessen und dementsprechend dem einen Willen zugerechnet. Dieser wird infolgedessen nach dem gleichen Maße der Autonomie anerkant oder verworfen, je nachdem ob er aus Pflicht oder als pflichtwidrig auftritt. Die eine wird als aus der Autonomie verwirklichte Möglichkeit der Freiheit der anderen als aus der Freiheit verwirkte Möglichkeit der Autonomie gegenüberstellbar. In beiden Fällen sind die Zurechnungsgrößen jeder Handlung dieselben, die Größen des durch sich selbst bestimmten Willens als Subjekt, Maxime und Objekt.

In der Rücksicht der Selbstverwirklichung, der Selbstbemessung und der Selbstzurechnung des einen Willens nach dem unbedingt Gesollten als dem jederzeit aus dem Vermögen der Autonomie Gekonnten ist der Bezug des Vermögens der Autonomie auf das Vermögen der negativen Freiheit nichts anderes als das Gewissen. Das Gewissen ist das Wissen um die selbstgewirkte Übereinstimmung oder Nichtübereinstimmung der gewollten Willenshandlung mit der unbedingt gebotenen Autonomie des Willens, verbunden mit dem Beiwissen des immer Andersgekonnthabens und des niemals mehr Anderskönnens in bezug auf eine zurückliegende Handlung, d. h. verbunden mit dem Beiwissen der Verwirklichung oder Verwirkung der Persönlichkeit durch die Person, der Verwirklichung oder Verwirkung des Gesetzes durch die Maxime, der Verwirklichung oder Vernichtung der Autonomie als Objekt.

Das unbedingte Gebot, danach betrachtet, daß es jederzeit erfüllt werden soll, bewährt seine Wirkung auf den menschlichen Willen mithin darin, daß es diesem seine Freiheit als Freiheit im negativen Verstande und als Vermögen der Autonomie eröffnet. Es bewährt seine Wirkung dadurch, daß es den Willen unter die Pflicht stellt, und dadurch, daß es in der Anwendung von Verbindlichkeit und Zurechnung auf den menschlichen Willen insgesamt diesen dem Gewissen unterwirft. Es bewährt seine Wirkung, mit einem Wort, dadurch, daß es den menschlichen Willen zum moralischen Willen macht.

Folgt man der vorgegebenen Richtschnur der Betrachtung der Wirkung der praktischen Vernunft abermals weiter, so ist zuletzt in Erwägung zu ziehen, daß das unbedingte Gebot dadurch wirkt, daß es jeweils entweder erfüllt oder nicht erfüllt wird, denn eine dritte Möglichkeit gibt es auf Grund seiner Unbedingtheit für den Willen nicht.

Unter diesem Gesichtspunkt der Erfülltheit bzw. Nichterfülltheit des kategorischen Imperativs durch den menschlichen Willen steht der letztere seiner moralischen Wirklichkeit nach in Betracht. Für diese seine Wirklichkeit kann allein das Gebot als unbedingtes Seinsollen den Maßstab abgeben. Denn die eine wie die andere entspringt dem einen Können der Freiheit. Sie ist daher Gewirktheit oder Verwirktheit, als Verwirklichung oder Vernichtung der Freiheit. Das unbedingte Gebot unterwirft die praktische Wirklichkeit als Wirken oder Verwerken seinem eigenen Maßstab. Die praktische Wirklichkeit wie die praktische Nichtwirklichkeit, die Gewirktheit wie die Vernichtung der Freiheit, unterliegen einem Sollsein. Die eine ist die unbedingt gesollte, die andere die unbedingt nichtgesollte, die eine ist Verwirklichung der Freiheit aus dem unbedingten Gesetz, die andere ist Vernichtung der Freiheit gegen das unbedingte Gesetz. Die eine ist gut, die andere ist böse. Gut oder böse sind darum die einzigen Existenzweisen des menschlichen Willens als aus dem Gesetz gewirkte oder gegen das Gesetz verwirkte Freiheit.

Zusammengenommen besagt dies: Gut und böse sind die aus den aufgeführten Weisen der Wirkung der praktischen Vernunft auf den menschlichen Willen hervorgehenden Existenzweisen dieses Willens, soweit er unter dem Gesetz steht. Gut und böse sind also nach dem Voranstehenden „Folgen der Willensbestimmung a priori", d. h. Wirkungen der Willensbestimmung unter dem praktischen Gesetz. Darum sind sie zunächst „modi einer einzigen Kategorie, nämlich der der Kausalität" (p 114). Aber da unter der praktischen Vernunft gilt, daß die Wirkung der Willensbestimmung immer nur der bestimmte Wille ist und daß die Kausalität eines Willens unter dem Sittengesetz darin besteht, die „Wirklichkeit dessen, worauf sie sich" bezieht, „hervorzubringen", so sind notwendig die Modi der Kausalität des Willens auch die Modi seiner Existenz. Der Wille bringt daher aus seiner Kausalität unter dem Sittengesetz keine andere Wirkung, kein anderes Objekt, hervor als sich selbst als wirklichen, als die Weisen seines Wirklichseins, als gut oder böse.

Auf die damit verbleibenden Bezugpunkte der Willenshandlung angewendet, folgt daraus, als gut oder böse existiert „die Maxime des Willens und mithin die handelnde Person selbst" (p 106). Gut und böse aber sind die sich ausschließenden Existenzweisen von Handlungen, die Seinsweisen des moralischen Willens. Das unbedingte Gebot bewährt seine Wirkung auf den menschlichen Willen also zuletzt darin, daß es diesem seine unbedingte und an sich seiende Existenz verschafft, in den sich ausschließenden Existenzweisen des guten und bösen Willens.

§ 12 Der vernünftige Wille als freier Wille

Was vom Subjekt einer freien Willensbestimmung verlangt werden muß, das muß von der freien Willensbestimmung selbst nicht weniger gefordert werden. Sie muß also wie dieses zu allererst als denkbar erwiesen werden. Und wie bei diesem besagt das auch bei ihr: Die Handlung muß gedacht werden können als eine solche, die unabhängig von den Bestimmungen der Naturkausalität ist. Sie muß ferner gedacht werden können als einer anderen Bestimmung als der durch die Naturkausalität unterworfene Handlung. Sie muß endlich gedacht werden können als eine in ihren Wirkungen die Wirkungen der Naturkausalität grundsätzlich nicht aufhebbaren Handlung.

In der transzendentalen Idee der Freiheit stellt sich die Erfüllbarkeit dieser Auflage der praktischen Vernunft an die theoretische folgendermaßen dar.

Da die Kausalität der Natur infolge der kritischen Einschränkung auf mögliche Erfahrung beschränkt bleibt, so läßt sich die theoretische Idee der Freiheit widerspruchslos für jenen Bereich in Anschlag bringen, der jenseits der Reichweite möglicher Erfahrung und damit jenseits der Reichweite der Geltung der Naturkausalität gedacht werden kann. Sie läßt sich also denken als eine unter keinen Zeitbedingungen stehende Handlung.

Da wir uns Imperative denken können, die eine „mögliche Handlung" ausdrücken, so können wir uns auch eine positive Bestimmung des Willens denken, die gänzlich unabhängig von der Naturkausalität ist. Denn das daraus entspringende Sollen „drückt eine Art von Notwendigkeit und Verknüpfung mit Gründen aus, die in der ganzen Natur sonst nicht vorkommt" (B 575). Da wir uns endlich denken können, daß die Willenshandlung, sofern sie in einem unbedingten Sollen gründet, „der Zeitform und mithin auch den Bedingungen der Zeitfolge" nicht unterworfen ist, so ist die freie Handlung denkbar als eine solche, durch welche „die sinnliche Bedingung einer empirischen Reihe von Wirkungen zuerst anfängt" (B 579 f.). Die freie Handlung läßt sich also durchaus im positiven Zusammenhang mit dem Bereich unter der Naturkausalität denken. Denn die Freiheit läßt sich denken „als unbedingte Bedingung jeder willkürlichen Handlung, die weder in der Zeit verläuft noch unter ihren Bedingungen steht und doch eine Wirkung hervorbringt, die „in der Reihe der Erscheinungen anfängt" (B 582).

Gedacht als Handlung, welche den Zeitbedingungen nicht unterworfen ist, gedacht als Handlung, welche allein unter der Notwendigkeit von Vernunftgründen steht und gedacht als Handlung, welche gleichwohl in den Bereich möglicher Erfahrung hineinwirken kann, ist die freie Handlung als transzendentale Idee in dem geforderten Sinne widerspruchsfrei gedacht.

Doch was vom Subjekt einer freien Willenshandlung über seine widerspruchsfreie Denkbarkeit als Idee hinaus gefordert werden muß, das muß auch von der freien Willenshandlung über ihre bloße Denkbarkeit hinaus verlangt werden. Sie muß wie jenes als tatsächliche ausgewiesen werden können. Das bedeutet: Praktische Vernunft muß in der Lage sein, „ohne mit der spekulativen Verabredung getroffen zu haben, einem übersinnlichen Gegenstande der Kategorie der Kausalität, nämlich der Freiheit, Realität" zu verschaffen (p 9). Praktische Vernunft muß, was durch theoretische Vernunft nur „gedacht werden konnte, durch ein Faktum" bestätigen (p 9).

Das besagt, in Entsprechung zu der bei der Betrachtung des Subjekts der freien Handlung eingehaltenen Reihenfolge, für die freie Handlung selbst: Die Willenshandlung unter dem kategorischen Imperativ muß sich zuallererst als die freie Handlung zwischen Maximen aus dem Sittengesetz und Maximen wider des Sittengesetz aufweisen lassen.

Ein solcher Aufweis bedarf nach der Seite, nach welcher

die Freiheit, die das Wählenkönnen der Maxime aus dem Sittengesetz meint, keiner anderen Bezugnahme als der auf das Sittengesetz. Denn durch das unbedingte Sollen des Sittengesetzes ist nicht nur die Unabhängigkeit der Willensbestimmung vom Naturgeschehen, sondern auch das Können der Maxime aus dem Sittengesetz unmittelbar eröffnet. Es erschließt sohin den Charakter der Freiheit der Willenshandlung als Möglichkeit der Bestimmung des Willens aus dem Sittengesetz oder als Freiheit zur Bestimmung aus dem Sittengesetz unmittelbar.

Ein solcher Aufweis bedarf aber nach der Seite, nach welcher dieses Können auch das Können der Maxime gegen das Sittengesetz bedeutet, dagegen sehr wohl einer anderen Bezugnahme als der auf das Sittengesetz. Denn im Blick auf dieses gilt ausschließlich: „Die Freiheit in Beziehung auf die innere Gesetzgebung der Vernunft ist eigentlich allein ein Vermögen; die Möglichkeit von dieser abzuweichen ein Unvermögen." (MS 227) Ein solches Unvermögen läßt sich also naturgemäß nicht als Teil des Vermögens zur Bestimmung des Willens aus dem moralischen Gesetz herleiten. Es kann vielmehr nur aus einer Einschränkung jenes Vermögens hervorgehen.

Eine solche Einschränkung des Vermögens zur Bestimmung des Willens aus dem Sittengesetz kann aber einerseits keine Beschneidung der aus der unbedingten Geltung des Sittengesetzes entspringenden Freiheit zur Bestimmung des Willens aus demselben sein, sonst wäre dessen Geltung keine unbedingte. Sie kann andererseits keine solche durch Umstände sein, die dem freien Willen äußerlich sind, sonst wäre das Können aus diesen Umständen kausal ableitbar und daher überhaupt keine Form der Freiheit.

Aus dem letzteren geht hervor, daß die in der Freiheit des Willens liegende Möglichkeit zur Bestimmung des Willens aus Maximen gegen das Sittengesetz nur selber wiederum aus einer Maxime des Willens stammen kann. Ferner geht daraus hervor, daß diese Maxime keine beliebige Regel der Willensbestimmung sein kann, sondern nur eine solche des Wollens des Willens oder eine Regel des Gebrauchs des

Willens. Endlich geht daraus hervor, daß die Folge dieser Maxime wie die Folge jeder Maxime, welche nicht aus dem Prinzip der Moralität entspringt, eine tatsächliche Bestimmung des Willens zur Subjektivität, zur empirischen Gegenstandsabhängigkeit, zur faktischen Situationsgebundenheit ist. Diese drei herausgehobenen Seiten des freien Willens besagen im Blick auf den Aufweis der Willenshandlung als Handlung im Spielraum zwischen Maximen aus dem Sittengesetz und Maximen wider das Sittengesetz: Die Handlung in diesem Spielraum gründet auf nichts als auf der Wahl dieses Spielraums. Die Freiheit des Willens entspringt dem Willen zur Freiheit des Willens. Die Handlung im Spielraum zwischen Maximen aus dem Sittengesetz und Maximen wider das Sittengesetz gründet sich auf nichts anderem als einer Maxime sich widersprechender Maximenbildung oder auf der Maxime der Bildung einander entgegengesetzter Maximen des Willens. Der Spielraum zwischen Maximen aus dem Sittengesetz und Maximen wider das Sittengesetz ist die Folge des Wollens des Willens als eines durch Neigung, durch empirische Gegenständlichkeit, durch den Zufall der Situation affizierten Willens.

Aus der zuerst getroffenen Feststellung, daß die unbedingte Geltung des Sittengesetzes keine Einschränkung der Freiheit zuläßt, geht demgegenüber für den Aufweis der Willensfreiheit als Handlung des freien Willens im Spielraum zwischen Maximen aus dem Sittengesetz und solchen gegen das Sittengesetz hervor: Das Können unter dem kategorischen Imperativ, in welchem sich der Wille entsprechend der Maxime des Gebrauchs seiner selbst immer schon vorfindet, ist keine Einschränkung seiner Freiheit zum Sittengesetz. Denn die Möglichkeit wider das Sittengesetz zu wollen, beschränkt die Möglichkeit, aus dem Sittengesetz zu wollen, durch nichts, da sie ausschließlich die Möglichkeit gegen das letztere ist.

Aber obschon sie so keine Einschränkung der Freiheit als Freiheit darstellt, ist doch die Möglichkeit zur Bestimmung der Maxime gegen das Sittengesetz zweifellos eine Einschränkung, nämlich eine Einschränkung der Existenzweise der Freiheit, die Einschränkung der Daseinsweise der Freiheit auf die Möglichkeit. Als Möglichkeit zur Bestimmung des Willens durch Maximen aus dem Sittengesetz und zu seiner Bestimmung aus Maximen gegen das Sittengesetz ist die Freiheit in keiner Weise als Freiheit beschränkt, sondern allein in ihrer Seinsweise begrenzt, eingeschränkt zur Möglichkeit. Mit anderen Worten: Der menschliche Wille ist das Möglichsein der Freiheit des Willens, nicht ihr Wirklichsein.

Nimmt man das aus beiden Feststellungen Hervorgegangene in seinem Zusammenhang, so stellt sich heraus:

Die Handlung des Willens zwischen Maximen aus dem Sittengesetz und Maximen wider das Sittengesetz sind die Folge einer immer schon voraufgegangenen Wahl des Willens als bestimmbaren aus dem Sitttengesetz und bestimmbaren gegen das Sittengesetz. Sie sind die Folge einer intelligiblen Tat oder einer ursprünglichen Bestimmung des Charakters des Willens im Ganzen. Er bestimmt den Willen als die unbedingte Möglichkeit der Freiheit.

Damit ist der Wille charakterisiert als ein solcher, der zur Wirklichkeit der Freiheit nur der Möglichkeit der Freiheit bedarf, dem also die Möglichkeit der Freiheit zureichender Grund der Wirklichkeit der Freiheit ist.

Damit ist er aber auch charakterisiert als ein solcher, der zur Wirklichkeit der Freiheit der Möglichkeit der Freiheit unbedingt bedarf, oder er ist als ein solcher charakterisiert, der nur durch die Wiederholung der Möglichkeit der Freiheit die Wirklichkeit der Freiheit ist.

Damit ist er weiter charakterisiert als ein solcher, der durch Nichtwiederholung der Möglichkeit der Freiheit die Möglichkeit der Freiheit aufhebt.

Das erste Charakteristikum bestimmt die Wirklichkeit der Freiheit zum Tun, zur Handlung; das zweite bestimmt sie zur unendlich wiederholten Handlung. Das dritte Charakteristikum bestimmt die Verneinung der Möglichkeit der Freiheit, d. h. die Aufhebung der Freiheit als Möglichkeit, zum Nichthandeln, zum sich Bestimmenlassen des Willens.

Alle drei aber zerlegen die Freiheit des Willens in zwei grundsätzlich verschiedene Betrachtungsebenen. Sie zerlegen sie in die der Verwirklichung der Freiheit als unendliches Tun bzw. der Unfreiheit als unendliches Nichttun und in die der Verwirklichung der Freiheit als endliches Tun bzw. der Unfreiheit als endliches Nichttun. Alle drei sind deshalb doppelt zu betrachten. Sie sind zu betrachten als Gesamtbestimmung des Willens zur Freiheit und als Einzelbestimmung der Willenshandlung unter Voraussetzung der Gesamtbestimmung oder des Zustandes des Gesamtwillens als freien.

Denn es ist eben jene ursprüngliche Bestimmung des Willens als eines solchen, der aus Maximen auf Grund des Sittengesetzes und aus Maximen wider das Sittengesetz bestehen kann, der aus jeder nachfolgenden Willenshandlung einen endlichen, beschränkten Akt macht, der daher als Gesamtmöglichkeit der Freiheit nur im unendlichen Wiederholen der Freiheit in einzelnen Akten die Wirklichkeit der Freiheit des Gesamtwillens hervorgehen lassen kann.

Unter diesem Vorzeichen besagt das erste Charakteristikum, das herausgestellt wurde: Der Wille, der zur Wirklichkeit der Freiheit nur der Möglichkeit der Freiheit bedarf, ist ein solcher, bei welchem jede einzelne Willenshandlung allein aus der Möglichkeit der Freiheit hervorgeht. Dies ist ein bleibender Zustand vor jedem zeitlichen Akt. Der Wille, der zur Wirklichkeit der Freiheit nur der Möglichkeit der Freiheit bedarf, ist aber auch ein solcher, bei welchem jede einzelne Willenshandlung für sich genommen entweder in die Wirklichkeit der Freiheit ausmündet oder in die Negation der Möglichkeit der Freiheit. Das aber bedeutet für das Verhältnis zwischen der Gesamtbeschaffenheit des Willens und der Beschaffenheit der einzelnen Willenshandlungen: Die Bestimmung des Willens als menschlichen ist die Fassung eines Willens, der sich aus der Zukunft bestimmt oder der die Möglichkeit der Zeitlichkeit oder Nichtzeitlichkeit der einzelnen Willenshandlungen eröffnet. Der einzelne Willensakt aber ist jeweils ausschließlich Verwirklichung der Zukunft des Willens in der nichtzeitlichen Tat oder Aufhebung der Zukunft des Willens zum zeitlichen, d. h. zum gegenwärtigen Geschehen, zum Kausalgeschehen. Unter diesem Gesichtswinkel enthüllt sich das Verhältnis zwischen gewählter

Freiheit und einzelner Willenshandlung als das zwischen der Möglichkeit zur Wiederholung des Willens (zur Verfügbarkeit über den Willen) und der Entzeitlichung des Willens oder der Verzeitlichung des Willens in der Wiederholung oder Nichtwiederholung der Freiheit durch die einzelne Handlung.

Aus dem zweiten aufgeführten Charakteristikum ist zu entnehmen: Der Wille, der zur Wirklichkeit der Freiheit nur der Möglichkeit der Freiheit bedarf, ist ein solcher, der als freier nur wirklich ist, insofern er die Möglichkeit der Freiheit des Willens wiederholt. Die Wiederholung der Freiheit des Willens ist die Begrenzung des Aktes und daher selber begrenzter Akt. Die Wiederholung der Freiheit des Willens ist aber nicht nur dadurch eine begrenzte Verwirklichung der Möglichkeit der Freiheit, sie ist auch das Bestimmen. Die Wirklichkeit der Freiheit ist darum immer nur die einzelne Willensmaxime, die als diese Willensmaxime die der Wiederholung der Freiheit oder die der Nichtwiederholung der Freiheit ist, aber nicht die Maxime der ursprünglichen Freiheit ist. Denn die Maxime der Freiheit, als ursprüngliche zum Bestimmungsgrund der einzelnen Maxime gemacht, wiederholt nicht die Freiheit, sondern wiederholt sie nicht, hebt sie also auf. Die Wahl des Willens als freien ist im einzelnen Akt daher immer und ausschließlich die der Verwirklichung der Freiheit des Willens durch die Freiheit. Die Umsetzung des menschlichen Willens als Möglichkeit der Freiheit in die Wirklichkeit der Freiheit bedarf daher einer unendlichen Reihe einzelner Maximen, in welch jeder für sich Möglichkeit der Freiheit in Wirklichkeit der Freiheit umgesetzt wird.

An dem dritten Charakteristikum läßt sich ablesen: Der Wille, der durch Nichtwiederholung der Möglichkeit der Freiheit in der einzelnen Handlung die Möglichkeit der Freiheit der jeweiligen einzelnen Handlung beseitigt, ist ein solcher, der, dem ungeachtet, auf jede künftige Handlung hin betrachtet, ausschließlich die Möglichkeit der Freiheit ist. Er ist also ein solcher, der in jeder einzelnen Handlung entweder die Wirklichkeit der Freiheit oder bloßes Naturgeschehen ist, der aber im Hinblick auf die Zukunft der Handlung das reine Können zwischen der einen und der anderen Bestimmung darstellt. Er ist also in jeder einzelnen Handlung wirkliche Freiheit oder bloßes Naturgeschehen und nur aus sich selbst hervorgegangene, d. h. aus der eigenen Möglichkeit hervorgegangene wirkliche Freiheit und nur durch sich selbst ausgelöschte Möglichkeit der Freiheit, d. h. aus der Möglichkeit der Selbstverneinung ausgelöschte Möglichkeit der Freiheit. Er wird aber vor jeder einzelnen Handlung wiederum die reine Möglichkeit der Freiheit und ist sie, ungeachtet aller vorangegangenen Verwirklichung oder Vernichtung der Möglichkeit der Freiheit, in den einzelnen Handlungen.

Er bleibt also von daher als menschlicher Wille insgesamt charakterisiert als freier Wille, d. h. als sich selbst bestimmender. Dies bedeutet, er ist subjektiver Wille, Wille, über den das Subjekt immer verfügen kann und über den es nach Prinzipien der Objektivität oder der Subjektivität verfügen muß.

§ *13 Die Bildung der ethischen Maximen*

Die bisherigen Ausführungen beantworten die Frage, was soll ich tun, noch nicht hinreichend. Dies liegt daran, daß sie noch keine bestimmten Angaben über die Umsetzbarkeit des sittlichen Gesetzes in einzelne Maximen mit sich führen. Die Frage dieser Umsetzbarkeit erweist sich zunächst als die der Fortbestimmung der Formel des kategorischen Imperativs zur Anwendbarkeit im einzelnen Falle, d. h. zur Anwendbarkeit auf eine Willensmaxime. Um diese zu erreichen, ist es darum zu tun, den kategorischen Imperativ, „so viel sich tun läßt, der Anschauung zu nähern" (GMS 437). Dies ist möglich und „geschieht hier wie durch die Kategorien der Einheit der Form des Willens (der Allgemeinheit desselben), der Vielheit der Materie (der Objekte, d. i. der Zwecke) und der Allheit oder Totalität des Systems derselben" (GMS 436).

Aus dieser Weiterbestimmung folgt: „Alle Maximen haben nämlich

1) eine Form, welche in der Allgemeinheit besteht, und da

ist die Formel des sittlichen Imperativs so ausgedrückt: daß die Maximen so müssen gewählt werden, als ob sie wie allgemeine Naturgesetze gelten sollten;

2) eine Materie, nämlich einen Zweck, und da sagt die Formel: daß das vernünftige Wesen als Zweck seiner Natur nach, mithin als Zweck an sich selbst jeder Maxime zur einschränkenden Bedingung aller bloß relativen und willkürlichen Zwecke dienen müsse;

3) eine vollständige Bestimmung aller Maximen durch jene Formel, nämlich; daß alle Maximen aus eigener Gesetzgebung zu einem möglichen Reiche der Zwecke, als einem Reiche der Natur, zusammenstimmen sollen." (GMS 436)

Der weiterführenden Erörterung der Frage der Umsetzbarkeit des allgemeinen Gesetzes in den einzelnen Maximen widmet sich die „Metaphysik der Sitten" im Ausgang vom Freiheitsbegriff.

In ihr wird mithin davon ausgegangen, daß der Wille das Begehrungsvermögen ist, „dessen innerer Bestimmungsgrund", nämlich das „Belieben zu tun oder zu lassen in der Vernunft des Subjekts angetroffen wird" (MS 213). Als mit dem „Belieben zu tun oder zu lassen" ausgestattetes und auf die Vernunft bezogenes Begehrungsvermögen ist der menschliche Wille als freie Willkür, als Willkür, die durch Vernunft bestimmt werden kann, zu begreifen. Daß die Willkür durch die Vernunft bestimmt werden kann, besagt nach dem Ausgeführten zuerst, daß sie nicht immer schon durch Vernunft bestimmt ist und besagt ferner, daß sie ohne Erwerb der Fähigkeiten dazu zwar niemals rein ist, aber über diesen Erwerb „doch zu Handlungen aus reinem Willen bestimmt werden" kann (MS 213).

Dieser Art des Könnens kommt mit der obigen Bestimmung der dreifachen Hinsicht der Freiheit des Willens überein. Der Wille erweist sich im spekulativen Sinne als frei, frei im Hinblick auf die Unabhängigkeit von der Naturkausalität. Er erweist sich ferner in praktischer Hinsicht auf doppelte Weise als frei: Er ist einmal frei im negativen Verständnis, und er ist frei zum anderen im positiven Verstande, frei im Sinne der Autonomie.

Auf den positiv verstandenen Begriff der Freiheit „gründen sich unbedingte praktische Gesetze, welche moralische heißen, die in Ansehung unser, deren Willkür sinnlich affiziert und so dem reinen Willen nicht von selbst angemessen, sondern oft widerstrebend ist, Imperativen (Gebote oder Verbote) und zwar kategorische (unbedingte) Imperativen sind . . ., nach denen gewisse Handlungen erlaubt, unerlaubt, d. i. moralisch möglich oder unmöglich, einige derselben aber, oder ihr Gegenteil moralisch notwendig, d. i. verbindlich sind, woraus dann für jene der Begriff einer Pflicht entspringt" (MS 221).

Auf die Art läßt sich erkennen, daß die Pflicht die „Materie der Verbindlichkeit" ist, die Verbindlichkeit selber aber die praktische Notwendigkeit, die das Gesetz enthält, ausdrückt, und die „Nötigung", die es als kategorischer Imperativ mit sich führt (MS 223).

So unter dem Sittengesetz stehend, wird die Handlung zur Tat, der Handelnde aber wird zur Person. Die Wirkung der Handlung und sie selbst werden der Person zugerechnet.

Das auf diese Weise in der Zurechnung vorausgesetzte Vermögen, für sich selbst praktisch zu sein, ist nicht anders zu realisieren als über die Unterstellung der jeweiligen Maxime der einzelnen Handlung „unter die Bedingung der Tauglichkeit der ersteren zum allgemeinen Gesetze" (MS 214). Aber zu dieser Realisierung gehört außer dem Gesetz selbst, „welches die Handlung zur Pflicht macht", und der Unterwerfung unter das Gesetz auch stets eine „Triebfeder", die das objektiv notwendig gedachte Gesetz auch subjektiv notwendig macht, d. h. auch subjektiv zum Bestimmungsgrunde der Willkür macht (MS 218).

Nach der Art dieser Triebfeder unterscheiden sich in der praktischen Gesetzgebung die zwei Bereiche der äußeren oder „juridischen" Gesetzgebung und das Gebiet der inneren und äußeren Gesetzgebung, das Gebiet der ethischen Gesetzgebung.

Halten wir inskünftig nur die ethische Gesetzgebung im Auge, so ist in ihr die Ausübung von Handlungen gefordert, darum, „weil sie Pflichten sind", und der Grundsatz der

Pflicht wird „zur hinreichenden Triebfeder der Willkür" (MS 220). In diesem Gebiet betrachtet, sind die Pflichten die Tugendpflichten. In der Ethik als Tugendlehre geht es deshalb darum, darzutun, daß der Pflichtbegriff unabhängig von jeder Empirie, und d. h. jedem Bezug auf das Gefühl, zur Triebfeder der Willkür gemacht werden kann.

Die Grundlage dafür, daß dies möglich ist, bietet die „dunkel gedachte Metaphysik" (MS 376). Diese Metaphysik, die jedem Menschen in seiner Vernunftanlage mitgegeben ist, richtet die Frage an die jeweils auftretende Maxime: „Wie, wenn nun ein jeder in jedem Falle deine Maxime zum allgemeinen Gesetz machte, würde eine solche wohl mit sich selbst zusammenstimmen können." (MS 376)

Aus der Fragestellung und der jeweils zugehörigen Antwort wird ersichtlich: Der kategorische Imperativ übt auf Menschen als „vernünftige Naturwesen" durch sein unbedingtes Sollen einen Zwang aus. In diesem Zwange gründet der Pflichtbegriff und die Möglichkeit, ihn zur Triebfeder der Willkür zu machen. Als Zwangsausübung auf ein freies Wesen kann der Pflichtbegriff dabei nicht anders auftreten, denn als ein „Selbstzwang (durch die Vorstellung des Gesetzes allein)" (MS 380). Nur im Selbstzwang lassen sich in der Triebfeder Nötigung auf der einen Seite und Freiheit der Willkür auf der anderen miteinander verknüpfen, denn nur in ihm sind sie zwei Seiten eines und desselben.

Diese Verknüpfung geschieht dadurch, daß im Gegenstand der freien Willkür, in ihrer „Materie", in ihrem Zweck, der als objektiv notwendig vorgestellt wird, die gesetzgebende Vernunft der freien Willkür die Gelegenheit gibt, sich aller sinnlichen Antriebe zu erwehren. Dies geschieht durch die Zwecksetzung selbst. Denn niemals kann ein Zweck auf eine Weise der Unfreiheit in mir gesetzt werden, „sondern ich kann nur selbst mir etwas zum Zweck machen" (MS 381). Deshalb ist „der Begriff von einem Zweck, der an sich selbst Pflicht ist", die Grundlage der Lehre von der Freiheit und dem Selbstzwang (der Pflicht) in einem. Deshalb darf die Ethik unter diesem Gesichtspunkt auch als System der Zwecke der praktischen Vernunft in ihrer Reinheit behandelt werden.

Eben deshalb ist der Begriff der Tugendlehre der, sich „selbst einen Zweck zu setzen, der zugleich Pflicht ist".

Die Grundfrage dieser Tugendlehre ist eben darum die Frage, wie ein solcher Zweck möglich ist. „Denn die Möglichkeit des Begriffs von einer Sache (daß er sich nicht widerspricht) ist noch nicht hinreichend dazu, um die Möglichkeit der Sache selbst (die objektive Realität des Begriffs) anzunehmen." (MS 382)

Die Antwort auf diese Frage nach der Möglichkeit einer Tugendlehre geht aus folgender Überlegung hervor: Es ist dem „Akt der Freiheit des handelnden Subjekts" eigen, irgendeinen Zweck der Handlung zu haben (MS 385). Da nun der Akt der Freiheit aber ein solcher ist, der unbedingt „gebietet", so ist er deshalb „ein kategorischer Imperativ der reinen praktischen Vernunft, mithin ein solcher, der einen Pflichtbegriff mit dem eines Zwecks überhaupt verbindet" (MS 385). Gäbe es keine derartigen Zwecke, die als solche zugleich Pflichten sind, so wären alle Zwecke der praktischen Vernunft immer nur Mittel zu anderen Zwecken, „und ein kategorischer Imperativ wäre unmöglich, welches alle Sittenlehre aufhebt" (MS 385). Sofern es also einen kategorischen Imperativ gibt und eine auf ihn gegründete Sittenlehre, muß es also auch Zwecke geben, die als solche auch Pflichten sind.

Fragt man, welches diese Zwecke sind, die zugleich auch Pflichten darstellen, so heißt die Antwort, es sind: „Eigene Vollkommenheit – fremde Glückseligkeit." (MS 385). Die eigene Vollkommenheit, verstanden als qualitative oder formale Vollkommenheit, kann, indem sie zum Ziele gemacht wird, nur in etwas gesucht werden, was Wirkung einer Tat des Menschen zu sein vermag. Als Wirkung der Tat des Menschen und als seine Pflicht hat er einmal „sich aus der Rohigkeit seiner Natur ... immer mehr zur Menschheit" emporzuarbeiten und zum anderen die „Kultur seines Willens bis zur reinsten Tugendgesinnung, da nämlich das Gesetz zugleich Triebfeder seiner pflichtmäßigen Handlungen wird", zu betreiben (MS 387). Glückseligkeit, d. h. „Zufriedenheit mit seinem Zustande, sofern man der Fortdauer desselben gewiß ist", anzustreben, steckt im Wunsch jedes einzelnen

Menschen (MS 387). Sie ist daher nicht als eigene, sittlich zu wollen, sondern sie muß die anderer Menschen sein, sofern sie sittlich geboten ist. Dabei ist es den anderen Menschen ganz selbst überlassen, was sie zur Glückseligkeit rechnen und was nicht.

Aus dem Vorhergehenden wird ersichtlich, daß durch den Erweis der Möglichkeit eines Zweckes, der zugleich Pflicht ist, nicht ein Gesetz für die Handlungen der Menschen, sondern ein Gesetz für die Maximen ihrer Handlungen begründet wird. Diese Begründung geschieht auf die Weise, daß „der subjektive Zweck (den jedermann hat) dem objektiven (den sich jedermann dazu machen soll) untergeordnet wird" (MS 389). Auf diese Weise tritt als das oberste Prinzip der Tugendlehre die Forderung hervor: „handle nach einer Maxime der Zwecke, die zu haben für jedermann ein allgemeines Gesetz sein kann" (MS 395).

Dieser Grundsatz der Tugendlehre verstattet als kategorischer Imperativ eine Deduktion der auf ihn gegründeten Pflichten als Tugendpflichten. Sie besagt: „Was im Verhältnis der Menschen zu sich selbst und anderen Zweck sein kann, das ist Zweck vor der reinen praktischen Vernunft; denn sie ist ein Vermögen der Zwecke überhaupt . . . Die reine Vernunft aber kann a priori keine Zwecke gebieten, als nur, sofern sie solche zugleich als Pflicht ankündigt; welche Pflicht alsdann Tugendpflicht heißt." (MS 395)

Dieses oberste Prinzip der Tugendlehre ist synthetisch. Es geht über den Begriff der äußeren Freiheit hinaus und verknüpft mit ihm nach entsprechend allgemeinen Gesetzen den Zweck, den es auf diese Weise zur Pflicht erhebt.

Weil bei dieser Erhebung zur Pflicht mehrere Pflichten entspringen und eine Einschränkung der einen Pflichtmaxime durch die andere unumgänglich ist, so ist die Verbindlichkeitsart der so entstehenden ethischen Pflichten die „weite" Verbindlichkeit. Die Tugend selber aber, wie sie dabei auftritt, wird erfaßt als die „Stärke der Maxime", die in Befolgung der Pflicht des Menschen aufgebracht wird. Sie ist zu bemessen nach der Stärke der Hindernisse, die sie überwältigen kann. Formaliter betrachtet, ist dabei die Tugend

„als die in der festen Gesinnung gegründete Übereinstimmung des Willens" stets nur eine und diesselbe (MS 395).

Neben der damit erklärten Möglichkeit des objektiven Gesetzes, subjektiv werden zu können, beruht der Pflichtbegriff auch auf subjektiven Bedingungen. Die subjektive Möglichkeit der Pflichtbegriffe, das will sagen, die Empfänglichkeit des menschlichen Gemüts für Pflichtbegriffe liegt in „moralischen Beschaffenheiten, die, wenn man sie nicht besitzt; es auch keine Pflicht geben kann, sich in ihren Besitz zu setzen" (MS 399). Zu diesen moralischen Beschaffenheiten gehören neben dem moralischen Gefühl, das Gewissen, die Liebe zum Nächsten und die Selbstachtung. Als solche subjektiven Bestimmungen der Empfänglichkeit für den Pflichtbegriff sind diese Bestimmungen insgesamt ästhetischer Natur. Sie können als Bestimmungen betrachtet werden, die auf natürlichen Anlagen beruhen und die die Möglichkeit begründen, „durch Pflichtbegriffe affiziert zu werden" (MS 399). Aus eben diesem Grunde können sie nicht selber Pflicht sein, sondern sind die subjektiven, die im Subjekt liegenden Voraussetzungen, des Auftretenkönnens von Pflicht. Dies besagt freilich nicht, das Bewußtsein von diesen Anlagen sei empirisch. Es ist ein reines Bewußtsein, da es die Wirkung des moralischen Gesetzes „aufs Gemüt" ausdrückt. In ihm liegen diese Bindungen als subjektive Bedingungen, die nicht erst zu erwerben sind, als erkannte vor.

Insgesamt aber stellt sich rücksichtlich der Tugend heraus: Sie ist überhaupt die „moralische Stärke des Willens eines Menschen in Befolgung seiner Pflicht: welche eine moralische Nötigung durch seine eigene gesetzgebende Vernunft ist, insofern diese sich zu einer das Gesetz ausführenden Gewalt selbst konstituiert" (MS 405). Sie kann auch bestimmt werden als „Fertigkeit in freien gesetzmäßigen Handlungen ... sich durch die Vorstellung des Gesetzes im Handeln zu bestimmen" (MS 407). Deswegen ist die Tugend im Unterschied vom Laster nicht gradweise bestimmt, sondern dieser Unterschied muß in der spezifischen Qualität der Maximen in ihrem Verhältnis zum Gesetz gefunden werden. In dieser Bemessung gilt der Grundsatz, daß die ethischen Pflichten

„nicht nach den dem Menschen beigelegten Vermögen, dem Gesetz Genüge zu leisten", beurteilt werden, sondern vielmehr muß das Vermögen der Sittlichkeit „nach dem Gesetz" beurteilt werden (MS 404).

Indem es für jede Pflicht nur jeweils einen Grund der Verpflichtung gibt, ist die Tugend insgesamt nicht selber Pflicht, sondern Verpflichtung.

Als Resultat der Beantwortung der Frage nach der Anwendbarkeit des Sittengesetzes im Bereich der einzelnen Willensmaximen stellt sich heraus: Das Sittengesetz gründet einen Zusammenhang von Pflichten in der Tugendlehre. Dieser Bereich ist nach der formalen Seite hin als Pflichtenlehre von der Rechtslehre dadurch unterschieden, daß das Gesetz nicht für die Handlungen selbst, sondern für die Maximen der Handlungen anwendbar wird. Dadurch wird die Verbindlichkeit der so gegründeten Tugendpflichten eine weite Verbindlichkeit. Nach der inhaltlichen Seite genommen, gründet sich auf das Sittengesetz eine Tugendlehre, die nicht nur als Pflichtenlehre überhaupt, sondern die auch als Zwecklehre aufgestellt werden muß, „so daß der Mensch sowohl sich selbst, als auch jeden anderen Menschen sich als seinen Zweck zu denken verbunden ist" (MS 410). In der Richtung der Unterscheidung der materialen von der formalen Seite der Anwendung des Sittengesetzes gilt, Zweckmäßigkeit und Gesetzmäßigkeit sind so auseinander zu halten, „daß nicht jede Tugendverpflichtung ... eine Tugendpflicht ... sei, mit anderen Worten: daß die Achtung vor dem Gesetz überhaupt noch nicht einen Zweck als Pflicht begründe; denn der letztere allein ist Tugendpflicht" (MS 410). Darum gilt, es gibt nur eine Tugendverpflichtung, aber viele Tugendpflichten.

Was darf ich hoffen? –
Die Lehre vom Vollendeten
als dem Vollkommenen

Was reine Vernunft im Bereich der Theorie nur als System bedingter Bedingungen durchzusetzen vermag und als bloßes Methodengebot – ihre Forderung nämlich, nur so gebraucht zu werden, daß sie immer und ausschließlich Grund, Ziel und Grenze ihres eigenen Gebrauchs selbst ist –, das setzt sie im Bereich der Willensbestimmung uneingeschränkt durch und als unbedingtes Gesetz. Sie hat in ihm „unbedingte Kausalität", und ihr entspringt das unbedingte „Vermögen derselben, die Freiheit" (p 188). Das unbedingte Interesse der Vernunft an der uneingeschränkten Identität mit sich selbst scheint also im praktischen Bereich seine vollständige Erfüllung zu finden.

So ist es aber nicht. Denn der gekennzeichnete Anspruch, der dem Vernunftinteresse entwächst, ist nicht nur ein solcher auf Unbedingtheit, sondern auch ein solcher der Totalität. Vernunft verlangt also nicht nur, in einem bestimmten Bereich als reine Vernunft praktisch zu sein, sie fordert dasselbe für jeden möglichen Bereich in ihrem Interesse. Sie verlangt mithin nicht nur, das Objekt des Willens als Wirkung aus Freiheit zu bestimmen, sondern sie verlangt dies aus der Totalität ihres Interesses für jedwedes Objekt überhaupt. Sie verlangt nicht nur, die Willenshandlung unter der Norm des Sittengesetzes als Kausalität aus Freiheit zu verstehen, sie verlangt dies von jedem Geschehen, d. h. von jedweder Kausalbeziehung. Sie verlangt nicht nur, das menschliche Subjekt unter dem Sittengesetz als aus der Freiheit konstituierte Person zu behandeln, sondern sie verlangt dies von jedweder vernünftigen Subjektivität überhaupt. Dieses Verlangen, der Totalitätsanspruch der Vernunft, wird ihr auch im Bereich des Praktischen nicht erfüllt und kann ihr nicht erfüllt werden.

Es zu erfüllen, hieße im ersten Falle, den Unterschied zwischen Ding an sich und Erscheinung aufzuheben und infolgedessen auch den Gegensatz zwischen der Bestimmung des Willens aus dem Prinzip der Glückseligkeit und aus dem Sittengesetz, dem Prinzip der Moralität, zu beseitigen. Es hieße im zweiten Falle, naturkausale Abläufe und Handlungen aus Freiheit zu identifizieren und damit auch den Gegensatz zwischen der Bestimmung des Willens aus der reinen Gesetzförmigkeit der Maxime und aus dem bloßen Material der Maxime, den Gegensatz zwischen Autonomie und Heteronomie des Willens, zu beheben. Es hieße im letzten Falle, den Unterschied zwischen dem menschlichen Subjekt als Erfahrungsgegenstand und der menschlichen Person zu beseitigen und den Gegensatz zwischen dem menschlichen Subjekt als Erfahrungsgegenstand und als Bezugspunkt des Gewissens für hinfällig zu erklären. Aber eben diese Unterschiede und diese Gegensätze sind Implikationen der Tatsache, daß reine Vernunft als solche praktisch ist in einem endlichen Wesen, dem Menschen. Sie sind also notwendige Voraussetzungen des praktischen Bereichs selbst.

Wenn das Vernunftinteresse an der vollständigen Identität der Vernunft mit sich selbst im Handeln, also auf die Erreichung der Totalität der Vernunftbestimmtheit, aus ist, so kann es diese nicht im Bereich der praktischen Philosophie, sondern nur über den Bereich der praktischen Vernunft hinaus erstreben. Nur jenseits der Grenzen, die der praktischen Philosophie gezogen sind, die dem in ihr bestimmten Handlungssubjekt, dem in ihr bestimmten Handlungsobjekt, der in ihr bestimmten Handlung gezogen sind, kann das praktische Vernunftinteresse seine Erfüllung suchen.

Es sucht sie darum als das über den Umkreis des von der praktischen Philosophie legitimierbaren hinausliegende Vollendete und Ganze. Es sucht sie als das nächste Gut. Gemäß der Struktur der Handlung, an der die Suche ansetzt, transzendiert sie dieselbe in dreifacher Weise. Sie transzendiert das Willensobjekt in Richtung auf ein vollendetes Objekt.

Sie transzendiert die Willenshandlung in Richtung auf die vollendete Handlung überhaupt. Sie transzendiert das Willenssubjekt in Richtung auf die schlechthin vollendete Subjektivität.

Diese drei Aufstiegsweisen zum Vollendeten und Ganzen haben daher ihr Gemeinsames darin, daß sie als Aufstiege zum Ganzen gleichermaßen Versuche der Erreichung der Identität von Freiheit und Natur, von Praktischem und Theoretischem in Objekt, Handlung und Subjekt sind. Sie unterscheiden sich aber gleichwohl darin, daß der Aufstieg zu jener Identität des Vollendeten einmal über den zur Identität im Objekt, zum anderen Male über den zur Identität der Handlung, zum dritten Male über den zur Identität im Subjekt stattfindet. Dies ergibt drei erheblich verschiedene Ansichten des Aufstiegsversuches der Vernunft zum Ganzen aus ihrem Interesse an der Vollendung. Der eine, der über das vollendete Objekt, wird von Kant in der Lehre von den Postulaten der praktischen Vernunft ausgeführt. Der andere, der über die vollendete Handlung, wird von Kant in der Kritik der Urteilskraft entwickelt. Der dritte mündet in die umfassende Frage, was ist der Mensch?

Der grundlegende Unterschied, der in diesen drei Fragen nach dem Vollendeten obwaltet, gründet schon in den drei gekennzeichneten Aufstiegsweisen zum Vollendeten.

Die eine zielt auf die vollendete Wirklichkeit eines Selbstzwecks als zu erreichendes Objekt über die vollendete Wirklichkeit des Zwecks aller Zwecke, das schlechthin Vollkommene. Sie ist daher wesentlich Lehre vom Vollendeten unter dem Aspekt der Vollkommenheit als Lehre von der Zukunft oder der Hoffnung.

Die andere zielt auf die vollendete Wirklichkeit eines Selbstzweckes als Handlung oder auf die Wirklichkeit einer nur sich selbst, die Handlung, bezweckenden, d. i. zweckfreien Handlung. Sie ist daher wesentlich Lehre von der Wirklichkeit der Zweckmäßigkeit zur Zweckfreiheit als Handlung der Auffassung und der Hervorbringung in der bloßen Reflexion, als Lehre von der Gegenwart, d. h. der Dauer oder als Lehre vom Vollendeten als dem Schönen.

Die dritte richtet sich auf die vollendete Wirklichkeit eines Selbstzweckes als bloße Subjektivität, die als immer schon verwirklichte, d. i. gewollte unter dem vollendeten Maß aller Wirklichkeit der Subjektivität, unter dem reinen Gesetz steht.

Alle drei stehen in der angegebenen Reihenfolge im Nachstehenden in Betracht. Aber sie stehen nur so weit in Betracht, soweit in ihnen die Grenze der transzendentalen Untersuchung nicht überschritten wird.

§ 14 Das höchste Gut

Die Kritik der praktischen Vernunft führt zur Feststellung, daß das Objekt des Willens als Wirkung desselben aus seiner Freiheit oder aus der Bestimmung durch das Sittengesetz das Gute ist, d. h. der gute Wille und sonst nichts. Ihr verbindliches Resultat hinsichtlich des unbedingten Objekts des freien Willens lautet daher: „Es ist überall nichts in der Welt, ja überhaupt auch außer derselben zu denken möglich, was ohne Einschränkung für gut könnte gehalten werden, als allein ein *guter Wille*." (GMS 393) Von diesem muß es ausdrücklich heißen: „Der gute Wille ist nicht durch das, was er bewirkt oder ausrichtet, nicht durch seine Tauglichkeit zu Erreichung irgendeines vorgesetzten Zweckes, sondern allein durch das Wollen, d. i. an sich, gut und, für sich selbst betrachtet, ohne Vergleich weit höher zu schätzen als alles, was durch ihn zu Gunsten irgendeiner Neigung, ja wenn man will, der Summe aller Neigungen nur immer zustande gebracht werden könnte." (GMS 394) Von diesem Willen muß es darum auch weiter heißen: Er ist „das höchste Gut" (GMS 396).

Als höchstes Gut des Willens ist der gute Wille aber nicht auch schon das vollendete Gut „des Begehrungsvermögens vernünftiger endlicher Wesen" (p 198). Denn als vollendetes Gut könnte er die Bedürftigkeit und Mangelhaftigkeit eines vernünftigen endlichen Wesens in keiner Rücksicht offen und unbefriedigt lassen. Der gute Wille läßt aber die Mangelhaftigkeit eines vernünftigen endlichen Wesens in Rücksicht auf das Bedürfnis der Person nach Glückseligkeit zunächst gänzlich unberührt und damit völlig offen. Er ist also zwar „das oberste Gut", aber nicht das vollendete.

Das Interesse „des praktischen Gebrauches" der Vernunft, das Interesse der praktischen Vernunft an der vollständigen Identität des Willens einer Person mit sich selbst, das Interesse an der „Bestimmung des Willens in Ansehung des letzten und vollständigen Zwecks", nimmt sich dieses Mangels an als eines zu behebenden (p 216). Es ergänzt den Begriff des obersten Gutes durch den der Glückseligkeit zu dem des vollendeten Gutes und bringt so aus der Verbindung der Tugend mit der Vorstellung der Glückseligkeit „das Ganze, das vollendete Gute" als notwendige Vorstellung des vollkommenen Objekts des Willens einer Person hervor (p 199).

Weil die so entspringende Vorstellung vom vollendeten Gut, die bloß dem praktischen Vernunftinteresse entspringt, dem praktischen Begriffe des obersten Guts, der der unbedingten Gesetzgebung der praktischen Vernunft entstammt, unter keinen Umständen widersprechen darf, kann das Vernunftinteresse die Glückseligkeit nur als Folge der Tugend und nur als proportionale Folge der Tugend einer Person vorstellen. Widrigenfalls würde die Glückseligkeit selbst als Bestimmungsgrund des Willens gedacht, was hieße, daß Tugend, das oberste oder höchste Gut, gar nicht aufträte.

Als Folge der Tugend gedacht, des obersten Guts, wird Glückseligkeit in der Vorstellung aus dem praktischen Interesse synthetisch verbunden mit dem obersten Gut. Eine solche Synthesis kann sich ihrer positiven Geltung nach weder auf die Erfahrung berufen noch auf die bisher betrachtete Gesetzgebung der praktischen Vernunft. Denn in der einen, im Bereich der theoretischen Vernunft tritt das höchste Gut gar nicht auf, in der anderen, im Bereich der Gesetzgebung der praktischen Vernunft darf von Glückseligkeit als Teil der praktischen Willensbestimmung nicht die Rede sein.

Beide können also die Legitimität der aus dem praktischen Vernunftinteresse entspringenden Synthesis von Tugend und Glückseligkeit zum vollendeten Gut nicht positiv sichern. Das höchste Gut ist eine beide transzendierende Vorstellung. Da sie aber beide gleichwohl objektive Gesetzgebungen darstellen, denen durch keinen wie immer über sie hinausgehenden Begriff widersprochen werden darf, können sie, dem unbeschadet, als Kriterien der Zulässigkeit der transzendenten Vorstellung dieser Synthesis zur Geltung kommen.

Daraus folgt: Glückseligkeit als Folge der Tugend wird allein aus dem Bedürfnis der praktischen Vernunft gedacht. Die Synthesis im vollendeten Gut von Tugend und Glückseligkeit hat darum ihre gesamte positive Rechtmäßigkeit aus der Rechtmäßigkeit des praktischen Vernunftinteresses, auf das vollendete Gut zu schließen. Die Rechtfertigung und die Geltung der Vorstellung vom vollkommenen Gut muß demgemäß ihre Deduktion aus dem praktischen Vernunftinteresse erhalten. Daraus folgt weiter: Glückseligkeit als Folge der Tugend hat das notwendige Kriterium der Erlaubtheit des Denkens derselben in der Widerspruchsfreiheit ihrer Vorstellung mit der Gesetzgebung der praktischen und der theoretischen Vernunft. Mit anderen Worten: Die Möglichkeit des vollendeten Guts als ganzen Objekts und vollendeten Objekts des tugendhaften Willens bestimmt sich notwenig aus seiner Denkbarkeit gegenüber der Gesetzgebung der praktischen und der theoretischen Vernunft und bestimmt sich zureichend aus der über diese hinausgehenden Deduktion des vollendeten Guts aus der Leistungsfähigkeit des praktischen Vernunftinteresses oder des praktischen Vernunftbedürfnisses in praktischer und theoretischer Hinsicht.

Deshalb lautet die erste Frage nach der Beschaffenheit und dem Sein des vollendeten Gegenstands des moralischen Wollens der Person: Kann die Synthesis von oberstem Gut und Glückseligkeit im Verhältnis zur Gesetzgebung der praktischen und theoretischen Vernunft überhaupt widerspruchsfrei gedacht werden und wenn ja, wie muß sie gedacht werden? Die zweite aber heißt eben darum: Welches Sein, welche Position und welche Bestimmtheit vermag das praktische Vernunftinteresse dem aus ihm allein hervorgehenden Gegenstand des vollendeten Guts zu verschaffen oder welcher Deduktion ist das vollendete Gut fähig?

Im Hinblick auf die Beantwortung der ersten Frage gilt: Soll das höchste Gut als vollendetes Gut des Willens widerspruchsfrei zur Gesetzgebung der theoretischen und der praktischen Vernunft gedacht werden können, so muß es gedacht werden können als die notwendige Wirkung des Willens der Person unter dem Sittengesetz. Als diese kann es nur gedacht werden unter der Voraussetzung der völligen Entsprechung der Maximen der Person zum Sittengesetz. „Die völlige Angemessenheit des Willens aber zum moralischen Gesetz ist Heiligkeit." (p 220) Die Heiligkeit des Willens ist die Vollkommenheit des Willens, die keinem vernünftigen Wesen, dessen Wille auch der Heteronomie fähig ist, zu irgendeinem Zeitpunkt seines Daseins erreichbar sein kann. Sie vermag nur als Folge eines unendlichen Progresses zur völligen Angemessenheit des Willens an das Sittengesetz gedacht zu werden. Dieser Progress seinerseits ist nicht anders denkbar als „unter Voraussetzung einer ins Unendliche fortdauernden Existenz und Persönlichkeit desselben vernünftigen Wesens (welche man die Unsterblichkeit der Seele nennt" (p 220). Die praktische und die theoretische Denkbarkeit des vollendeten Guts hängt darum zuerst von der praktischen und theoretischen Denkbarkeit der Unsterblichkeit der Seele ab.

Dieser Gedanke der Unsterblichkeit der Seele als unaufhörliches Fortschreiten eines Willens zur Heiligkeit widerspricht weder den Prinzipien möglicher Erfahrung noch der Gesetzgebung der praktischen Vernunft. Den Gesetzen möglicher Erfahrung widerspricht er nicht, da er sich weder auf ein theoretisches Subjekt noch auf eine theoretische Existenz bezieht, also weder auf die Einheit von Spontaneität und Rezeptivität des einen noch auf die zeitliche Erstreckung des anderen. Denn er bezieht sich nur auf Autonomie und Heteronomie nach der Seite der Subjektivität und auf den Verwirklichungsgrad des Sittengesetzes nach der Seite der Existenz. Dem Gesetz der praktischen Vernunft widerspricht dieser Gedanke gleichfalls nicht, da er unter diesem Vorzeichen nichts anderes ist als der Gedanke des Subjekts der vollständigen Erfüllbarkeit des Sittengesetzes. Nach beiden Seiten genommen, besteht die widerspruchsfreie Denkbarkeit der Unsterblichkeit der Seele darin, daß sie allein nach dem Prinzip der Kausalität aus Freiheit und dessen Denkbarkeit bestimmt gedacht wird. Die Denkbarkeit der Kausalität aus Freiheit aber steht sowohl für die Kritik der reinen Vernunft als auch die Kritik der praktischen Vernunft als gesichert fest.

Im Hinblick auf die Beantwortung der ersten Frage gilt ferner: Soll das höchste Gut als vollendetes Gut gedacht werden können, so muß die Zusammenstimmung von Tugend und Glückseligkeit, von Wirkung aus Freiheit und Wirkung aus Natur denkbar sein. Also ist das höchste Gut als vollendetes Gut nur zu denken möglich, sofern eine Natur denkbar ist, die als beste Welt nur aus dem Sittengesetz entspringt, und ein Wille, der im Handeln aus dem Sittengesetz eine Welt, eine Natur, als beste hervorbringt. Die Denkbarkeit des vollkommenen Guts hängt sonach davon ab, daß der Zusammenhang „des höchsten abgeleiteten Guts (der besten Welt)" mit dem „höchsten ursprünglichen" Gut, Gott, gedacht werden kann (p 226). Er kann gedacht werden, „sofern eine oberste Ursache der Natur angenommen wird, die eine der moralischen Gesinnung gemäße Kausalität hat" (p 225). Diese kann gedacht werden als der Gedanke von einem „Wesen, das durch Verstand und Willen die Ursache (folglich der Urheber) der Natur ist, d. i. Gott" (p 226).

Auch dieser Gedanke widerspricht weder den konstitutiven Prinzipien der praktischen noch denen der theoretischen Vernunft, denn auch er besteht nur in Bestimmungen der im theoretischen wie im praktischen Bereich garantierten Denkbarkeit der Kausalität aus Freiheit.

Im Hinblick auf die Beantwortung der ersten Frage gilt zuletzt: Soll das höchste Gut als vollendetes Gut gedacht werden können, so muß es gedacht werden können als höchstes erreichbares Gut für die handelnde Person. Es muß folglich gedacht werden können als der Person erreichbar in Proportion zu ihrer Tugend. Ein solcher Zusammenhang läßt sich doch nur dann denken, wenn auch die freie Handlung der Person notwendig Kausalität hinsichtlich der Glückseligkeit oder hinsichtlich einer intelligiblen Natur hat. Sie ist, anders gewendet, nur denkbar „aus der notwendigen Voraussetzung der Unabhängigkeit von der Sinnenwelt und des Vermögens der Bestimmung seines Willens nach dem Gesetze einer intelligiblen Welt, d. i. der Freiheit" (p 238). Dieser Gedanke der Freiheit schließt die Affizierbarkeit des Willens der Person durch die Sinnlichkeit aus und schließt die Möglichkeit unmittelbarer Erzeugung intelligibler Objekte des Willens durch die Maxime in einer intelligiblen Welt ein.

Auch er widerspricht den Bedingungen der Möglichkeit der Erfahrung ebensowenig wie dem Gesetz der praktischen Vernunft, denn auch er beruht gänzlich auf der Modifikation des in der theoretischen wie in der praktischen Vernunft in seiner Denkbarkeit gesicherten Gedankens einer intellektuellen Kausalität.

Nun steht freilich fest, daß die praktische wie die theoretische Denkbarkeit der Elemente des vollendeten Guts nichts anderes als die Widerspruchsfreiheit des Gedankens eines vollendeten Guts sichert. Mit ihr ist nur seine problematische Bedeutung gegeben und keineswegs darüber Aufschluß erreicht, ob er sich über die bloße Denkbarkeit hinaus auch auf irgendeinen Gegenstand beziehen könne oder nicht.

Da die daraus entspringende Frage, die zweite zu stellende Frage, die der Gegenstandsbezogenheit eines Begriffs für Kant immer die nach der Deduktion desselben ist, heißt sie: Gibt es eine Deduktion des Begriffs vom höchsten Gut und seiner Elemente? Da die daraus entspringende Frage der Gegenstandsbezogenheit eines Begriffes für Kant aber auch immer die seiner Geltung ist, heißt die zweite zu stellende Frage auch: Welche Geltung hat der Begriff vom höchsten Gut? Beide Fragen in ihrer Vereinigung auf den ihnen gemeinsamen Ausgangspunkt bezogen, lauten: Welche gegenständliche Beziehung und welche Geltung kann das praktische Vernunftinteresse dem Gedanken vom vollendeten Gut geben?

Da alle Geltung im praktischen Bereich entweder direkt oder indirekt auf dem Sittengesetz beruhen muß, so muß auch das praktische Vernunftinteresse in irgendeiner Weise auf das Sittengesetz zurückführen, falls es überhaupt eine praktische Befugnis hat. Daher nimmt der letzte Teil der gestellten Frage die Gestalt an: Welche Beziehung hat das praktische Vernunftinteresse auf den kategorischen Imperativ?

Der Weg der Beantwortung dieser Frage nimmt seinen Ausgang von der Feststellung, daß der kategorische Imperativ nicht anders als das praktische Vernunftinteresse auf die Identität der Vernunft geht.

Aber der kategorische Imperativ fordert diese Identität lediglich unbedingt im Bereich der Willensmaximen, das Vernunftinteresse dagegen verlangt sie ausnahmslos.

Die daraus ersichtliche Einschränkung des Geltungsbereiches des kategorischen Imperativs ist allerdings keine solche durch ihn selbst. Sie ist vielmehr eine solche durch die Geltung eines anders gearteten Gesetzesbereiches, des Bereiches der Naturkausalität. Über den Zusammenhang beider steht fest, daß er zwar möglich, aber in Rücksicht der Wirkungen aus dem intelligiblen Bereich in den natürlichen nicht notwendig ist. Dies sagt: Findet er statt, so findet er nur dann statt, wenn sich eine Wirkung aus Moralität im Bereich der Natur auch als Wirkung aus Naturkausalität erklären läßt. Also findet er statt, so findet er als zufällige Übereinstimmung beider Bereiche im gegebenen Falle statt. Dies bedeutet, die Einschränkung des kategorischen Imperativs auf die Maxime, auf die Willensgesinnung, ist eine durch den gegebenen Zusammenhang zwischen dem Reich der Freiheit und dem Reich der Natur jeweils erzwungene. Also gilt: Der kategorische Imperativ fordert zwar mit der Bildung der jeweiligen Maxime auch die Durchsetzung der zugehörigen Handlung im naturkausalen Bereich. Aber, während die erstere Forderung unbedingt gilt, gilt die letztere nur unter der Voraussetzung, daß die Naturdetermination eine solche Wirkung zuläßt. Es ist also in die Forderung der Bestimmung der Maxime aus dem Sittengesetz die der Hervorbringung von Wirkungen aus dem kategorischen Imperativ in der Sinnenwelt unbedingt mit eingeschlossen. Aber, während die erstere ihre Erfüllung selbst vollständig möglich macht, bleibt die zweite in der Erfüllung von der genannten Übereinstimmung abhängig. Daher muß es von der einen heißen: Sie soll vollständig erfüllt werden, da sie vollständig erfüllt werden kann. Von der anderen muß es dagegen heißen: Sie soll so weit erfüllt werden, als sie erfüllt werden kann.

Die aus dem Sittengesetz gebotene Wirkung auf die Natur ist darum eine solche des erreichbaren Maximums. Als diese hat sie zwei Seiten. Deren eine ist das Denken des erreichbaren Maximums der Übereinstimmung von Sittlichkeit und Natur. Deren andere ist die Verwirklichung des erreichbaren Maximums der Übereinstimmung von Sittlichkeit und Natur.

Da der Gedanke der Einheit zwischen Sittlichkeit und Natur sich als widerspruchsfrei erwiesen hat, ergibt sich als das erreichbare Maximum des Denkens der Einheit von Sittengesetz und Natur der Gedanke des höchsten Guts selbst. Daher synthetisiert der kategorische Imperativ a priori und notwendig den Gedanken der Tugend mit dem der Glückseligkeit zu dem des höchsten Guts. Der kategorische Imperativ gebietet also das Denken des höchsten Guts mit allen Implikationen dieses Gedankens. Es ist Pflicht für uns, das höchste Gut zu denken.

Da die tatsächliche Verwirklichung der Einheit von Sittlichkeit und Natur sich dagegen als situationsgebunden erwiesen hat, ergibt sich das erreichbare Maximum der Verwirklichung der Einheit von Sittengesetz und Naturkausalität als die jeweilige Beförderung des höchsten Guts in der Handlung. Daher synthetisiert der kategorische Imperativ a priori und notwendig die moralische Willenshandlung, die Tugend, mit dem jeweils erreichbaren Maximum der Wirkung im Bereich der Naturkausalität im sittlichen Gebot. Es ist „Pflicht für uns, das höchste Gut zu befördern", d. h. es ist Pflicht für uns, in den Grenzen des situationsgebundenen Maximums Wirkung in der naturkausalen Welt aus Moralität zu erzielen (p 226).

Doch dieser Pflicht, das höchste Gut zu denken, entspringt durchaus keine Möglichkeit, es zu erkennen. Und dieser Pflicht, das höchste Gut zu befördern, entspringt durchaus keine Möglichkeit, es zu verwirklichen. Denn zu dem einen wie zu dem anderen müßte nach dem Gesagten die Gesetzgebung der Natur der Gesetzgebung der Sittlichkeit vollständig unterworfen werden können. Das aber ist nicht der Fall.

Es bleibt folglich eine Kluft zwischen der Pflicht, das höchste Gut zu denken und zu befördern, und der Unmöglichkeit, diesem Gedanken und den von ihm eingeschlossenen Begriffen Gegenständlichkeit zu sichern. Diese Kluft ist die zwischen moralischer Notwendigkeit und Naturtatsächlichkeit. Sie drückt sich aus in der Ohnmacht des sittlichen Gebotes gegenüber dem Vorhandensein bzw. dem Nichtvorhandensein von Naturtatsachen und von Natur überhaupt.

Daher reduziert sich gegenüber dieser Tatsächlichkeit der Naturgegenstände das unbedingte Vernunftgebot zum bloßen Vernunftinteresse, zum praktischen Vernunftbedürfnis. Ihr gegenüber wird aus der moralischen Notwendigkeit, aus der Pflicht, ein praktisches Bedürfnis und ein bloßes Bedürfnis. Darum heißt es bei Kant: „Hier ist nun wohl zu merken, daß diese moralische Notwendigkeit subjektiv, d. i. Bedürfnis und nicht objektiv, d. i. selbst Pflicht sei, denn es kann gar keine Pflicht geben, die Existenz eines Dinges anzunehmen (weil dieses bloß den theoretischen Gebrauch der Vernunft angeht)." (p 226)

Aus dieser Herleitung des praktischen Vernunftinteresses aus dem kategorischen Imperativ geht der Geltungscharakter der ihm entspringenden Begriffe unmittelbar hervor. Sie enthält also zugleich deren Deduktion, indem sie die Art ihres Gegenstandsbezuges aufdeckt. Das Resultat dieser Deduktion läßt sich, wie folgt, festhalten:

Weil es Pflicht ist, das vollendete Gut zu befördern, und das vollendete Gut und die von ihm notwendig eingeschlossenen Gedanken zu denken, so sind das vollendete Gut und die von ihm eingeschlossenen Begriffe praktisch notwendige Begriffe. Als praktisch notwendige Begriffe haben sie praktische Realität und praktische Objektivität. Sie zu denken, ist mithin sittlich unbedingtes Gebot. „Sie gehen alle vom Grundsatze der Moralität aus, der kein Postulat, sondern ein Gesetz ist, durch welches Vernunft unmittelbar den Willen" bestimmt (p 238).

Weil es nicht Pflicht ist und nicht Pflicht sein kann, die Existenz oder Nichtexistenz eines wie immer beschaffenen Gegenstandes anzuerkennen, so entscheidet die moralische Notwendigkeit und die praktische Objektivität der gebotenen Begriffe nichts über ihre tatsächliche Gegebenheit und ihre theoretische Gegenständlichkeit. Sie bleiben in dieser Rücksicht transzendente und gegenstandslose Begriffe, d. h. Ideen.

Weil aus diesem Verhältnis von Pflicht und Naturnotwendigkeit ein praktisches Vernunftinteresse entspringt, das sie beide vereinigt, so daß die Annahme der Existenz „unabtrennlich zum praktischen Interesse der Vernunft" gehört und so „ein Bedürfnis in schlechterdings notwendiger Absicht" ist, so beruht alle Anerkennung der Existenz des höchsten Guts und der von ihm eingeschlossenen Gegenstände auf dem Geltungswert jener Vereinigung von Pflicht und Naturnotwendigkeit (p 218, 258). Aus dieser Vereinigung geht hervor: Die Existenz dieser Gegenstände zu wollen, ist notwendige Bedingung der Pflicht, das höchste Gut zu befördern. Denn zu dieser Beförderung muß die „Möglichkeit desselben, mithin auch die Bedingungen dazu, nämlich Gott, Freiheit und Unsterblichkeit" als gewollte vorausgesetzt werden (p 257). Die Existenz dieser Gegenstände anzunehmen, ist dagegen nicht notwendig, „weil ich diese durch meine spekulative Vernunft nicht beweisen, obgleich auch nicht widerlegen kann" (p 257). Als einerseits von notwendig gewollter, andererseits von problematischer Existenz sind diese Gegenstände praktisch postuliert. „Diese Postulate sind nicht theoretische Dogmata, sondern Voraussetzungen in notwendig praktischer Rücksicht, erweitern also zwar nicht die spekulative Erkenntnis, geben aber den Ideen der spekulativen Vernunft im allgemeinen, (vermittelst ihrer Beziehung aufs Praktische), objektive Realität und berechtigen sie zu

Begriffen, deren Möglichkeit auch nur zu behaupten sie sich sonst nicht anmaßen könnte." (p 238)

Diese, aus Vereinigung von Pflicht und Naturnotwendigkeit zum Interesse der praktischen Vernunft erwachsende Berechtigung, enthält also die gesamte mögliche „Deduktion" der Postulate (p 227). Diese Berechtigung bedeutet: Die praktisch notwendig zu wollende, aber theoretisch nicht anzunehmende Existenz der infragestehenden Gegenstände erhält allgemeingültige Glaubwürdigkeit. Sie wird aus dem praktischen Vernunftinteresse „hinreichend" beglaubigt (p 194).

Dies meint: Nicht etwa die Existenz dieser Gegenstände überhaupt läßt sich objektiv aus dem praktischen Vernunftinteresse ableiten, nur die Glaubwürdigkeit dieser Existenz wird objektiv aus ihm deduziert. Nicht das Sein von etwas, nur das Glaubenkönnen an das Sein von Etwas wird durch sie objektiv verankert. Die praktische Realität der Gegenstände besteht demnach nicht darin, daß sie im spekulativen Sinne sind, sondern darin, daß ich wollen soll und glauben kann, daß sie sind. Die aus dem praktischen Vernunftinteresse herzuleitende Synthesis des Wollens des höchsten Guts und der von ihm eingeschlossenen Begriffe mit der Existenz der dazugehörigen Gegenstände erweist sich darum als eine solche des objektiv gerechtfertigten reinen Vernunftglaubens. Die ableitbare Existenz jener Gegenstände ist sohin nichts anderes als Glaubwürdigkeit. Sie sind glaubhafte Gegenstände oder Gegenstände des Glaubens.

Die Eigenart dieser praktisch objektiven Deduktion des Vernunftglaubens, die keine spekulative Deduktion seiner Gegenständlichkeit ist, beruht auf drei Momenten. Der Vernunftglaube steht zum einen unter der Bedingung der Moralität oder der Rechtschaffenheit. Er setzt die „Gesinnung, das praktisch mögliche höchste Gut zu befördern", voraus (p 257). Der Vernunftglaube garantiert zum anderen die Beziehung auf die Existenz jener Gegenstände als eine geglaubte, und zwar nicht als eine solche, die geglaubt werden muß oder geglaubt werden soll, sondern als eine solche, die geglaubt werden kann. Er setzt nur das Können objektiv und

132

allgemeingültig, nicht aber seinen Vollzug. Der faktische Glaube oder Unglaube an die Existenz jener Gegenstände bleibt daher zum dritten gänzlich in die Willkür des Subjekts gestellt. Der faktische Vollzug ist also selber moralisch indifferent, wie und soweit es das Vorhandensein der Willkür auch ist. Der Vernunftglaube bleibt daher im Vollzug individueller Entscheid. Er bleibt als tatsächlicher Glaube subjektiv. Daher entspringt er zwar der Pflicht und ist als bloßes Können Ausfluß des sittlichen Gebots, aber er ist weder als verwirklichter Glaube noch als tatsächlicher Unglaube positiv in der Pflicht begründet und verbleibt außermoralischer Entscheid. So kann Kant feststellen: „zugestanden, daß das reine moralische Gesetz jedermann als Gebot (nicht als Klugheitsregel) unnachlaßlich verbinde, darf der Rechtschaffene wohl sagen: ich will, daß ein Gott, daß mein Dasein in dieser Welt auch außer der Naturverknüpfung noch ein Dasein in einer reinen Verstandeswelt, endlich auch, daß meine Dauer endlos sei, ich beharre darauf und lasse mir diesen Glauben nicht nehmen; denn dieses ist das einzige, wo mein Interesse, weil ich von demselben nichts nachlassen darf, mein Urteil unvermeidlich bestimmt." (p 258)

Derart ist das erste Resultat der gesamten möglichen Deduktion der aus dem praktischen Vernunftinteresse entspringenden Postulate die praktisch allgemeingültige Erlaubnis von Glaubensurteilen oder die Eröffnung der Möglichkeit des Vernunftglaubens. Diese Ermöglichung ist lediglich die Eröffnung der Statthaftigkeit, d. h. der Erlaubnis des subjektiven Vollzugs von Glaubensurteilen im gegebenen Rahmen. Auf sie beschränkt sich daher alle damit gegebene Objektivität. Diese Ermöglichung, die keinen wie immer gearteten wirklichen Glaubensvollzug oder tatsächlichen Unglauben allgemeingültig rechtfertigt, gewährleistet nur dem Glaubenkönnen zulässige Glaubensgegenstände, „Gott, Freiheit und Unsterblichkeit", und gewährleistet den Glaubensgegenständen die für die Glaubensmöglichkeit zulässige Existenzweise als Glaubwürdigkeit.

Innerhalb des damit gewonnenen Resultats darf das Subjekt also auch im Glaubensentschluß von dem unabweisbaren

Interesse der praktischen Vernunft an der vollständigen Identität des sittlichen Willens, des Willens seiner Person auf diese Identität, auf das vollendete Gut, schließen. Es darf den Begriff des obersten Guts durch den der Glückseligkeit zu dem des vollendeten Guts in diesem Schlusse ergänzen. Es darf innerhalb des Glaubensverhältnisses auf Glückseligkeit als Folge der Tugend schließen.

Gemäß den herausgestellten Eigenarten der Deduktion des Vernunftglaubens steht dieser Schluß aber auch seinerseits unter drei Bedingungen. Er steht zum ersten unter der Voraussetzung der Beförderung des höchsten Guts. Diese verstattet, auf das vollendete Gut oder auf die Glückseligkeit nur als Folge der Moralität oder als proportionale Folge der Tugend zu schließen. Er steht zum anderen unter der Voraussetzung der Realisierung der gegebenen Glaubenserlaubnis. Daher kann nur im faktisch vollzogenen Glauben, nur innerhalb der Religion, auf das höchste Gut geschlossen werden. Er steht damit zum dritten unter der Voraussetzung einer vom Gesetz nicht betroffenen Willensentscheidung oder eines die Moralität transzendierenden Wunsches. Er kann nur als Glaube an die Erfüllung dieses Wunsches, er kann nur als Hoffnung, vollzogen werden. Es muß deshalb nach Kant gesagt werden, unter der Voraussetzung, daß der „sich auf ein Gesetz gründende moralische Wunsch, das höchste Gut zu befördern", vorliegt, unter der Voraussetzung, daß zu ihm vollzogener Vernunftglaube „Religion dazukommt, tritt auch die Hoffnung ein, der Glückseligkeit dereinst in dem Maße teilhaftig zu werden, als wir darauf bedacht gewesen, ihrer nicht unwürdig zu sein" (p 234).

So wird unter der praktischen Voraussetzung der moralischen Gesinnung als „conditio sine qua non" und unter der religiösen Voraussetzung des tatsächlichen Glaubensurteils subjektiv der Schluß daraus möglich, der Glückseligkeit „durch die Hand eines weisen Urhebers teilhaftig zu werden" (p 235). Dies will nichts anderes heißen, als daß sich als Kern der Deduktion des Vernunftglaubens aus dem Vernunftinteresse die Rechtfertigung der Hoffnung herausschält. Die aus dieser Deduktion ableitbare Synthesis zwischen Tugend und höchstem Gut zum vollendeten Gut ist demnach die Synthesis der Hoffnung. Die Postulate, insofern sie als Gegenstände des Vernunftglaubens Bedingungen der Möglichkeit des vollendeten Guts sind, sind daher zuletzt selber als Gegenstände der Hoffnung ausgewiesen. Die Hoffnung aber, die auf ihre Weise den Zugang zum vollendeten Gut und zur Glückseligkeit als zu erhoffende Gegenstände eröffnet, ist sonach das letzte Resultat der ganzen möglichen Deduktion aller aus dem praktischen Vernunftinteresse entspringenden Gegenstände.

Ihre Deduktion stellt, wie ersichtlich, im strengen Sinne keinen Teil der praktischen Philosophie mehr dar. Diese Lehre von der unbedingten „Totalität des Gegenstandes der reinen praktischen Vernunft unter dem Namen des höchsten Guts" gehört offensichtlich auch nicht mehr in den Rahmen des durch die Kritik der reinen Vernunft und die Kritik der praktischen Vernunft fixierten Sinnes von Philosophie als Wissenschaft (p 194). Denn für diesen ist kennzeichnend, daß er sich am Unvollendeten als Gegenstand orientiert und daß er sich auf das transzendentale Wissen und das reine Sollen als die zureichenden Bedingungen der Möglichkeit dieses Gegenstandes einschränkt. Die Deduktion der Postulate und des vollendeten Guts erstreckt sich dagegen auf das Vollendete und eröffnet der Erkenntnis nur notwendige und keinerlei zureichende Bedingung des Zugangs zum Vollendeten. Sie erstreckt sich vielmehr auf das über das objektive Erkennen und das objektive Handeln hinausgehende menschliche Verhalten und rechtfertigt es nicht positiv, sondern legt lediglich die Grenzen objektiv fest, in denen es als vernünftiges Verhalten erlaubt ist.

Allein im Sinne dieser Erlaubnis stellt es mithin praktisch allgemeingültige Verhaltensgrenzen fest, nur im Hinblick auf sie verschafft es objektives Wissen von dem Spielraum, in welchem Vernunft überhaupt ein Verhalten verstattet. In dieser eingeschränkten Bedeutung also nur bestimmt es „die Maxime unseres vernünftigen Verhaltens" im Hinblick auf das Vollendete „hinreichend" (p 194). Als objektives Wissen vom erlaubten Verhalten gegenüber dem Vollendeten konstituiert es sohin kein bestimmtes Verhalten, sondern umreißt nur die Grenzen, in denen solches als vernünftiges statthaft ist. Als objektives Wissen von den Erlaubnisgrenzen vernünftigen Verhaltens gehört es daher einerseits zur Philosophie, weitet aber andererseits, da es nur erlaubend und nicht bestimmend ist, deren bisher festgehaltenen Sinn aus.

Als hinreichendes objektives Wissen vom erlaubten Verhalten ist es einerseits Wissenschaft. Als nicht zureichendes objektives Wissen zum positiv bestimmten richtigen Verhalten zum Vollendeten gehört es andererseits im strengen Sinne nicht zur Wissenschaft. Es gehört also einerseits zur Philosophie, erweitert aber deren bislang festgehaltene Bedeutung als Wissenschaft in Richtung auf die „Bedeutung, wie die Alten das Wort verstanden" (p 194).

Da diese Erweiterung in Richtung auf das zureichende Wissen von der Unterscheidung erlaubten und unerlaubten Verhaltens zum Vollendeten geht, und da das Wissen um das rechte Verhalten zum Vollendeten die Weisheit ist, so versteht sie sich als Erweiterung der Philosophie zur „Weisheitslehre" (p 194). Weil sie diese Weisheitslehre, aber wie gezeigt, nicht als konstitutives Wissen vom richtigen Verhalten zum Vollendeten begründet, begründet sie auch die Weisheit nicht als Besitz, sondern eröffnet lediglich den Raum, in dem das Streben nach Weisheit sich entfalten darf. Sie ist darum als Teil der Philosophie „eine Anweisung, worin das höchste Gut zu setzen, und zum Verhalten", durch welches es erlaubt ist, es allein zu setzen, zur Hoffnung (p 194). Sie legitimiert als Teil der Philosophie in ihrer erweiterten Bedeutung als Lehre von der Liebe zur Weisheit in ihrem endgültigen Ergebnis die Hoffnung auf das Vollendete als Hoffnung auf das vollendete Gut und die Glückseligkeit. Sie ist in dieser letzten Hinsicht Philosophie der Hoffnung. Als diese beantwortet sie allein und verbindlich die Frage: „Was darf ich hoffen?"

Was ist schön? —
Die Lehre vom Vollendeten als dem Schönen

§ 15 Die Urteilskraft und ihr Leistungsbereich

Die theoretische Vernunft sichert die Objektivität und Allgemeingültigkeit der menschlichen Erkenntnis als mögliche
Erfahrung. Sie gewährleistet also, daß unter der Voraussetzung empirischer Erfahrung wahre Erkenntnis möglich ist.
Die Frage, wie es dagegen möglich ist, daß eine einheitliche,
empirische Erfahrung stattfindet, beantwortet sie jedoch nur
mit dem Hinweis auf miteinander konkurrierende Ideen, auf
miteinander widerstreitende regulative Begriffe ohne letzten
objektiven Einheitspunkt. Die praktische Vernunft sichert die
Objektivität und Allgemeingültigkeit gesollter Willenshandlungen. Sie zeigt also, daß das menschliche Subjekt trotz seiner
Einbindung in das naturkausale Geschehen freier Handlungen
fähig ist. Die Frage dagegen, wie die Freiheit mit der Natur
positiv zu einer Einheit zusammenwirken kann, beantwortet
sie jedoch nur mit dem Hinweis auf die Widerspruchsfreiheit
eines solchen Zusammenhanges. Die Lehre von den Postulaten schafft die Erlaubnis zum Ausblick auf eine Sinneinheit
von Vermögen und Wirklichkeit, auf eine Angemessenheit
von Moralität und Natur. Die Frage dagegen, wie eine solche Sinn- und Ordnungseinheit zu begreifen ist, verweist sie
jedoch in die Zukunft.

Weil im einen, im anderen und im dritten Falle die Frage
nach der einen Einheit von Natur und Subjekt nicht allgemeingültig beantwortet wird, bleiben theoretische Vernunft,
praktische Vernunft und Weisheitslehre die positive Lösung
eines ausschlaggebenden Problems schuldig. Es lautet: Wie

ist es möglich, daß ohne das Recht einer Bezugnahme auf ein theoretisch oder praktisch ausgewiesenes Vollkommenes, das allein als zureichendes Ableitungsprinzip für sie gelten könnte, eine durchgehende Ordnungseinheit und einzelne Ganzheiten und Bedeutungseinheiten im menschlichen Erfassen tatsächlich auftreten können, aufgefaßt werden und erklärt werden können.

Da diese Fragen sich grundsätzlich stellen, betreffen sie den Umkreis der Funktion aller Vermögen und deren Einheit zu einem einzigen Funktionszusammenhang und besagen so: Wie ist es möglich, daß eine aufgrund ihrer Nichtableitbarkeit vom Vollkommenen als Prinzip nur zufällig vorhandene und daher in ihrem ganzen empirischen Zusammenhang auch zufällig bestimmte Natur mit unseren Vermögen zu deren einen Funktionseinheit tatsächlich zusammenstimmt?

Die gestellte Frage hat zwei Seiten: Wird auf die eine geblickt, so wird auf die Einheit der Vermögen zur Möglichkeit einer empirischen Erkenntnis geblickt. Wird auf die andere geschaut, so wird auf die Einheit der Vermögen zu einer Funktionseinheit überhaupt geblickt. Wird auf die eine geblickt, so nimmt sie die Form an: Ungeachtet der objektiven Geltung der transzendentalen Verstandesgesetze, „ohne welche die Form einer Erfahrungserkenntnis überhaupt gar nicht stattfinden würde", könnte die Natur solche „spezifische Verschiedenheit der empirischen Gesetze" aufweisen, daß sie keinen wirklichen Ordnungszusammenhang darböte, woher rührt dieser also, und wie erklärt er sich (U XXXVI)? Wie ist es möglich, daß Natur und Vermögen zum Zwecke einer einheitlichen einzigen menschlichen Erkenntnis unter jeweils angebbaren übereinkommenden obersten Begriffen zueinanderstimmen? Woher rührt die theoretische Einheit von empirischer Natur und menschlicher Erkenntnis zur Einheit einer begrifflich durchgehend geordneten einen Empirie?

Wird auf die andere Seite des Erfragten geblickt, so nimmt die Frage die Gestalt an: Ungeachtet der objektiven Gültigkeit der transzendentalen Subjektivität, ohne welche von einer Natur formaliter keine Rede wäre, könnte die spezifische Verschiedenheit zwischen dem inneren Zusammenhang der gegebenen menschlichen Vermögen und dem empirischen Naturzusammenhang so groß sein, daß dieser in seiner Einheit nicht nur theoretisch, sondern überhaupt nicht faßlich wäre. Dies hätte zur Folge, daß beide überhaupt nicht, d. h. auch ohne Rücksicht auf eine spezifisch begriffliche und theoretische Einheit nicht, zusammenträfen, so daß es im Blick auf die prinzipielle Übereinkunft des Zusammenspiels menschlicher Vermögen untereinander und empirischer Gegebenheiten kein Zusammentreffen gäbe. Wie ist es möglich, daß ein Naturgegenstand und das theoretisch zweckfreie und begriffslose Zusammenspiel menschlicher Vermögen zu einer Funktionseinheit überhaupt zusammenstimmen, zu Bedeutungseinheiten, die im empirischen Zusammenhang auftreten und aufgefaßt werden?

Nach beiden Seiten heißt dies: Woher rührt einerseits die theoretische Faßlichkeit und andererseits die feststellbare vortheoretische und vorbegriffliche Übereinkunft von menschlichen Vermögen und empirischen Gegebenheiten? Woher rührt die theoretische und die vortheoretische Erfaßbarkeit von Natureinheit? Oder anders gesagt, woher rührt prinzipiell die auftretende Eignung der Natur zum empirisch theoretischen Gesamtgegenstand der Erkenntnis, und woher rühren jene Ganzheiten, Bedeutungs- und Sinneinheiten, die sich durch Angemessenheit zum nichttheoretischen Zusammenspiel, zum begriffslosen Zusammenspiel der menschlichen Vermögen ausweisen, ohne empirisch erkennbare Gegenstände zu werden?

Nach der einen wie nach der anderen Seite ist die Frage als solche nach den Bedingungen des Auftretens dieser Angemessenheit, als solche nach dem Prinzip ihrer Auffaßbarkeit und als solche nach dem Erklärungswert ihrer Voraussetzungen zu stellen.

Es ist deshalb nach einem Vermögen auszuschauen, das solche Angemessenheit, d. h. Einheit von Verschiedenen unter einer gemeinsamen Regel der Zusammenstimmung mit der Einheit der verschiedenen Vermögen, bewirkt, das diese Zusammenstimmung auffaßt und die Einheit erklärt. Ein solches Vermögen ist schon in der Kritik der reinen Vernunft als Vermögen der Urteilskraft ausgewiesen worden. Doch dort stand die Urteilskraft nur in Betracht, als es ihre Aufgabe war, im Anschluß an die konstitutive Gesetzgebung des Verstandes a priori die Fälle zu bestimmen, auf die die Regeln, die die reinen Verstandesbegriffe enthalten, anzuwenden sind. Sie stand also nur als bestimmende Urteilskraft in Rede. Eben das ist hier aber nicht der Fall. Denn hier ist nur das Besondere gegeben, das durch Reflexion auf die Einheit der Vermögen erst zur Einheit gebracht werden soll. Ist daher die Urteilskraft dennoch das gesuchte Vermögen, so ist sie es als solches, das im Ausgang vom gegebenen Besonderen das Allgemeine und die Regel, nach welcher das erstere unter das letztere gefaßt werden muß, durch Reflexion auf die Zusammenstimmung der Vermögen selbst hervorbringt. Als ein solches Vermögen der Reflexion auf die Zusammenstimmung der Vermögen, als reflektierende Urteilskraft, muß die Urteilskraft aber allererst noch aufgewiesen und ausgewiesen werden.

Zum Aufweis eines Vermögens gehört aber für Kant, daß sein empirisch psychologisches Fundament aufgedeckt wird. Und zur Ausweisung desselben gehört, daß es sich als transzendentale Rekonstruktion über diesem Fundament zum Zwecke der Erklärung einer rechtmäßig geforderten Leistung der Philosophie dartun läßt.

Das zum Aufweis erforderliche Fundament des Vermögens der Urteilskraft findet sich im Gefühl der Lust und Unlust im Hinblick auf Naturgegebenheiten. Es tritt im gegebenen Zusammenhang in zweifacher Weise auf. Denn einerseits ist „die entdeckte Vereinbarkeit zweier oder mehrerer empirischer heterogener Naturgesetze unter einem sie beide befassendem Prinzip der Grund einer sehr merklichen Lust", während uns eine Vorstellung der Natur, „durch welche man uns voraussagte, daß bei der mindesten Nachforschung über die gemeinste Erfahrung hinaus wir auf eine Heterogenität ihrer Gesetze stoßen würden", Unlust erregt (U XL f.). Andererseits aber kann Lust oder Unlust auch in einem Urteil empfunden werden, das „mit der bloßen Auffassung (apprehensio) der Form eines Gegenstandes der Anschauung ohne Beziehung derselben auf einen Begriff" verbunden ist (U XLIV).

Es steht mithin fest, daß sich das gesuchte Urteilsvermögen anhand der mit den genannten Urteilen verbundenen Lust als psychische Tatsache aufweisen läßt. Es steht aber damit auch fest, daß es sich gelegentlich dieses Aufweises zugleich in seiner einheitlichen Eigenart und nach seinem inneren Unterschied mitzeigt.

Der letztere wird an den beiden herangezogenen Beispielfällen abnehmbar. Denn an dem ersten wird ersichtlich, daß die Lust, an welcher die Urteilskraft ihre Tätigkeit ausdrückt, der Entdeckung der Verbindbarkeit heterogener empirischer Gesetze unter einem von ihr hervorgebrachten höheren Prinzip folgt. Sie ist darum der Sache nach nicht der Träger des Urteils, sondern wird von ihm getragen. Das zugehörige Urteil selbst ist folglich ein theoretisches, und die zugrunde liegende Urteilskraft bleibt insoweit eine logische. Am zweiten herangezogenen Beispiel wird dagegen kenntlich, daß die Lust, an welcher die Urteilskraft ihre Tätigkeit ausdrückt, nicht die Folge des Urteils ist, sondern die Grundlage desselben, der „Bestimmungsgrund dieses Urteils". Ein Urteil, dessen Bestimmungsgrund aber die Lust ist, ist kein logisches Urteil und kein theoretisches, sondern ein vorlogisches und vortheoretisches oder, in der Hierarchie der Vermögen betrachtet, ein ästhetisches. Die zugehörige Urteilskraft muß folgerichtig als ästhetische Urteilskraft angesprochen werden.

Nach dieser wesentlichen Verschiedenheit, welche die beiden Urteilsarten und mithin die beiden Arten der Urteilskraft voneinander trennt, könnte der Eindruck erwachsen, sie seien gänzlich voneinander unabhängig. Es bleibt jedoch gleichwohl außer Frage, daß sie so nur auseinanderzuhalten sind innerhalb einer verbleibenden gemeinsamen Grundbestimmung.

Das erhellt in der einen Richtung daraus, daß die Urteilskraft im Hinblick auf die vorhandene besondere Naturgesetzlichkeit allgemeine begriffliche Einheitsprinzipien entwirft, die es ihr verstatten, sie als durchgehend der menschlichen Erkenntnis, der Beurteilbarkeit nach theoretischen Begriffen angemessen, anzusehen. Ihre Einheitsstiftung erfolgt also in der Natur in Richtung auf die Beurteilbarkeit derselben nach theoretischen Begriffen durch die Urteilskraft. Sie erfolgt reflektierend, aber reflektierend auf ihre Angemessenheit zur begrifflichen Erkenntnis. In der anderen Richtung wird es daraus ersichtlich, daß der unabhängig von aller Erkenntnis eines Gegenstandes entspringenden Lust das Geschmacksurteil folgt als das Bewußsein, die empirische Vorstellung beruhe ihrer Form nach „bloß auf der Reflexion und den allgemeinen, obwohl nur subjektiven Bedingungen der Übereinstimmung derselben" zur begriffslosen, d. h. theoretisch zwecklosen Zusammenstimmung der Vermögen, „für welche die Form des Objekts zweckmäßig ist" (U XLVII). Ihre Einheitsstiftung erfolgt also in Richtung auf die Zweckmäßigkeit zur zweckfreien Einheit der Vermögen überhaupt. Sie erfolgt reflektierend auf das Zusammenspiel der menschlichen Vermögen, das das Gefühl der Lust ist. Es ist also wiederum ein reflektierendes Urteil, das hier in Rede steht. Es ist zurückbezogen von der gegebenen Vorstellung auf ihre Angemessenheit zum Zusammenspiel der Erkenntnisvermögen untereinander.

Unter dem Gesichtspunkt dieser Übereinkunft beider erweist sich die eine wie die andere Art der Urteilskraft ihrer Grundbestimmtheit nach als reflektierende Urteilskraft. Der Unterschied beider beläuft sich daher auf einen solchen innerhalb der reflektierenden Urteilskraft. Er beläuft sich darauf, daß die eine des Entwurfs der Zweckbegriffe bedarf, um auf sie hin die Natur zu beurteilen, während die andere eine Vorstellung immer nach dem aus ihrem Anlaß auftretenden Zusammenspiel der Vermögen, nach der von ihm ausgehenden Lust, zweckmäßig beurteilt. Der Unterschied der beiden Arten der Urteilskraft bestimmt sich deshalb dahin, daß die eine als teleologisch reflektierende, die andere als ästhetisch reflektierende gesehen werden muß.

Damit ist das gesuchte Urteilsvermögen nicht nur als tatsächliches Vermögen des Menschen, sondern als dieses auch in seiner Eigenart, d. h. nach seiner charakteristischen Einheit und nach seinen bestimmten Unterschieden aufgewiesen. Ein Aufweis seiner Leistung, der über den empirischen Vollzug überhaupt hinausginge, ist damit jedoch nicht erbracht.

Die reflektierende Urteilskraft erhebt aber sowohl in ihrer Gestalt als teleologische Urteilskraft als auch in ihrer Form als ästhetische Urteilskraft den Anspruch auf eine Leistung, die über die bloß empirische hinausreicht. Denn in dem einen und in dem anderen verbindet sie mit ihrem Auftreten einen Anspruch, der mit der Tatsache dieses Auftretens allein niemals zu rechtfertigen ist. So sagt die teleologisch reflektierende Urteilskraft nicht, „wie geurteilt wird, sondern wie geurteilt werden soll" (U XXXI). Sie erhebt somit einen transzendentalen Anspruch rücksichtlich aller Urteile, sowohl in Richtung auf das Urteilende als auch in Richtung auf das zu Beurteilende. Sie erhebt also den transzendentalen Anspruch der Allgemeingültigkeit einer Maxime der Urteilskraft. Von der ästhetisch reflektierenden Urteilskraft wird mit der Vorstellung eines bestimmten Objekts die Lust auch als notwendig verbunden gedacht. Es wird folglich gedacht mit dem Anspruch, „für jedermann zu gelten" (U XLVI). Sie erhebt gleichfalls den transzendentalen Anspruch der Allgemeingültigkeit ihrer Urteile.

Nun genügt es freilich nicht, daß ein solcher Anspruch bloß erhoben wird. Zu seiner Ausweisung bedarf es der Rechtfertigung seiner Zulässigkeit. Es bedarf dazu ferner des Nachweises seiner Erfüllbarkeit. Zu diesem wiederum ist der Entwurf eines transzendentalen Vermögens der Urteilskraft über dem empirischen und seine Deduktion unerläßlich. Das transzendentale Vermögen endlich bedarf der Kritik, d. h. der Abgrenzung des Bereiches und der Weise seiner Zulänglichkeit.

Schon die Rechtfertigung der Zulässigkeit des transzendentalen Anspruchs der reflektierenden Urteilskraft nimmt eine andere Gestalt an als die des Vermögens der theoretischen und der praktischen Vernunft. Stellt man sich diesen Anspruch in seiner allgemeinen Fassung als Grundsatz in der doppelten Gestalt des Grundsatzes der teleologischen und der ästhetischen Urteilskraft vor Augen, so lautet der eine: „Daß, da allgemeine Naturgesetze ihren Grund in unserem

Verstande haben, der sie der Natur (obzwar nur nach dem allgemeinen Begriffe von ihr als Natur) vorschreibt, die besonderen empirischen Gesetze in Ansehung dessen, was in ihnen durch jene unbestimmt gelassen ist, nach einer solchen Einheit betrachtet werden müssen, als ob gleichfalls ein Verstand (wenngleich nicht der unsrige) sie zum Behufe unserer Erkenntnisvermögen, um ein System der Erfahrung mit besonderen Naturgesetzen möglich zu machen, gegeben" habe (U XXVII). Der andere Grundsatz, der Grundsatz der ästhetischen Urteilskraft, besagt: „Wessen Gegenstandes Form (nicht das Materielle seiner Vorstellung, als Empfindung) in der bloßen Reflexion über dieselbe (ohne Absicht auf einen von ihm zu erwerbenden Begriff) als der Grund einer Lust an der Vorstellung eines solchen Objekts beurteilt wird: mit dessen Vorstellung wird diese Lust auch als notwendig verbunden geurteilt, folglich als nicht bloß für das Subjekt, welches diese Form auffaßt, sondern für jeden Urteilenden überhaupt." (U XLV)

Beide Grundsätze sind zunächst dadurch bemerkenswert, daß sie den Anspruch der Allgemeingültigkeit erheben, ohne ihn mit dem der Objektivität zu verknüpfen. Sie beziehen daher beide ihre Zulässigkeit gegenüber der vorhandenen Natur grundsätzlich daraus, daß sie deren faktische theoretisch-empirische Zufälligkeit gar nicht in Frage stellen oder daß sie anerkennen, daß der Verstand die empirische Natur „zugleich objektiv als zufällig" akzeptiert (U XXXVI). So ist ihr Geltungsanspruch vom Anfang her nur der einer subjektiven Notwendigkeit, ein transzendental subjektiver.

Aber wenn damit auch dessen Zulässigkeit gegenüber der Objektseite, die er betrifft, gesichert ist, so ist es seine Statthaftigkeit in bezug auf die Subjektseite, die er angeht, noch nicht. Er schlägt sich nach dieser als teleologisch reflektierender Urteilskraft in der Feststellung nieder: Der Verstand bedarf über seine objektiven Gesetze hinaus „noch einer gewissen Ordnung der Natur in den besonderen Regeln derselben, die ihm nur empirisch bekannt werden können, und die in Ansehung seiner zufällig sind. Diese Regeln, ohne welche kein Fortgang von der allgemeinen Analogie einer möglichen

Erfahrung überhaupt zur besonderen stattfinden würde, muß er sich als Gesetze (d. i. als notwendig) denken: weil sie sonst keine Naturordnung ausmachen würden, ob er gleich ihre Notwendigkeit nicht erkennt, oder jemals einsehen könnte." (U XXXV) Dieser Feststellung ist zweierlei zu entnehmen: Der Anspruch der teleologischen Urteilskraft beruht auf einem Bedürfnis des Verstandes, der Anspruch der teleologischen Urteilskraft äußert sich infolgedessen als „subjektives Prinzip (Maxime) der Urteilskraft". Von seiten der ästhetisch reflektierenden Urteilskraft nimmt der genannte Anspruch die Form an: Daß „ein Gefühl der Lust (folglich gar kein Begriff) ... durch das Geschmacksurteil, gleich als ob es ein mit dem Erkenntnisse des Objekts verbundenes Prädikat wäre, jedermann zugemutet und mit der Vorstellung desselben verknüpft werden soll", und zwar darum, „weil der Grund zu dieser Lust in der allgemeinen, obzwar subjektiven Bedingung der reflektierenden Urteile, nämlich der zweckmäßigen Übereinstimmung eines Gegenstandes (er sei Produkt der Natur oder der Kunst) mit dem Verhältnis der Erkenntnisvermögen unter sich, die zu jedem empirischen Erkenntnis erfordert werden (der Einbildungskraft und des Verstandes), angetroffen wird" (U XLVI f.). Auch der Form dieser Feststellung ist zweierlei zu entnehmen: Der Anspruch der ästhetisch reflektierenden Urteilskraft beruht allein auf einem Bedürfnis der ästhetisch reflektierenden Urteilskraft selber; der Anspruch der ästhetisch reflektierenden Urteilskraft äußert sich darum auch wiederum allein in einem Postulat derselben.

Der Unterschied, der sich darin in Rücksicht auf die Grundlage und die Art des Anspruchs zwischen der teleologischen und der ästhetischen Urteilskraft abzeichnet, ist für deren Geltungscharakter schwerwiegend.

Es wird nämlich daraus kenntlich, daß die teleologische Urteilskraft sich zwar die Art und Weise ihres Verfahrens immer und ausschließlich nur selbst bestimmt, als reflektierende nämlich, daß sie aber das treibende Interesse dieser Reflexion dem theoretischen Interesse, dem Vernunftinteresse überhaupt, verdankt.

Die ästhetische Urteilskraft dagegen bestimmt sich nicht nur die Weise des Verfahrens der Reflexion allein, sondern auch den Sinn derselben, und bestimmt ihn wiederum nur als Reflexion. So ist das Ziel der teleologisch reflektierenden Urteilskraft insgesamt die reflektierende Erweiterung des gegebenen Erkenntniszusammenhanges. Das Ziel der ästhetisch reflektierenden Urteilskraft aber ist nichts anderes als die ästhetisch reflektierende Urteilskraft oder die ästhetische Reflexion.

Aus der Unterordnung des Interesses der teleologisch reflektierenden Urteilskraft unter das allgemeine Erkenntnisinteresse der theoretischen Vernunft folgt dreierlei:

Es folgt zuerst: Von der Zielbestimmung der teleologischen Urteilskraft her ist diese zum einen immer „vermengt mit einem anderen Erkenntnisvermögen" (U E E 243). Sie ist, von da aus betrachtet, als teleologische Urteilskraft„ gar kein besonderes Vermögen", weil sie ihrer Anwendung nach „zum theoretischen Teile der Philosophie gehört" (U LII). In dieser Anwendung verfährt sie auch ganz wie die bloße theoretische Vernunft in ihren transzendenten (nicht bestimmenden) Begriffen und verfolgt wie diese das Ziel der Errichtung einer vollständigen und durchgehenden systematischen Einheit aller Erkenntnis. Sie stellt dabei ein „Gesetz der Spezifikation der Natur in Ansehung ihrer empirischen Gesetze auf", das dem Verstand zum Leitfaden der Suche einer „erkennbaren" systematischen Ordnung der Natur und aller Erkenntnisse dienen soll (U XXXVI).

Zweitens folgt: Auf Grund ihrer Vermischung mit dem Vermögen der theoretischen Vernunft überhaupt bedürfen die der reflektierenden Urteilskraft entspringenden Prinzipien der Reflexion auch keiner eigenen Deduktion. Denn es gilt für sie jene transzendentale Deduktion, welche die bloße theoretische Vernunft ihren Ideen als Ordnungsprinzipien der Erkenntnis zu geben vermag. Das will sagen: Da die reflektierende Urteilskraft sich ausschließlich in der Weise der Reflexion auf Begriffe bezieht, werden diese durch sie auf sich selbst zurückbezogen, und das heißt, zu Zwecken. Im so entspringenden Zweck aber, „der Möglichkeit des

Dinges selbst nach einem Begriff von ihm", und folglich auch, in der Zweckmäßigkeit der Natur nach dem reinen „Begriff von Gegenständen des möglichen Erfahrungserkenntnisses überhaupt", findet die bloße theoretische Vernunft durch die Urteilskraft Erklärungsideen der Natur als ganzer (U XLIX, XXVIII). Die bloße theoretische Vernunft schließt diese folglich auch in die ihr eigene Rechtfertigung ihrer transzendenten Begriffe mit ein und sichert ihnen dieselbe Rechtmäßigkeit wie den Ideen, die Rechtmäßigkeit subjektiv allgemeingültiger Methodenprinzipien. Sie sichert sie damit als Prinzipien von regulativer Geltung, als heuristische Fiktionen und als allgemeingültige Maximen der Methodenanordnung empirischer Erkenntnis. Sie gewährleistet also eine Betrachtung der gesamten empirischen Erfahrung, als ob die Natur aus jenen Prinzipien als ihren letzten Zwecken entsprungen wäre.

Es folgt drittens: In dieser ihrer Verbindung mit dem allgemeinen Erkenntnisinteresse der theoretischen Vernunft überhaupt, in welchem sie Prinzipien der Systematik und der Zweckmäßigkeit der Natur gründet, entwirft sie einen Naturzusammenhang, in dessen Gefolge die Natur von ihr wie ein Produkt der Technik beurteilt wird. Sie erhebt also „a priori die Technik der Natur zum Prinzip ihrer Reflexion" und vereinigt in diesem das Prinzip der Zweckmäßigkeit und der Systematik zu einem „Prinzip a priori für die Möglichkeit der Natur" (U E E 214, XXXVII). Sie hat damit freilich nur ein subjektives Prinzip. Sie schreibt also mit ihm „nicht der Natur (als Autonomie), sondern sich selbst (als Heautonomie) für die Reflexion über jene, ein Gesetz" vor (U XXXVII).

So konstituiert sie als teleologische Urteilskraft in keiner der herangezogenen Rücksichten einen eigenen Gegenstand und eine eigene Erkenntnis. Sie rechtfertigt lediglich a priori ein subjektiv allgemeingültiges Verfahren der Anordnung von Gegenständen und Erkenntnissen im Sinne der Maxime ihrer systematischen Einheit, ihrer Zweckmäßigkeit und ihrer technischen Verfügbarkeit. Sie urteilt also nicht konstitutiv durch Gesetze, sondern beurteilt regulativ nach Maximen, ohne sich durch diese, da sie ihr als die der allgemeinen theoretischen Vernunft vorgegeben sind, als ein eigenständiges Vermögen ausweisen zu können.

Anders stellt sich die Frage nach der ästhetisch reflektierenden Urteilskraft. Da von ihr festgehalten wurde, daß sie ihr Ziel in nichts anderem haben kann als wiederum in der ästhetischen Reflexion, d. i. in ihr selbst, so gilt von ihr:

Sie kann, wenn sie überhaupt als transzendentales Vermögen anzusehen ist, nicht in Zusammenordnung mit einem anderen transzendentalen Vermögen stehen. Sie kann darum auch kein transzendentales Interesse haben, aus dem ihre Befugnis abzuleiten wäre. Sie muß folglich ein eigenes interessefreies transzendentales Vermögen darstellen.

Als eigenständiges interessenloses transzendentales Vermögen bedarf sie auch einer eigenen, von der anderer Vermögen unabhängigen, Deduktion ihrer Leistungsfähigkeit und ihrer transzendentalen Geltung.

Da zu einer solchen Deduktion der Nachweis ihres transzendentalen Gegenstandsbezuges gehört, verlangt dies den Erweis eines nur ihr eigenen und durch sie bestimmten Gegenstandes.

Die Frage nach der ästhetisch reflektierenden Urteilskraft als transzendentalem Vermögen stellt sich demnach zuerst als die, ob es ein solches Vermögen der ästhetischen Reflexion als eigenständiges transzendentales Vermögen überhaupt gibt. Sie läßt sich naturgemäß nur aus der Beantwortung der Vorfrage auflösen, „ob es überhaupt eine solche Vorstellung der Zweckmäßigkeit gäbe", die als ästhetische gekennzeichnet werden muß und mit Notwendigkeit auf ein entsprechendes Vermögen zurückweist (U XLIV). Eine derartige Vorstellung der Zweckmäßigkeit wurde aufgewiesen in der Vorstellung eines Gegenstandes, „die unmittelbar mit dem Gefühl der Lust verbunden ist" (U XLIV). Es hat sich überdies gezeigt, daß diese vorliegende Vorstellung mit dem Anspruch der Allgemeingültigkeit verbunden ist. Infolgedessen muß auf ein Vermögen zurückgeschlossen werden, das sie und ihren Anspruch zureichend erklärt.

Dieses Vermögen muß vom Anspruch her charakterisiert

sein als ein transzendentales Vermögen der Auffassung der sinnlichen Form eines Gegenstandes unabhängig von aller sinnlichen Form eines Gegenstandes, unabhängig von aller Erkenntnis desselben als Objekt. Als Vermögen, das dazu in der Lage ist, kommt in der Hierarchie der Vermögen allein die Einbildungskraft in Frage. Sie kommt aber nur in Frage, wenn sie die aufgefaßte Form allein auf sich, die Einbildungskraft, bezieht. Die Einbildungskraft muß daran als das sie auffassende Vermögen und das sie auf sich beziehende Vermögen für jene Form angesetzt werden. Indem sie aber jene Form auf sich beziehen muß, muß sie sie zwangsläufig mit sich als Maßstab, mit der Leistung der Einbildungskraft als Maßstab, vergleichen. Diese Leistung ist aber, „Anschauungen auf Begriffe zu beziehen" (U XLIV). Sie findet, wie gesagt wurde, interesselos, und d. h. absichtslos, statt. In dem die Einbildungskraft die aufgefaßte Form mit dieser ihrer absichtslosen Leistung vergleicht, bemißt sie sie nach der Eignung zur Beförderung bzw. zur Hemmung dieser ihrer eigenen Funktion. Sie bemißt sie im Hinblick auf ihre Zweckmäßigkeit zur Beförderung oder Hemmung der Einstimmigkeit unter den Funktionen der Einbildungskraft. Insofern die Beförderung dieser „Einstimmung" der Einbildungskraft mit sich selbst, d. h. ihres Verfahrens, a priori Anschauung auf Begriffe zu beziehen, Lust erweckt, wird durch diese Lust die Eignung, die Zweckmäßigkeit, jener aufgefaßten Vorstellung für die Beförderung der Einstimmung der Funktionen der Einbildungskraft mit sich selbst a priori feststellbar. Da diese Lust aber hinwiederum nur die Lust der Einbildungskraft an ihrer Einhelligkeit als Einbildungskraft und dem Zusammenhange ihrer Funktionen ist, d. h. da sie eine begriffsfreie Reflexion der Einbildungskraft auf sich selbst darstellt, so drückt sie grundsätzlich das zweckfreie Urteil über das zweckfreie Zusammenstimmen der Leistungen der Urteilskraft mit sich selbst aus. Und sie drückt im gegebenen Bezug die Art, die Regel des Zusammenstimmens, aus, die gelegentlich der Auffassung der Form jener Vorstellung auftritt. Sie beurteilt damit die Zweckmäßigkeit dieser Form nach dem Maßstab ihrer selbst und durch die Reflexion auf sich selbst. Sie erweist sich darin als gänzlich eigenständiges Vermögen, das in seiner Leistung, im Maßstab dieser Leistung und im Geltungsrang dieser Leistung vollständig selbstbezogen ist. Als transzendentale Rekonstruktion über dem vorfindlichen empirischen Vermögen tritt die ästhetische Urteilskraft notwendig als „ein besonderes Vermögen, Dinge nach einer Regel, aber nicht nach Begriffen zu beurteilen", vor Augen (U LII).

In dieser ihrer Eigenständigkeit verlangt die ästhetische Urteilskraft auch nach einer eigenen Deduktion ihrer Leistungsfähigkeit und ihrer Geltungen. Da sie dazu nicht auf ein das Vermögen bestimmendes Interesse rekurrieren kann, muß diese Deduktion allein von dem ausgehen, worin ihre Leistung faßbar und ihr Geltungsanspruch feststellbar wird. Dies ist das ästhetische Urteil und der mit ihm verbundene Allgemeingültigkeitsanspruch.

Diesem Anspruch der ästhetischen Urteilskraft als transzendentalem Vermögen kann nur durch die Analytik und durch die Deduktion der nunmehr umrissenen Idee derselben nachgekommen werden.

Die erstere ist nach dem methodischen Ansatz der Transzendentalphilosophie als Analytik der ästhetischen Urteile zu vollziehen. Die zweite hat wie jede transzendentale Deduktion den Erweis eines Gegenstandsbezuges dieser Urteile zu erbringen. Da es sich dabei nur um den Nachweis der subjektiven Allgemeingültigkeit ästhetischer Urteile handelt, ist die Aufgabe dieser Deduktion die des Erweises einer subjektiv allgemeingültigen Gegenständlichkeit der ästhetischen Urteile a priori.

§ 16 Das Schöne

Aus der voraufgehenden transzendentalen Rekonstruktion der Idee des Vermögens der ästhetischen Urteilskraft geht hervor, die eigentümliche Konstitutionsleistung der ästhetischen Urteilskraft muß sich in einer ihr eigentümlichen Gegenständlichkeit ausweisen. Die ihr eigentümliche Gegenständlichkeit sind das Schöne und das Erhabene. Da ein Vermögen für die Transzendentalphilosophie nichts anderes ist und sein kann als das, als was es sich durch seine transzendentale Leistung ausweist, muß die transzendentale Analyse der ästhetischen Urteilskraft als die des Schönen und Erhabenen stattfinden. Das Leistende dieser Leistung hat sich aber unmittelbar als das ästhetische Urteil herausgestellt. Die Analytik der ästhetischen Urteilskraft muß deshalb als Analytik des Schönen und Erhabenen zur Analytik des ästhetischen Urteils werden.

Im Bezug auf dieses ästhetische Urteil haben sich aber im Entwurf der Idee der ästhetischen Urteilskraft schon grundlegende Momente seiner Konstitutionsleistung herausgeschält. Sie können daher als Leitfaden des Ansatzes der Analyse genommen werden. Sie besagen im Hinblick auf die Analytik des Schönen, die hier allein in Rede stehen soll: Das ästhetisch reflektierende Urteil ist ein Geschmacksurteil, es ist kein theoretisches und kein praktisches Urteil. Es ist ein allgemeingültiges Urteil, es ist kein theoretisch allgemeingültiges Urteil und kein praktisch allgemeingültiges Urteil. Es ist ein Zweckurteil, es ist kein teleologisches Urteil und kein praktisches Urteil. Es ist ein subjektiv notwendiges Urteil, d. h. ein setzendes Urteil, es ist kein theoretisch objektiv setzendes und kein praktisch objektiv setzendes Urteil.

An den herausgehobenen Momenten wird sichtbar, daß sie sich als Entsprechungen zu den bestimmenden Momenten der Gruppe der Urteilsfunktionen in der transzendentalen Analytik der Urteile überhaupt ergeben. Sie müssen folglich auch die charakteristischen Urteilsfunktionen der ästhetischen oder Geschmacksurteile anzeigen. Gemäß dem veränderten Beziehungsbereich gegenüber den beiden anderen Kritiken stellen diese Funktionen des ästhetischen Urteils sich in der Reihenfolge der Momente Qualität, Quantität, Relation und Modalität dar.

In dieser Reihenfolge bieten sie Leitlinien, nach denen die transzendentale Funktionsanalyse des Geschmackurteils als transzendentale Analyse des Schönen sich vollziehen muß.

In bezug auf die Qualitätsbestimmung unterscheidet sich

die ästhetische Urteilsfunktion von allen transzendentalen Urteilsfunktionen anderer Bereiche darin ausschlaggebend, daß sie grundlegend als ästhetische bestimmt ist. Die Analyse dieser Grundbestimmung des ästhetischen Urteils seiner Qualität als ästhetischem nach erbringt:

Im Geschmacksurteil wird seiner Qualität nach jede Vorstellung (unabhängig davon, auf welchen Gegenstand sie sich bezieht) durch die Einbildungskraft auf den Zusammenhang aller Vermögen in der Einbildungskraft bezogen, und durch das Gefühl der Lust und Unlust wird der Zustand beurteilt, in welchen das Subjekt, d. h. der Zusammenhang seiner Vermögen, dadurch versetzt ist. Als ein Urteil der Lust oder Unlust ist es weder ein Erkenntnisurteil, denn es bezieht die aufgefaßte Vorstellung nicht auf ihren Gegenstand, noch ein interessiertes Urteil, denn es bezieht die Vorstellung auf kein Bedürfnis. Weil das Geschmacksurteil nicht auf Erkenntnis gerichtet ist, bezieht es sich weder auf einen theoretischen noch auf einen praktischen Gegenstand, und weil es nicht interessiert ist, bezieht es sich weder auf Zwecke der einen noch auf solche der anderen Art. Eben darum bezieht es sich auch weder auf die theoretische noch auf die praktische Existenz eines Gegenstandes. Es ist ein Urteil interessefreien Wohlgefallens und beruht sowohl auf der Ausschaltung des Erkenntnisbezuges als auch des Interessenbezuges. Es bestimmt mit dieser Ausschaltung seine Eigenständigkeit innerhalb der Wohlgefallensurteile überhaupt.

So unterscheidet es sich von den Wohlgefallensurteilen des Angenehmen und des Guten jeweils auf doppelte Weise. Denn das eine ist daran kenntlich, daß es einmal die Empfindung als „eine objektive Vorstellung der Sinne" auf den Gegenstand der Sinne bezieht und zum anderen „durch Empfindung eine Begierde" nach dem Gegenstande, eine Beziehung „seiner Existenz auf meinen Zustand" erregt (U 9). Das Wohlgefallensurteil über das Gute ist dadurch charakterisiert, daß es sich, ob es sich auf das mittelbar Gute, das Nützliche, oder das schlechthin Gute bezieht, immer auf einen Begriff richtet und daß es notwendig ein Interesse „am Dasein eines Objekts oder einer Handlung" enthält (U 10).

Wie weit also auch das Wohlgefallen am Angenehmen und das Wohlgefallen am Guten voneinander unterschieden sein mögen, von ihnen beiden ist das Wohlgefallen am Schönen nach den angegebenen Maßstäben wiederum gänzlich unterschieden.

Denn das Wohlgefallen am Schönen muß gleichermaßen von der Beziehung auf einen Gegenstand durch die bloße Empfindung, die zu gar keinem Begriffe führt, sondern zum bloßen Interesse an seiner Existenz, wie von der Beziehung auf einen Gegenstand durch die bloße Vernunft, die über den reinen Begriff führt, und zum Interesse an der Existenz seines Gegenstandes abgetrennt werden. Es beruht auf der „Reflexion über einen Gegenstand, die zu irgendeinem Begriffe (unbestimmt welchem) führt", hat also eine unbestimmte Beziehung auf einen Begriff und bedeutet nichts über sich hinaus, hat also gar keine Beziehung auf die Existenz eines Gegenstandes (U 11).

An der Unterscheidung des Wohlgefallens am Schönen gegenüber dem Wohlgefallen am Angenehmen und dem am Guten tritt die Eigenart des Geschmacksurteils nach seiner Qualität als ästhetisches deutlich ins Licht. Es zeigt sich in ihr als erkenntnisloses und interessefreies Urteil, als „uninteressiertes und freies Wohlgefallen". Diese seine Bestimmung als interessefreies Wohlgefallen kennzeichnet sowohl seine Beziehung auf seinen Gegenstand als auch auf das Subjekt. Nach der ersten Richtung gilt: „kein Interesse, weder das der Sinne noch das der Vernunft, zwingt den Beifall ab" (U 15). Nach der anderen Richtung ist zu sagen: Es erzwingt weder Neigung noch fordert es Achtung, es erwirbt sich nur „Gunst". So ist es über kein Bedürfnis durch die Existenz des Gegenstandes erzwungen und kann darum als Urteil über den Gegenstand völlig frei sein. Es läßt uns sogar „Freiheit, uns selbst irgendworaus einen Gegenstand der Lust zu machen" (U 15). So zwingt es dem Subjekt „den Beifall" nicht ab, sondern erwirbt sich nur freie Zustimmung des Subjekts. Das ästhetische Urteil hat nur statt, wo, nach der Objektseite gesehen, jede Bedeutung ausfällt. Ästhetische Urteile „bedeuten nichts" in dem angegebenen Sinne (U 11).

Und es tritt nur ein, wo nach der Subjektseite „das Bedürfnis befriedigt ist" und schweigt. „Denn Gunst ist das einzige freie Wohlgefallen." (U 15)

Das ästhetische Urteil als Urteil freien Wohlgefallens hat seinen Gegenstandsbezug im Nichtsbedeutenden, im nur Sichselbstbedeutenden, im Vollendeten, mit dem es nur „spielt", ohne sich an es zu hängen. Es hat seinen Subjektbezug im freien Spiel der Vermögen zur freien Einheit derselben. Es hat seinen Geltungsbezug im freien Wohlgefallen der Gunst, im freien Spiel der Übereinstimmung. Seine Freiheit ist die Freiheit des Vollendeten, und seine Vollendung ist die Vollendung des Spiels und der Gunst.

In ihr drückt sich die Eigenart des Menschlichen als die der spezifisch menschlichen Vollendung aus. Denn während Annehmlichkeit auch für vernunftlose Tiere besteht und das Gute für jedes vernünftige Wesen überhaupt gilt, ist die „Schönheit nur für Menschen", d. i. für ein tierisches, aber doch vernünftiges Wesen (U 15). In der Schönheit trifft der Mensch auf das Vollendete als auf seine spezifisch menschliche Vollendung und die zugehörige spezifisch menschliche Freiheit.

Daraus folgt als das erste Resultat der transzendentalen Analyse der ästhetischen Urteilskraft und des Schönen: „Geschmack ist das Beurteilungsvermögen eines Gegenstandes oder einer Vorstellungsart durch ein Wohlgefallen oder Mißfallen ohne alles Interesse. Der Gegenstand eines solchen Wohlgefallens heißt schön." (U 16)

In bezug auf die Quantitätsbestimmung des Geschmacksurteils muß aus seiner voranstehenden Festlegung als interesseloses Wohlgefallen gefolgert werden: Wenn das Schöne das ist, was ohne Beziehung auf einen Begriff, ohne Beziehung auf Interesse und Bedürfnis, ohne Beziehung auf die Existenz eines Gegenstandes wohlgefällt, wenn es das „freie Wohlgefallen" an einem Gegenstande darstellt, so kann es unter keinen „Privatbedingungen" einerseits und unter keiner objektiven Gültigkeit andererseits stehen und muß seiner Quantität nach doch allgemein sein.

Es unterscheidet sich in dieser Quantität der Allgemeinheit

ebenso vom Angenehmen, das seinen Anspruch auf Privatgefühl gründet und sich auch bloß auf die einzelne Person
einschränkt, wie vom Guten, das seine Gültigkeit „durch
einen Begriff als Objekt eines allgemeinen Wohlgefallens"
vorstellt und objektiv gilt (U 21).

Das Urteil über das Schöne impliziert in seiner Allgemeinheit, daß jedes Subjekt „jedermann ein ähnliches Wohlgefallen" im gegebenen Bezug unterstellt. Es ist ein Allgemeingül-
tigkeitsurteil, aber nicht, weil es kein Geschmacksurteil
wäre, sondern weil es kein Geschmacksurteil unter Privatbedingungen ist. Es ist ein Allgemeinurteil, nicht weil es ein Erkenntnisurteil oder ein praktisches Urteil ist, sondern als ob
es das eine oder andere wäre. Das ästhetische Urteil spricht
daher in Richtung auf den Gegenstand die Schönheit einem
Gegenstande zu, als ob Schönheit eine Beschaffenheit des
Gegenstandes wäre, sie spricht in Richtung auf das Subjekt diesem Urteil die Allgemeinheit zu, als ob es ein objektives Urteil wäre. Diese Eigenheit der Allgemeinheit des
ästhetischen Urteils läßt sich auch so fassen: Das ästhetische
Urteil geht ähnlich wie das Sinnenurteil einerseits nur von
dem unmittelbaren Augenschein aus, gleich als ob sein
Wohlgefallen von der Empfindung abhinge, und es geht
ähnlich wie das objektive Urteil auf Allgemeingültigkeit aus,
gleich, als ob seine Gültigkeit auf logischer Allgemeinheit be-
ruhte. Aber seine Zumutung der Allgemeinheit gründet
weder bloß eine „komparative Allgemeinheit" und „gene-
rale" Eigenschaft, d. i. empirische Regeln, noch schon objektive
Allgemeinheit und notwendige Gesetze, sondern allein „ästhetische Allgemeinheit" und „Gemeingültigkeit" (U 24, 20).
Diese Eigenart der Quantität des ästhetischen Urteils als
ästhetische Allgemeinheit findet einerseits darin ihren Ausdruck, daß sie das „Prädikat der Schönheit" nicht allgemein
mit dem Objekt, d. h. den Begriff des Objekts in seiner ganzen logischen Sphäre betrachtet, verknüpft. Denn im Blick
auf diese logische Quantität bleiben alle Geschmacksurteile
„einzelne Urteile" und erreichen die Quantität objektiv allgemeingültiger Urteile nicht. Die Eigenheit der Quantität der
ästhetischen Urteile als ästhetischer Allgemeingültigkeit drückt

sich andererseits darin aus, daß sie das Prädikat des Schönen jeweils „über die ganze Sphäre der Urteilenden" erstrecken, d. h. daß sie ästhetische Allgemeinheit als Quantiät in der Form der Gültigkeit für jedermann bei sich führen (U 24).

Diese ästhetische Allgemeinheit wird in jedem ästhetischen Urteil postuliert. Die Art, in der das geschieht, ist folgendermaßen zu umschreiben: Sie wird ihrer Beziehungslosigkeit zum Begriffe wegen nicht postuliert als „jedermanns Einstimmung", denn dies kann nur ein logisch allgemeines Urteil tun (U 26). Sie wird ihrer Beziehungslosigkeit zum Privatgefühl wegen postuliert als „allgemeine Stimme in Ansehung des Wohlgefallens" (U 25). Sie wird ihrer Beziehung zum Augenschein wegen postuliert als Einstimmigkeit. Sie wird ihrer Beziehung zur allgemeinen „Harmonie der Erkenntnisvermögen" wegen postuliert als ,Ansinnen an jedermann'.

Auf diese Art wird eine „allgemeine Stimme" postuliert, d. h. zur Idee erhoben, über die die Einstimmung zur Einsinnigkeit jedermann angesonnen wird. In dieser Idee ist die Idee der „Möglichkeit eines ästhetischen Urteils", d. i. die ästhetische Urteilskraft als Vermögen seiner transzendentalen Quantität nach selbst postuliert (U 26). Im Ansinnen der Einstimmung zur Einsinnigkeit ist die Art ausgedrückt, in welcher die postulierte Allgemeinheit sich ihrer Gültigkeit nach gewährleistet. An der Art, wie die postulierte Allgemeinheit ihre Gültigkeit zur Durchsetzung bringt, sind drei Aspekte zu unterscheiden:

Als Ansinnen der Allgemeinheit ist diese eine subjektive von der Art, daß sie ihre Geltung für jedermann nur durch freien Beitritt und freie Beistimmung von jedermann zu ihr, der postulierten Einheit, erhalten kann. Das ästhetische Urteil ist in dieser Hinsicht seiner Quantität nach freie Zustimmung von jedermann zur Allgemeinheit, freies Hinzutreten der Subjekte zur Allgemeinheit. Es kann seine Allgemeinheit nur durch allgemeine Gunst erweisen.

Als Ansinnen der Allgemeinheit ist diese ferner eine subjektive von der Art, daß sie ihren Geltungsanspruch auf nichts anderes gründen kann als auf die „allgemeine Mitteilungsfähigkeit des Gemütszustandes, welche als subjektive Bedingung des Geschmacksurteils zugrundeliegt" (U 27). In dieser Rücksicht ist die Allgemeinheit die freie allgemeine Mitteilbarkeit des Gemütszustandes, „der im Verhältnis der Vorstellungskräfte zueinander angetroffen wird, sofern sie eine gegebene Vorstellung auf Erkenntnis überhaupt beziehen" (U 28).

Als Ansinnen der Allgemeinheit ist diese zuletzt eine subjektive von der Art, daß sie ihren Geltungsgehalt, das, was sie zum Behufe der freien allgemeinen Beistimmung frei und allgemein mitteilt, als einen freien allgemeinen Sinn vorlegt. Dieser freie allgemeine Sinn ist freier allgemeiner Sinn in doppelter Hinsicht. Er ist eine in sich geschlossene, selbstbezogene bedeutungslose allgemeine Bedeutung. Er ist Sinn als allgemeines nichtsinnliches Vermögen. Er ist nach beiden Seiten der Sinn des begriffslosen allgemeinen freien Spiels der Erkenntniskräfte, die durch eine „Vorstellung ins Spiel gesetzt werden" (U 28). In der freien Allgemeinheit des Gemütszustandes des Spiels der Erkenntniskräfte, in der freien allgemeinen Mitteilbarkeit derselben, in der freien allgemeinen Zustimmungsmöglichkeit zu ihnen drückt sich die transzendentale Urteilsfunktion der Quantität ästhetischer Urteile aus. Wie die transzendentale Urteilsfunktion der ästhetischen Qualität, so macht auch die transzendentale Urteilsfunktion der ästhetischen Quantität das ästhetische Urteil erst zum ästhetischen und geht darum wie diese jedem vollzogenen ästhetischen Urteil, jeder Lust und Unlust, als transzendentale Bedingung vorher, denn wie jene die Festlegung der Qualität des Ästhetischen ist, ist diese die Festlegung der Quantität des Ästhetischen als einer solchen der Lust und Unlust.

Auf dieselbe Art aber wie sie das bestimmende Moment des ästhetischen Urteils als eines solchen ausmacht, macht sie auch das seines Gegenstandes, der Schönheit, aus. Darum muß gesagt werden im Hinblick auf die Quantität des ästhetischen Urteils: „Schön ist das, was ohne Begriff allgemein gefällt." (U 32)

Im Blick auf die Urteilsfunktion der Relation im Geschmacksurteil ist dieses nach allem Voraufgehenden als ein

Zweckurteil ohne Zweck anzusehen. Es ist damit nach der in der Relationsfunktion gestifteten Beziehung auf die gegenständliche Seite des Zweckurteils zu verstehen als die Urteilsbeziehung auf die Form eines Gegenstandes oder einer Vorstellung, die nur nach einem Zweckbegriff und nur von einem Willen ableitbar wäre, wenn sie ihrer Möglichkeit nach erklärt oder ihrer Wirklichkeit nach hervorgebracht werden sollte, die wir aber nach der einen und von dem anderen nicht ableiten brauchen, weil wir uns weder erklärend noch wollend, sondern nur reflektierend auf sie im ästhetischen Urteil beziehen. Diese Relation des Zweckes ohne Zweck auf eine gegebene Form ist deren Zweckmäßigkeit ohne Zweck oder die der ästhetischen Zweckmäßigkeit. Sie hat von der gegenständlichen Seite aus gesehen „nichts anderes als die Form der Zweckmäßigkeit eines Gegenstandes (oder der Vorstellungsart desselben) zum Grunde" und keine Beziehung auf einen subjektiven oder objektiven Zweck (U 34).

Nach der in der Relationsfunktion gestifteten Beziehung auf die Subjektseite des Zweckverhältnisses ohne Zweck ist das Geschmacksurteil auf das „Bewußtsein der bloß formalen Zweckmäßigkeit im Spiele der Erkenntniskräfte des Subjekts bei einer Vorstellung" bezogen, oder da dieses die Lust ist, auf die Lust (U 37). Diese ist zwar in keiner Rücksicht praktisch, aber sie hat gleichwohl Kausalität a priori in sich, eine auf sich selbst zurückbezogene, nämlich auf „den Zustand der Vorstellung selbst", auf die Zweckmäßigkeit der Form derselben und „die Beschäftigung der Erkenntniskräfte", d. i. auf die Zweckmäßigkeit des Spiels desselben „ohne weitere Absicht", d. h. wiederum darauf, die Zweckmäßigkeit im Sinne der Zweckfreiheit „zu erhalten" (U 37). Die Lust hat damit a priori reflektierende Kausalität. Identisch mit dem Bewußtsein der Zweckmäßigkeit des freien Spiels der Erkenntniskräfte gelegentlich der Zweckmäßigkeit der Form einer Vorstellung bestimmt sie a priori die eine und die andere Form der Zweckmäßigkeit zu sich selbst, zur Wiederholung ihrer selbst, zum Verweilen und damit sich selbst zum Verweilen bei sich.

Da dieses Verweilen, wie festgestellt, nur durch Reproduktion möglich ist, und zwar durch Reproduktion zur Reproduktion ihrer selbst, d. h. der Relation zwischen der Zweckmäßigkeit der Form des Gegenstandes und der Zweckmäßigkeit des freien Spiels der Erkenntniskräfte, so bestimmt sie sich in der Bestimmung zum Weilen a priori die Form ihres Gegenstandes als eigene. „Wir weilen bei der Betrachtung des Schönen, weil diese Betrachtung sich selbst stärkt und reproduziert." (U 37)

Im ästhetischen Urteil a priori konstituiert sich also a priori die Form des Gegenstandes, als Form der Zweckmäßigkeit, als reine Form, die mit keiner anderen zu verwechseln ist, als Form des Seins des Subjekts bei ihm, als Verweilform oder als ästhetische Form der Reproduktion des Spiels der Erkenntniskräfte. In ihr konstituiert sich also darum ebenso a priori die Form der Einheit der Erkenntniskräfte auf der Subjektseite als Zweckmäßigkeit, als reine Form, als Verweilform oder als ästhetische Reproduktionsform derselben. So als Verweilform konstituiert, ist das ästhetische Urteil Einheitsstiftung, die mit keiner theoretischen und mit keiner praktischen Einheitsstiftung zu tun hat. Ihre Einheitsstiftung ist die Stiftung freier Einheit der Zweckmäßigkeit. Sie hat ihr Schwergewicht danach einmal in der Freiheit der Zweckmäßigkeit und einmal in der Zweckmäßigkeit der Freiheit.

Ungeachtet der prinzipiellen Einhelligkeit dieser Einheitsstiftung legt sich dieselbe gemäß dieser zwiefachen Gewichtung in Richtung auf die Verschiedenheit des Mannigfaltigen der Sinne, das als raum-zeitliche Mannigfaltigkeit jeweils mehr als Unbewegtes und Ruhendes oder mehr als Bewegtes und Veränderliches auftreten kann, nach zwei Seiten aus. Sie legt sich entweder aus als Gestaltstiftung oder als Stiftung der Einheit des Spiels, jeweils mehr als räumliche oder mehr als zeitliche Verweileinheit. Deshalb kann Kant sagen: „Alle Form der Gegenstände der Sinne (der äußern sowohl als mittelbar auch der innern) ist entweder Gestalt oder Spiel." (U 42)

Gestalt und Spiel gründen folglich unterscheidbare Bereiche des Schönen und so auch unterscheidbare Bereiche der Künste, die eine den der bildenden Kunst, das andere den der Musik und des Tanzes. Die eine ästhetische Form der Zweckmäßigkeit drückt sich in der bildenden Kunst, zu der „Malerei, Bildhauerkunst, . . . Baukunst, Gartenkunst, sofern sie schöne Künste sind", gehören, wesentlich in der „Zeichnung" aus (U 42). Die andere Form der Zweckmäßigkeit drückt sich in dem anderen Bereich, zu dem Musik, Tanz usw. gehören, wesentlich in der Komposition aus. Darum gilt für die ästhetische Form der reinen Zweckmäßigkeit, für das also, was den „Gegenstand anschauungswürdig und schön" macht, nach den beiden Kunstbereichen: „die Zeichnung" in dem einen „und die Komposition in dem letzten machen den eigentlichen Gegenstand der reinen Geschmacksurteile aus" (U 42).

Die Einheit dieser verschiedenen Richtungen der Ausfaltung der ästhetischen Form, die als ästhetische Form der Zweckmäßigkeit von jeder anderen Form abgesetzt ist, liegt nicht nur darin, daß sie im Spiel der Gestalten und in der Gestalt des Spiels sich wiedertreffen, sondern auch und vor allem darin, daß beide nur Auslegungen der einen ästhetischen Einheitsfunktion des Mannigfaltigen im reinen Geschmacksurteil sind, die als eine „die schöne Form", die Zweckmäßigkeit der Form als solche, konstituiert. Sie, als die eine, muß als die freie Form des Formhaften, d. h. des raumzeitlich Geformten und daher als die freie Überformung der durch Raum und Zeit geformten Mannigfaltigkeit zur freien Form überhaupt angesehen werden.

Ein reines Geschmacksurteil hat deshalb, weil es seiner Form nach nur das frei überformte raum-zeitlich Geformte, d. h. „bloß die Zweckmäßigkeit der Form zum Bestimmungsgrunde hat" oder, weil es nur das „formale in der Vorstellung eines Dinges, d. i. die Zusammenstimmung des Mannigfaltigen zu Einem (unbestimmt, was es sein soll) gibt", seinen gegenständlichen wie seinen subjektiven Bezugspol nur in Gestalt und Spiel als freien Formen. Darauf beruht es als Allgemeingültigkeit des Wohlgefallens. Und es hat als reines Geschmacksurteil seinen gegenständlichen wie seinen subjektiven Bezugspol nur in der subjektiven Zweckmäßigkeit von Gestalt und Spiel zur freien Einheit der Vermögen. Darauf beruht die subjektive Allgemeinheit seines Wohlgefallens. Ein reines Geschmacksurteil ist deshalb ein vom Interesse der Sinne wie vom Interesse der Vernunft reines Urteil, und sein Gegenstand ist allein die reine Schönheit als freie Schönheit, so daß gilt: „In der Beurteilung einer freien Schönheit (der bloßen Form nach) ist das Geschmacksurteil rein." (U 49)

Da das Geschmacksurteil in den entwickelten Momenten der Subjektivität der Form, der Freiheit der Form und der Reinheit der Form, nur die Momente seiner Reinheit als Geschmacksurteil als die der zweckfreien Zweckmäßigkeit ausfaltet, so kann es nur darum zu tun sein, es unabhängig vom Interesse der Sinne wie vom Interesse der Vernunft zu halten, um es als reines Geschmacksurteil zu erhalten. Denn in Verbindung mit dem Interesse der Sinne, in Verbindung mit „Reiz und Rührung", wird aus den freien ästhetischen Urteilen das „materiale ästhetische Urteil". In Verbindung aber mit dem Interesse der Vernunft, in Verbindung mit der objektiven Zweckmäßigkeit als äußerer oder innerer, als Nützlichkeit oder Vollkommenheit, werden aus den reinen Geschmacksurteilen intellektuierte Geschmacksurteile. Beide Verbindungen, die mit den Sinnen wie die mit der Vernunft, vernichten „die Reinigkeit des Geschmacksurteils" (U 50). Beide vernichten an ihm das, was das ästhetische Urteil „einzig in seiner Art" macht (U 47).

Ungeachtet dessen stößt die Forderung der Erhaltung der Reinheit des ästhetischen Urteils in einem anzugebenden Bereich auf ein unüberwindliches Hindernis. In einem bestimmten Erfassungsbereich des Schönen kann die Reinheit seiner Form nicht erhalten werden, weil die Subjektivität seiner Form in ihm nicht erhalten werden kann. Dies ist der Fall im Bereich jener Gegenstände, die das, was sie ihrer subjektiven Form nach sind, was sie also als zweckfreie Zweckmäßigkeit sind, nur aus Zwecktätigkeit überhaupt oder durch Zwecktätigkeit des Menschen sind. An ihnen fällt die subjektive freie Form und die objektive Form aus dem bestimmten Zweck nicht oder nur scheinbar auseinander. Sie stehen aber als anhängende Geschmacksurteile und als unreine Geschmacksurteile hier nicht in Betracht. Das allein in Betracht stehende reine Geschmacksurteil ist im Unterschied zum anhängenden Geschmacksurteil seiner Relation nach ein solches ohne Begriff, und die Kausalität der freien Schönheit ist die freie Zweckmäßigkeit ohne Zweck und daher auch ohne jede Norm. Von ihr gilt: „Schönheit ist Form der Zweckmäßigkeit eines Gegenstandes, sofern sie ohne Vorstellung eines Zweckes an ihm wahrgenommen wird." (U 61)

Obgleich aber das ästhetische Urteil als reines Geschmacksurteil danach keine objektive Norm enthält, noch eines objektiven Prinzips fähig ist, führt es doch, wie sich gezeigt hat, Notwendigkeit bei sich. Denn es hat sich im Vorstehenden schon als notwendig ästhetisches, als notwendig subjektiv allgemeines, als notwendig formal zweckfreies Urteil nach seiner Qualität, Quantität und Relation erwiesen. Man denkt sich also vom Schönen, „daß es eine notwendige Beziehung auf das Wohlgefallen habe", man denkt sich von ihm, „daß jedermann dieses Wohlgefallen an dem von mir schön genannten Gegenstand fühlen werde", man denkt sich von ihm, daß es keine Zweckmäßigkeit bei sich führe, sofern darunter eine objektive Form zu verstehen ist, sondern daß es nur subjektiv notwendig und nicht gesetzlich, sondern „nur exemplarisch" notwendig sei (U 62).

Daraus ist zu ersehen, daß das Geschmacksurteil seiner transzendentalen Modalitätsfunktion nach ein notwendiges Urteil ist. Es ist aber auch daraus zu entnehmen, daß seine Notwendigkeit weder eine empirische noch eine solche objektiver Erkenntnis, noch eine von der Art praktischer Gesetze ist.

Sie bietet sich vom Schönen her gesehen als die Notwendigkeit einer Beziehung, die dieses auf das Wohlgefallen hat. Diese Beziehung ist Gefühl, also ist ihre Notwendigkeit in dieser Hinsicht Gefühlsnotwendigkeit. Sie bietet sich vom Subjekt aus dar als die Notwendigkeit der Beziehung, die dieses auf sich selbst hat. Diese Beziehung ist Einstimmung oder Einstimmigkeit der Vermögen mit sich selbst. Also ist ihre Notwendigkeit Stimmungsnotwendigkeit oder Sinnotwendigkeit, und zwar als die der Selbststimmung und des Selbstsinnes. Sie bietet sich vom Einzelurteil aus im Hinblick auf das Urteil von jedermann dar als die Beziehung, die eine freie Form, ein Beispiel freier Form, ein Beispiel einer Zweckmäßigkeit ohne Zweck, auf die Freiheit der Form überhaupt, auf die Zweckmäßigkeit ohne Zweck überhaupt, für jedermann hat. Diese Beziehung ist die eines Beispiels zu einer allgemeinen Regel, also ist ihre Notwendigkeit „exemplarische" Notwendigkeit.

Im Zusammenhang genommen und auf die letzte Beziehung zugespitzt, zeigt sich die Notwendigkeit des Geschmacksurteils als das Ansinnen eines erfaßten Sinnes (Vollendeten) als Beispiel des Sinnes (Vollendeten) für jedermann und an jedermann. Diese Notwendigkeit trägt als Ansinnen Forderungscharakter. Sie enthält ein Sollen. Von welcher Art ist die Notwendigkeit, die von diesem Sollen ausgeht?

Das Geschmacksurteil als für sich auf nichts deutende Bedeutung, als Sinn, als Stimmung, verlangt den Beitritt, die Beistimmung, den Beifall von jedermann, indem es sich als Beispiel der Regel des Sinnes, der auf nichts deutenden Bedeutung, der Zusammenstimmung von jedermann mit jedermann, ausweist.

Es wirbt darin um seine Anerkennung als Beispiel und stellt dieses Werben zugleich unter eine bestimmte Bedingung, die Bedingung nämlich, unter der es allein als Beispiel anerkannt werden kann. Es kann nur um die Anerkennung von jedermann als Beispiel werben, wenn jedermann „dazu einen Grund hat, der allen gemein ist" (U 63). Dieser Grund als Grundlage kann einerseits nur die Regel selbst sein, für die es Beispiel ist und kann andererseits als diese nur ein Vermögen als allgemeines Vermögen, ein Sinn als allgemeines Vermögen, ein Sinn für den allgemeinen Sinn sein.

Dem Geschmacksurteil entspringt also die Forderung, ein subjektives Prinzip, ein transzendentales Vermögen, anzunehmen, „welches nur durch Gefühl und nicht durch Begriffe, doch aber allgemeingültig bestimme, was gefalle oder mißfalle. Ein solches Prinzip aber könnte nur als Gemeinsinn angesehen werden, welcher vom gemeinen Verstande, den man bisweilen auch Gemeinsinn (sensus communis) nennt, wesentlich unterschieden ist: indem letzterer nicht nach Gefühl, sondern jederzeit nach Begriffen ... urteilt." (U 64) Nur über ihn kann sich ein einzelnes und begrenztes Geschmacksurteil, ein einzelner und begrenzter Gemütszustand, „die Stimmung der Erkenntniskräfte zu einer Erkenntnis", als Fall der Regel, als Beispiel des Gemeinsinnes überhaupt, mitteilen lassen (U 65).

Das Problem dieser Forderung, die mit jedem Geschmacksurteil unvermeidlich verbunden ist, ist offensichtlich nicht das der notwendigen Geltung für das urteilende Subjekt. Denn vor ihm weist es sich unmittelbar als geltend im Vollzug aus. Das Problem dieser Forderung ist vielmehr die Zumutung dieses Sinnes für Sinn überhaupt durch Verweis auf ein Beispiel für jedermann. Sie, die mit der Zumutung, daß jedermann das transzendentale Vermögen der Urteilskraft habe, identisch ist, ist theoretisch und praktisch grundlos und damit überhaupt grundlos. Daher ist sie die grundlose Forderung nach dem Sinn als grundlose Forderung nach der ästhetischen Urteilskraft, in der ein Subjekt sich selber grundlos, d. h. ohne Begriff als Subjekt, versteht, vermittelst eines Anspruchs darauf. Diese Forderung erweist sich dadurch als die grundlose, d. h. selbstverständliche Zumutung eines Sinnes für Selbstverständliches über ein Beispiel des Selbstverständlichen.

Die Berechtigung dieser Forderung kann nur frei gewährt, sie kann nicht erzwungen werden. Die Forderung kann von jedermann, an den sie sich richtet, aber auch nur frei gewährt, sie kann nicht verweigert werden (sofern es sich um ein reines ästhetisches Urteil handelt). Sie kann also einerseits als Forderung des Selbstverständlichen nur die Notwendigkeit einer Werbung um Beistimmung und Beitritt zum Selbstverständlichen durch ein Beispiel sein. Sie kann von der anderen Seite nur der freie Beitritt zum Selbstverständlichen über die Anerkennung des Beispiels sein.

So ist die Modalität eines Geschmacksurteils die Notwendigkeit, die in einer Werbung für das Selbstverständliche durch ein Beispiel desselben steckt, und sie ist die Notwendigkeit des Beitritts zum Selbstverständlichen über ein Beispiel desselben, die in der Selbstverständlichkeit steckt. Die Notwendigkeit ist nach beiden Seiten die Notwendigkeit der Selbstverständlichkeit, und das Schöne ist der Gegenstand eines nach der Regel der Selbstverständlichkeit notwendigen Wohlgefallens: „Schön ist, was ohne Begriff als Gegenstand eines notwendigen Wohlgefallens erkannt wird." (U 68)

§ 17 Die Deduktion des ästhetischen Reflexionsverhältnisses

Aus dem Voranstehenden ist abzunehmen, daß das ästhetische Reflexionsurteil in seinem Bezug auf die zugehörige Gegenständlichkeit, das Schöne, dadurch ausgezeichnet ist, daß es das Schöne als einzelnen Fall bestimmt, der für jedermann notwendig gilt, da jedermann ihn für einen Fall nehmen muß, zu dem er die Regel kennt, der folglich Beispiel ist und als Beispiel allgemeingültig, weil die Regel, zu der er Beispiel ist, in jedermann als jedermanns eigene Subjektivität vorhanden ist. So nimmt das Geschmacksurteil über das Schöne jedermanns Zustimmung in Anspruch, indem es jedermanns Subjektivität in Anspruch nimmt durch ein Beispiel dieser Subjektivität und in dieser Inanspruchnahme zugleich subjektiv und allgemeingültig ist.

Diese Inanspruchnahme der Subjektivität durch das Geschmacksurteil in jedermann ist naturgemäß eine Inanspruchnahme der urteilenden Subjektivität. Das beurteilte Schöne wird folglich durch diese Inanspruchnahme der Subjektivität durch das ästhetische Urteil ein Beispiel für die Urteilskraft als Regel. Es gründet als Fall dieser Regel folglich nicht auf der Subjektivität überhaupt und nicht auf der Urteilskraft überhaupt, sondern auf der Subjektivität der Urteilskraft. Das letztere bedeutet: Das ästhetische Urteil über das Schöne ist ein solches, das nicht durch Begriffe bestimmt ist und mithin keine Objektivität in Anspruch nimmt. Die Inanspruchnahme der Urteilskraft oder des Vermögens, zu urteilen durch das Geschmacksurteil, ist deshalb auch eine solche in bezug auf die in ihm liegenden „subjektiven formalen Bedingungen eines Urteils überhaupt".

Das Vermögen zu urteilen, nur unter subjektiven und formalen Gesichtspunkten betrachtet, ist das Vermögen der Subsumtion der Einbildungskraft unter „die Bedingung, daß der Verstand überhaupt von der Anschauung zu Begriffen gelangt" (U 146). Dies will heißen, die Leistung der Urteilskraft, sofern diese nur subjektiv und formal in Betracht steht, ist die, eine Vorstellung vermittelst der Einbildungskraft unter die Regel der Tauglichkeit zu Begriffen zu subsumieren, oder die, sie „ohne Begriff" zu schematisieren, oder die, sie nur auf Schematisierbarkeit zu schematisieren.

Schematisiert die Einbildungkraft aber nur auf sich selbst, nur auf Schematisierbarkeit, wird sie selbst zum einzigen Bezugspunkt ihrer Leistung, wird ihre Schematisierbarkeit zum alleinigen Maßstab, so bestimmt sich die Einbildungskraft nur durch sich selbst in ihrem Tun, d. h. sie bestimmt sich völlig frei, und das Geschmacksurteil, das ästhetische Urteil über das Schöne, beruht auf nichts anderem als auf der Freiheit der Einbildungskraft. Es beruht auf der Einbildungskraft, welche sich allein durch freie Selbstbestimmung auf eine Wahrnehmung einerseits und auf den Verstand andererseits bezieht.

Infolgedessen ist das Geschmacksurteil seinem Gegenstandsbezuge nach ein solches, welches als Gefühlsurteil auf einem Gefühl beruht, das den Gegenstand nach Maßgabe „der Zweckmäßigkeit der Vorstellung" von ihm zur Beförderung des freien Spiels der Einbildungskraft und damit der Vermögen in der Einbildungskraft gibt, indem es ihn als zweckmäßig dazu beurteilt. Das Geschmacksurteil gibt den ästhetischen Gegenstand durch die Subsumtion der Vorstellung von diesem Gegenstand unter die Subsumierbarkeit des Vermögens der Anschauungen unter das Vermögen der Begriffe. Es gibt ihn also durch die Subsumierbarkeit der Vorstellung von ihm unter die Regel der Subsumierbarkeit überhaupt.

Diese Weise der Gebung eines Gegenstandes durch die Subsumtion seiner Vorstellung unter die Regel der Subsumierbarkeit überhaupt oder unter die Regel der freien Zusammenstimmung des Vermögens der Einbildungskraft „in seiner Freiheit" und des Vermögens des Verstandes „in seiner Gesetzmäßigkeit" ist eine im zwiefachen Sinne eigentümliche Setzungsweise.

Die eine dieser ihrer ausschlaggebenden Eigentümlichkeiten äußert sich darin, daß die Einbildungskraft im Geschmacksurteil über das Schöne dieses lediglich durch die Subsumtion der Wahrnehmung unter die Regel der bloßen Subsumtion und nach der Regel der bloßen Subsumtion gibt. Sie äußert sich mithin darin, daß in bezug auf das Schöne die Einbildungskraft zugleich als das Gebende, als die Regel der Gebung und als das Gegebene auftritt, indem „sie sich selbst subjektiv Gegenstand sowohl als Gesetz ist" (U 148).

Dies hat im Gefolge, daß die Subsumtion der Wahrnehmung unter die Einbildungskraft, d. h. unter die bloße Subsumierbarkeit nach der Regel der bloßen Subsumierbarkeit zugleich die Subsumtion der Einbildungskraft unter die Wahrnehmung, d. h. wiederum unter die bloße Subsumierbarkeit nach der Regel der Subsumierbarkeit ist. Es hat also die Folge, daß das Urteil über das Schöne notwendig ebenso gut die Auffassung des Schönen durch die Subsumtion einer Wahrnehmung unter die Einheit der Einbildungskraft wie die Darstellung des Schönen durch die Subsumtion der Vermögen nach der Regel der Einheit der Wahrnehmung unter eine Wahrnehmung ist. Daraus geht hervor: Auffassen und Darstellen des Schönen sind in der Setzung des ästhetischen Urteils über das Schöne als gleichrangig miteinander verbunden. Es bleibt dabei prinzipiell ohne Belang, ob die Beurteilung des Schönen aus seiner Darstellung hervorgeht und in seiner Auffassung mündet oder mit seiner Auffassung anhebt und in seiner Darstellung endet.

Die zweite dieser Besonderheiten der Setzungsweise des ästhetischen Urteils über das Schöne wird darin sichtbar, daß es seinen Gegenstand nur gibt, indem es sich selbst gibt und sich selbst nur gibt, indem es seinen Gegenstand gibt. Dies macht den Charakter des ästhetischen Urteils über das Schöne als Reflexionsurteil aus. Darin zeigt es sich nämlich als ein

Urteil, welches in sich kreist und dessen beiden gegenläufige Bewegungsseiten als jeweilige Reflexionen aufeinander anzusehen sind. Ist in diesem Verhältnis die eine der beiden Seiten die Wahrnehmung einer gegebenen sinnlichen Form als schön und die andere die Beurteilung eines gegebenen Zustands der Einheit der Vermögen als Lust, so ist die Lust als Urteil das Reflexionsurteil über das Wahrnehmungsurteil und das Wahrnehmungsurteil das Reflexionsurteil über die Lust.

Die erste dieser Besonderheiten kennzeichnet den Umstand, daß das ästhetische Reflexionsurteil über das Schöne zunächst grundsätzlich als ästhetisches Reflexionsverhältnis überhaupt oder als vollendetes endliches Verhältnis gelesen werden können muß. Dies meint, das ästhetische Reflexionsverhältnis muß prinzipiell sowohl als vollendet endliches Auffassungsverhältnis des Schönen als auch als vollendet endliches Hervorbringungsverhältnis desselben, sowohl als Urteilsverhältnis als auch als Produktionsverhältnis des Schönen, auftreten können.

Als vollendet endliches Verhältnis kann es dies nur, indem es als durch seinen Ausgangspunkt, die jeweilige Gelegenheitsursache, bestimmtes, also jeweils entweder nur als ästhetisches Auffassungsverhältnis, Urteilsverhältnis im engeren Sinne, oder nur als ästhetisches Hervorbringungsverhältnis, Produktionsverhältnis im engeren Sinne, vorkommt. Als vollendet endliches Verhältnis kann es dies aber auch nur, indem es, als reines Reflexionsverhältnis scheinbar ursprungslos als bestimmtes ästhetisches Auffassungsverhältnis jeweils auch auftritt, als ob es ein Produktionsverhältnis wäre, und als bestimmtes Hervorbringungsverhältnis jeweils auch auftritt, als ob es ein bloßes Auffassungsverhältnis wäre.

Aus der ersten dieser Besonderheiten des ästhetischen Reflexionsurteils über das Schöne, aus seiner Ausweitung als endlich vollendeten Reflexionsverhältnis überhaupt, folgt: Die Deduktion der ästhetischen Urteile hat zwei ausdrücklich voneinander zu unterscheidende Aufgaben. Sie muß einmal die Deduktion der Auffassung des Schönen sein, die Deduktion des ästhetischen Urteils im engeren Sinne. Sie muß zum anderen die Deduktion der Bedingungen der Möglichkeit der Hervorbringung des Schönen leisten oder die Deduktion der Bedingungen der Möglichkeit des ästhetischen Produktionsverhältnisses. Aus beiden Leistungen muß zudem abnehmbar werden, inwiefern das Naturschöne auf der einen Seite und das Kunstschöne auf der anderen erscheinen kann, als ob es Kunstprodukt wäre und als ob es Naturform darstellte.

Aus der zweiten dieser Besonderheiten wird erkennbar, auf welche Weise sich das ästhetische Urteil im engeren Sinne als Setzung erweist und auf welche Weise sich daher die Aufgabe der Deduktion des ästhetischen Auffassungsverhältnisses stellt.

Denn indem es immer Reflexionsurteil ist, d. h. nicht Urteil, sondern Beurteilung eines Urteils ist, ist das von ihm Gesetzte auch niemals ein Gegenstand im Wortsinne, sondern immer selber ein Urteil. In der Reflexion auf die Wahrnehmung, d. i. in der Lust, wird das ästhetische Wahrnehmungsurteil gesetzt, und in der Wahrnehmung des Schönen, d. h. in der Lust als Reflexion, wird das Urteil über die Einheit der Vermögen in der Einbildungskraft gesetzt. Lust setzt das Urteil, dieser Gegenstand ist schön, das ästhetische Wahrnehmungsurteil setzt das Urteil, dieser Zustand der Vermögen ist Lust.

§ 18 Die Deduktion der ästhetischen Urteile –
Die Auffassung des Schönen

Im ästhetischen Urteil im engeren Sinne stehen unter dem Aspekt seiner Setzung zwei Urteile als Seiten des Reflexionsurteils in Betracht. Sie prädizieren beide nichts von einem Gegenstand, sondern beide etwas voneinander. Das eine ist die Reflexion auf das andere, das andere die Reflexion auf das eine. In beiden Seiten der Reflexion wird weder Bezug auf das Subjekt noch auf das Prädikat des Urteils genommen, auf welches reflektiert wird. Es wird allein auf die Kopula Bezug genommen. Von der Kopula des Wahrnehmungsurteils wird durch die ästhetische Reflexion auf dasselbe die bloße Subsumierbarkeit unter die reflexive Einheit der Vermögen oder unter die Lust prädiziert. Von der Lust als der zweckfreien Einheit der Vermögen in der Einbildungskraft wird durch die ästhetische Reflexion deren Subsumierbarkeit unter die Regel der bloßen Wahrnehmbarkeit prädiziert. Beide werden durch diese Reflexion aufeinander aus ihrer ursprünglichen Bedeutung herausgesetzt und in eine neue umgesetzt. Denn als Urteil über die Kopula des Wahrnehmungsurteils setzt das ästhetische Reflexionsurteil das gesamte Wahrnehmungsurteil in einen Bezug zur Subjektivität als Lust und die Subjektivität als Einheit der Vermögen in einen Bezug zur Wahrnehmung als Reflexion auf die Einheit der Vermögen.

Beide werden nicht auf die gleiche Weise umgesetzt. Denn das Urteil als Reflexion auf das Wahrnehmungsverhältnis setzt dieses wirklich in ein ästhetisches Verhältnis um. Das Wahrnehmungsverhältnis als Reflexion auf die Lust setzt diese nur im Modus des Als-ob um.

Für beide aber gilt einheitlich, sie werden nicht mehr einseitig wie Fall von Erkenntnis und Gesetz für Erkenntnis aufeinander bezogen. Beide werden durch die Umsetzung wie Beispiel und Regel und Regel und Beispiel umseitig aufeinander bezogen, also umseitig wie Fall von Sinn und Sinn überhaupt.

Daraus ergibt sich für die Beleuchtung der Setzungsweise des ästhetischen Urteils über das Schöne: Das ästhetische Urteil über das Schöne setzt auf der Grundlage des Vorhandenseins eines Wahrnehmungsurteils dieses Wahrnehmungsurteil um. Es nimmt ihm durch die Beurteilung seinen Bezug auf wahr und falsch, es nimmt ihm durch jene die Bemessungsgrundlage durch die begleitende Einheit des Ich denke. Es gibt ihm statt dessen einen Bezug auf Lust und Unlust und gibt ihm die Bemessungsgrundlage durch die Einheit der Vermögen in der Einbildungskraft. Dies letztere aber so, daß Messendes und Bemessenes zwangsläufig ineinander übergehen, d. h. daß die Lust ebenso als „Begleitbewußtsein" des Wahrnehmungsurteils über das Schöne fungiert, wie dieses als Bemessungsgrundlage der Lust oder der Einheit der Vermögen in der Einbildungskraft.

So setzt das ästhetische Urteil über das Schöne, unmittelbar genommen, nur sich selbst, d. h. die beiden Seiten seiner selbst als Reflexionsurteil, und es setzt sie wie das Beispiel die Regel setzt und die Regel das Beispiel. Aber es setzt sich selbst nur auf der Grundlage und nur durch das Umsetzen von Wahrnehmungsurteilen.

Das letztere hat die Bedeutung, daß in dem durch die ästhetische Reflexion umgesetzten Wahrnehmungsverhältnis dieses zwar ebenso, wie die Lust als Reflexion auf es, als Reflexion auf die Lust angesehen werden muß, aber nicht wie diese im Modus des „Daß", sondern im Modus des „Als-ob" einer gegenständlichen Setzung.

Wird in diesem Verhältnis der schöne Gegenstand als das Beispiel genommen und die Lust als die Regel, so kann in Analogie zum Erkenntnisverhältnis gesagt werden: „Ohne irgendeinen Zweck oder Grundsatz zur Richtschnur zu haben, begleitet diese Lust die gemeine Auffassung eines Gegenstandes durch die Einbildungskraft, als Vermögen der Anschauung, in Beziehung auf den Verstand, als Vermögen der Begriffe, vermittelst eines Verfahrens der Urteilskraft, welches sie auch zum Behuf der gemeinsten Erfahrung ausüben muß: nur daß sie es hier, um einen empirischen objektiven Begriff, dort aber (in der ästhetischen Beurteilung) bloß, um die Angemessenheit der Vorstellung zur harmonischen (subjektiv-zweckmäßigen) Beschäftigung beider Erkenntnisvermögen in ihrer Freiheit wahrzunehmen, d. i. den Vorstellungszustand mit Lust zu empfinden, zu tun" hat (U 155). Wird aber die Lust als das Beispiel genommen, das Schöne demgegenüber als die Regel, so kann in der gegebenen Analogie gesagt werden, das Bewußtsein von Schönheit, das gegenständliche Bewußtsein im ästhetischen Sinne, begleitet die Auffassung von Lust als Regel der Einheit von Gegenständlichkeit überhaupt vermittelst eines Verfahrens des Urteilens, das als gegenständliches Urteilen zugleich reflektives Urteilen ist, nur daß es sich als Urteilen durch die Angemessenheit aller Prädikate zur Subsumierbarkeit unter die Regel der Subsumtion überhaupt oder durch die Angemessenheit aller Prädikate zur Subsumtion unter den freien Zufall als gegenständliche Form der freien Einheit auszeichnet, oder auftritt, als ob die Form des schönen Gegenstandes aus der Lust hervorginge.

Dieses Verhältnis des Erfassens des Schönen, in welchem Subjektbewußtsein und Gegenstandsbewußtsein in der bestimmten Bedeutung füreinander als Begleitbewußtsein auftreten und in welchem das Subjektbewußtsein das Bewußtsein des Gegenstandes nur setzt, insofern das Bewußtsein des Gegenstandes das Subjektbewußtsein setzt, bestimmt das ästhetische Urteil als synthetisches Urteil, das in allen seinen Beziehungen von der Synthesis nach der Art von Regel und Beispiel und Beispiel und Regel getragen ist.

Dieses Verhältnis der Erfassung des Schönen, in welchem Subjektbewußtsein und Gegenstandsbewußtsein in der gemeinten Bedeutung einander nachsichziehen als Gliedurteile des ästhetischen Reflexionsurteils, wodurch sich dasselbe zwangsläufig reproduziert, ist auf Grund dieser Selbstreproduktion überdies ein Urteil mit dem Anspruch der beliebigen Reproduzierbarkeit, d. h. ein Urteil mit dem Anspruch der Allgemeingültigkeit.

Es ist im Zusammenhang beider Seiten ein synthetisches Urteil a priori und bedarf als dieses der Rechtfertigung seiner Gültigkeit. Welche Eigenarten sich daher auch immer aus der zweiten aufgeführten Besonderheit des ästhetischen Urteils über das Schöne gegenüber dem Erkenntnisurteil ergeben haben, in diesem Punkte stimmt das ästhetische Urteil mit jenem schlechthin überein. Denn diese „Aufgabe der Kritik der Urteilskraft" gehört, soweit sie die Auffassung des Schönen betrifft, „unter das allgemeine Problem der Transzendentalphilosophie: Wie sind synthetische Urteile a priori möglich?" (U 149)

Dieser Aufgabe entledigt sich die Kritik der Urteilskraft durch den Verweis darauf, daß die Lust am Schönen für jedermann a priori zugänglich ist, weil sie auf denselben Bedingungen beruht, auf welchen grundsätzlich auch jede Erkenntnis beruht, oder weil sie jedermann in Anspruch nehmen kann, sofern sie von jedermann nur dessen Subjektivität in Anspruch nimmt, indem sie ihm das Schöne ansinnt. Entsprechend sagt Kant: „Diese Lust muß notwendig bei jedermann auf den nämlichen Bedingungen beruhen, weil sie subjektive Bedingungen der Möglichkeit einer Erkenntnis überhaupt sind, und die Proportion dieser Erkenntnisvermögen, welche zum Geschmack erfordert wird, auch zum gemeinen und gesunden Verstande erforderlich ist, den man bei jedermann voraussetzen darf. Eben darum darf auch der mit Geschmack Urteilende (wenn er nur in diesem Bewußtsein nicht irrt und nicht die Materie für die Form, Reiz für Schönheit nimmt) die subjektive Zweckmäßigkeit, d. i. sein Wohlgefallen am Objekte, jedem andern ansinnen und sein Gefühl als allgemein mitteilbar und zwar ohne Vermittlung der Begriffe annehmen." (U 155).

Dieses aus dem Reflexionsurteil über das Schöne hervorgehende Ansinnen der allgemeinen Mitteilbarkeit desselben ist das der Idee „eines gemeinschaftlichen Sinnes". Es ist, wie sich oben gezeigt hat, damit nichts weiter als das Ansinnen der Idee eines Sinnes für Reflexionsurteile, denn diese sind als sich reproduzierende solche der allgemeinen Mitteilbarkeit. Wird dieser angesonnene Sinn als Geschmack bezeichnet, so läßt er sich deshalb als „das Beurteilungsvermögen desjenigen, was unser Gefühl an einer gegebenen Vorstellung ohne Vermittlung eines Begriffs allgemein mitteilbar macht, definieren" (U 160).

Darum ist das Ansinnen des Geschmacks nichts weiter als das Ansinnen eines Sinnes für die allgemeine Mitteilbarkeit von Lust und Unlust. Es ist, anders gesagt, das Ansinnen, daß jedermann einen Sinn dafür habe, welche Reflexionsurteile als Urteile der Lust allgemein mitteilbar sind. „Der Geschmack ist also das Vermögen, die Mitteilbarkeit der Gefühle, welche mit gegebener Vorstellung (ohne Vermittelung eines Begriffs) verbunden sind, a priori zu beurteilen." (U 161) Ist er dieses Vermögen, so versteht sich seine Allgemeingültigkeit a priori von selbst. Denn das Vermögen der Beurteilung der allgemeinen Mitteilbarkeit des Gefühls, d. h. der Allgemeingültigkeit desselben, ist notwendig selber a priori ein allgemein mitteilbares Vermögen, d. h. ein allgemeingültiges Vermögen.

Daher lautet das Resultat der Deduktion des ästhetischen Urteils nach seiner ihrer ersten Seite: Das Reflexionsurteil über das Schöne ist a priori allgemeingültig, weil es auf nichts anderem als auf dem Vermögen der allgemeingültigen Beurteilung von ästhetischen Reflexionsurteilen oder Gefühlen der Lust und Unlust beruht oder weil die Bedingungen der Möglichkeit ästhetischer Reflexion zugleich die Bedingungen der Möglichkeit allgemeingültiger Reflexion sind.

Aus dieser Deduktion wird eine nochmalige Beleuchtung des ästhetischen Reflexionsurteils über das Schöne gewonnen. Sie zeigt uns dieses Urteil im Licht seiner Bedeutung als Urteil der allgemeingültigen Mitteilbarkeit von Gefühl und im Gefühl. Dies gilt notwendig für beide Seiten des Reflexionsverhältnisses, es gilt mithin für die Seite der Subsumierbarkeit des Naturgegenstandes unter die freie Einheit der Vermögen ebenso wie für die der Subsumierbarkeit dieser Einheit der Vermögen unter die zufällige Einheit des Naturgegenstandes.

Diese gegenseitige Mitteilbarkeit ist die der geschilderten Weise des Verhältnisses von Regel und Beispiel, von Beispiel und Regel, die des Sich-Äußerns der Regel im Beispiel und des Beispiels in der Regel, des Sich-Mitteilens der Regel im Beispiel und des Sich-Mitteilens des Beispiels in der Regel.

Unter diesem Vorzeichen kann sehr wohl davon gesprochen werden, daß die Natur sich in den schönen Formen in einer „Chiffreschrift" ausdrückt, „wodurch die Natur in ihren schönen Formen figürlich zu uns spricht" (U 170). So kann auch davon gesprochen werden, daß das ästhetische Gefühl der Lust sich in den schönen Formen der Natur gleichsam ausspricht und vergegenständlicht.

Wird also davon geredet, daß die Natur im Schönen sich uns gegenüber in einer Chiffreschrift ausdrückt und wir uns in der Natur, nämlich als ob wir unser Gefühl in ihr vergegenständlicht finden, so schließt dies ein, daß es uns verwehrt bleibt, einerseits die Chiffren auszulegen und auf eine hinter ihnen liegende Bedeutung hin auszubeuten, und andererseits verwehrt bleibt, aus jenem Als-ob ein Daß zu machen. Denn jeder Versuch einer solchen Ausbeutung führt zwangsläufig nach beiden Seiten vom Schönen fort, führt entweder in eine Naturmetaphysik oder in einen absoluten Subjektivismus, mit welch beiden das Schöne verlorengeht.

Wird davon gesprochen, daß das Schöne allgemeine Mitteilbarkeit impliziert, so schließt dies ein, daß es uns verwehrt bleibt, diese allgemeine Mitteilbarkeit als Dienst an der allgemeinen Mitteilung oder an der Vergesellschaftung auszulegen und auszubeuten. Jede solche In-Dienst-Stellung nimmt der Schönheit, was sie zur Schönheit macht, der ästhetischen Lust, was sie zu dieser macht, die zweckfreie Zweckmäßigkeit, die Freiheit des Spiels.

§ 19 Die Deduktion der ästhetischen Urteile – Die Hervorbringung des Schönen

Der zweite Teil der Deduktion der ästhetischen Urteile hat über die gegebene Ableitung der Rechtmäßigkeit des ästhetischen Urteils als ästhetische Auffassung hinaus die ästhetische Hervorbringung in dieser Allgemeingültigkeit zu legitimieren, da sie so wie die Auffassung als eine Seite, und zwar als eine notwendige Seite des Reflexionsverhältnisses, festgestellt worden ist.

Auf Grund der Gleichrangigkeit dieser beiden Seiten des Reflexionsverhältnisses muß dasselbe seinen Anfang auch bei der Lust nehmen können und nicht nur beim Vorhandensein der ästhetischen Form eines Gegenstandes. In diesem Falle muß das ästhetische Reflexionsverhältnis bedeuten, daß aus der Lust ein wahrnehmbarer Gegenstand hervorgeht, daß aus der ästhetischen Reproduktion eine ästhetische Produktion wird, daß aus der ästhetischen Lust das Kunstwerk entspringt.

Die Hervorbringung durch die Kunst ist folglich durch diesen Bezug auf die Lust in ihrer Eigenart schon hinlänglich charakterisiert, um gegen die Hervorbringung der Natur, des Wissens und des Handwerks abgesetzt werden zu können. Sie ist als ästhetische Kunst von jenen Hervorbringungen wesentlich unterschieden.

Ästhetische Kunst ist aber auch die Kunst des Angenehmen. Die schöne Kunst scheint infolgedessen mit der angenehmen Kunst in eins zu fallen. Doch die angenehme Kunst, obwohl sie wie die schöne Kunst das Gefühl der Lust zur Absicht hat und darauf abzweckt, „daß die Lust die Vorstellungen" begleitet, unterscheidet sich von der schönen Kunst dadurch, daß bei der letzteren die Lust die Vorstellungen als „Erkenntnisarten begleitete", während die erstere darauf ausgeht, „daß die Lust die Vorstellungen als bloße Empfindungen" begleitet (U 178). Im Unterschied zur angenehmen Kunst, welche mithin bloß auf den Genuß abzweckt, auf eine Lust „des Genusses bloßer Empfindung", zweckt die schöne Kunst auf eine Lust der Reflexion ab, „die die reflektierende Urteilskraft und nicht die Sinnesempfindung zum Richtmaße hat" (U 179). Der Zweck der schönen Kunst ist infolgedessen „die allgemeine Mitteilbarkeit einer Lust" oder ein Zweck „ohne Zweck" oder zweckfreie Zweckmäßigkeit (U 179). Der Zweck der angenehmen Kunst hingegen ist der sinnliche Genuß, der Genuß der Empfindung. Darum muß gesehen werden, daß die schöne Kunst auf die Verweildauer abzweckt, auf die Aufhebung des Moments zur Dauer in der Wiederholbarkeit, die angenehme Kunst aber lediglich auf die Ausfüllung des Moments ausgeht, darauf ausgeht, „die Zeit unvermerkt verlaufen zu machen" (U 178). Die schöne Kunst hat daher ihr Maß der Zeitenthebung im Vollendeten, die angenehme Kunst hat dagegen ihr Maß der Zeitverdrängung in der Hingabe an den Moment. Die eine geht darauf aus, in der Verweildauer der Zeit Einhalt zu tun, die andere hat ihr Interesse darin, durch Ausfüllung der Zeit die Zeit vergessen zu machen.

Nach dem Gesagten ist die schöne Kunst ihrem Produkt nach Resultat eines aus der ästhetischen Lust entspringenden Tuns, eines zweckfreien Tuns, einer aus der ästhetischen Reflexion entspringenden Produktion.

Doch schöne Kunst ist dies als Resultat menschlichen Tuns, und dieses ist Eingreifen in die Zusammenhänge der

Empirie. Es läßt sich also ohne bestimmte Zwecksetzung gar nicht vollbringen. Folglich ist die schöne Kunst ebenso notwendig auch Resultat eines zwecksetzenden Tuns.

In der Vereinigung beider Seiten muß die schöne Kunst ihrem Produkt nach das Resultat eines zweckfrei zwecksetzenden Tuns sein, weil sie zweckfreie Zweckmäßigkeit verwirklichen muß.

Diese Vereinigung beider Seiten muß jedoch selber wieder nach zwei verschiedenen Seiten möglich sein. Denn sie muß einmal eine solche sein, aus der hervorgeht, daß zweckfreie Zweckmäßigkeit und begriffliche Zwecksetzung sich im Kunstwerk wirklich vereinigen und ineinanderfallen. Sie muß zum anderen aber eine solche sein, in welcher zweckfreie Zweckmäßigkeit und begriffliche Zweckmäßigkeit oder Zwecktätigkeit im Modus des Als-ob ineinanderfallen.

Diese Vereinigung beider Seiten schließt zuletzt ein, daß beide Modi ihrer Vereinigung am Kunstwerk aufgezeigt werden können und sich an ihm selber vereinigen in der Weise der Allgemeingültigkeit oder der allgemeinen Mitteilbarkeit.

Als wirkliche Vereinigung von zweckfreiem und zweckmäßigem Tun oder als zecktätige Verwirklichung der Zweckfreiheit kann die schöne Kunst nur auftreten, wenn ihr Produkt, wenn der verwirklichte Zweck, ein Vollendetes ist. Dies kann nur der Fall sein, wenn die bezweckte Form der Hervorbringung eine vollendete Form ist, d. h. wenn sie eine in sich stehende und nur auf sich bezogene Bedeutung, eine bedeutungslose Bedeutung oder einen Sinn darstellt, der nicht durch Unterordnung unter andere Formen der Natur oder des Verstandes und nicht durch die Beziehung auf objektive Gesetze abgeleitet werden kann. Das heißt positiv ausgedrückt: Wenn das Kunstwerk in eins Produkt einer Subjektivität und ursprungsloser Naturzufall ist.

Als Als-ob-Vereinigung von zweckfreiem und zweckmäßigem Tun, oder als zweckmäßige Verwirklichung eines Begriffs derart, als ob sie das Resultat einer zweckfreien Handlung wäre, muß die schöne Kunst ihrem Resultate nach Werk bestimmter Zweckmäßigkeit sein und doch aussehen, als ob es bloß Naturform wäre. In der Beziehung gilt, das Produkt der Kunst kann nur schön genannt werden, wenn wir uns bewußt sind, es sei Kunst, und es uns doch „als Natur aussieht" (U 179).

Kunst muß folglich einerseits das Produkt der Einheit von Subjektivität und bloßer Natürlichkeit, d. h. Naturzufall sein; sie muß andererseits das Produkt der Einheit von Subjektivität und Natur zu sein scheinen, ohne es zu sein. Das Kunstwerk ist daher einmal das Produkt zweckmäßiger Absichtslosigkeit, zum anderen das Produkt scheinbarer Absichtslosigkeit. Beides aber muß es sein in der Weise allgemeiner Mitteilbarkeit.

Zu der ersten Bestimmung ist nach Kant zu sagen: Ihrem Ursprunge nach ist die schöne Kunst die Äußerung eines angeborenen Handlungsvermögens, d. h. einer naturgegebenen Subjektivität. Diese muß unter drei Gesichtspunkten ins Auge gefaßt werden. Denn da sie angeboren ist, muß sie zuerst als eine „Naturgabe" oder ein „Talent" angesehen werden. Da sie als diese ferner hervorbringend ist, so muß sie als Talent ein „angeborenes produktives Vermögen des Künstlers selbst" sein, d. h. ein solches, das etwas hervorbringt, indem es sich selbst hervorbringt, reproduziert. Da sie zuletzt als dieses Vermögen keiner anderen Regel gehorchen kann als sich selbst, weil sie in jedem anderen Falle aufhörte, produktiv zu sein, muß sie nach der in ihr liegenden Regel der Produktion produzieren und so selbst ihre eigene Produktionsregel darstellen. Als Talent, als angeborenes, sich selbst reproduzierendes, produktives Vermögen, das nach der in ihm selbst liegenden Regel der Produktion ein Produkt hervorzubringen in der Lage ist, ist dieser Ursprung des schönen Kunstwerks das Genie. Das Genie aber ist, wie daraus zu ersehen ist, „die angeborene Gemütsanlage (ingenium), durch welche die Natur der Kunst die Regel gibt" (U 181).

Zur zweiten Bestimmung ist nach Kant festzuhalten: Im Produkt der schönen Kunst muß also zwar „Pünktlichkeit in der Übereinkunft mit Regeln, nach denen allein das Produkt das werden kann, was es sein soll, angetroffen" werden, aber „ohne eine Spur zu zeigen, daß die Regel den Künstler vor Augen geschwebt und seinen Gemütskräften Fesseln angelegt habe" (U 180). Diese Bestimmung verlangt die Hervorbringung eines Scheines an einem zwecktätig bewirkten Gegenstand, die Hervorbringung des Scheines, als ob es sich in ihm um einen zweckfreien Gegenstand handle. Die erforderliche Leistung besteht also darin, aus einem bloß zweckvollen einen scheinbar zweckfreien und in dieser Verbindung geschmackvollen Gegenstand zu machen. Das Leistende dieser geforderten Leistung ist folglich der Geschmack als Vermögen.

Aus Genie und Geschmack und aus dem oben abgeleiteten notwendigen Zusammenhang beider muß darum die Möglichkeit des Kunstwerks als allgemeine Mitteilbarkeit einer ästhetischen Hervorbringung zu deduzieren sein.

Faßt man im Hinblick darauf die herausgestellten Besonderheiten des einen und des anderen genauer ins Auge, so zeigt sich im Blick auf das Genie bezüglich seiner Leistung in der Hervorbringung des Kunstwerks:

Es ist zunächst die Angeborenheit einer einmaligen Regel der Zusammenstimmung der Vermögen des Subjekts zueinander im Hinblick auf die Hervorbringung eines Kunstwerks. Es ist die Vorbestimmung zur Zwecktätigkeit nach einer Regel, die naturgegeben ist, d. h. nach einer einmaligen und zufälligen, nicht ableitbaren Regel oder nach einer Regel der Zweckfreiheit. Es ist „die Natur im Subjekt", die der „Kunst die Regel" gibt und daher die Zweckfreiheit selbst, welche ihr die Regel gibt (U 182).

Für die Möglichkeit des Kunstwerkes folgt daraus: „daß Genie 1) ein Talent sei, dasjenige, wozu sich keine bestimmte Regel geben läßt, hervorzubringen; nicht Geschicklichkeitsanlage zu dem, was nach irgendeiner Regel gelernt werden kann; folglich daß Originalität seine erste Eigenschaft sein müsse" (U 182). Die Originalität des Kunstwerks als Hervorbringung ist also die erste Folge dessen, daß es aus zweckfreier Zweckmäßigkeit hervorgeht.

Genie muß ferner als angeborenes produktives Vermögen gelten. Das meint zweierlei: Es meint zuerst, daß das Kunstwerk seinen Ursprung allein in der Einheit der Vermögen in der Einbildungskraft haben muß, was bedeutet, daß die Einbildungskraft sich für sich als eine Art Spontaneität, oder um ihrer Eigenart gerecht zu werden, als ein sich selbst belebendes Vermögen erweisen muß. Es meint zum anderen, daß das Kunstwerk, indem es nur das Produkt der Einbildungskraft ist, ihrer Selbstbelebung, auch als belebend in Wirkung tritt oder daß es als Kunstwerk „zugleich Muster, d. i. exemplarisch, sein" muß (U 182). Selbstbelebung der Einbildungskraft und durch diese exemplarische Originalität des durch die Einbildungskraft hervorgebrachten Kunstwerks bilden also die zweite Seite, durch welche die zweckfreie Zweckmäßigkeit sich im Kunstwerk darstellt. Für die Möglichkeit des Kunstwerks folgt daraus: Nur durch sie lassen sich Genie und Kunstwerk als Regeln auf Beispiele, als Sinn auf Fälle von Sinn, beziehen.

Genie ist zuletzt durch die Unabtrennbarkeit der Regel der Produktion des Kunstwerks von der künstlerischen Produktion und vom künstlerischen Produkt gekennzeichnet, so, daß das Genie, „wie es sein Produkt zustande bringe, selbst nicht beschreiben oder wissenschaftlich anzeigen könne, . . . und daher der Urheber eines Produktes, welches er seinem Genie verdankt, selbst nicht weiß, wie sich in ihm die Ideen dazu herbeifinden" (U 182). Durch diese Art der begriffslosen und insofern bewußtlosen Produktion ist das Resultat derselben frei von allem Zwange willkürlicher Regeln, frei von aller Ableitbarkeit und tritt auf als unableitbares, d. i. zufälliges Produkt der naturgegebenen Subjektivität. Für die Möglichkeit des Kunstwerks folgt daraus sein Auftretenkönnen als nicht über sich hinausdeutende Bedeutung oder als Sinn.

Faßt man demgegenüber die Leistungen des Geschmacks bezüglich der Ermöglichung der Hervorbringung des Kunstwerks ins Auge, so wird deutlich:

Geschmack ist keine angeborene individuelle Regel der Zusammenstimmung der Vermögen des Subjekts, sondern vielmehr das Vermögen zur gefälligen Form eines Produkts überhaupt. „Die gefällige Form aber, die man ihm gibt, ist nur das Vehikel der Mitteilung und eine Manier gleichsam des Vortrages" des Produkts (U 191). Die Leistung des Geschmacks am Produkt ist daher nicht Originalität. Was er an ihm hervorbringt, ist die Form allgemeiner Mitteilbarkeit, d. h. die Ansinnbarkeit an jedermann, die Zugänglichkeit für jedermann und die Beurteilbarkeit für jedermann.

Geschmack ist ferner kein produktives Vermögen. Er ist vielmehr bloß ein Beurteilungsvermögen; „und was ihm gemäß ist, ist darum eben nicht ein Werk der schönen Kunst; es kann ein zur nützlichen und mechanischen Kunst oder gar zur Wissenschaft gehöriges Produkt nach bestimmten Regeln sein, die gelernt werden können" (U 191). Geschmackvoll kann das zweckmäßig hervorgebrachte Produkt wie das zweckmäßig zweckfreie sein. „So verlangt man, daß das Tischgerät, oder auch eine moralische Abhandlung, sogar eine Predigt diese Form der schönen Kunst, ohne doch gesucht zu scheinen, an sich haben müsse; man wird sie aber darum nicht Werke der schönen Kunst nennen." (U 191)

Geschmack ist endlich auch nicht frei von aller Ableitbarkeit. Denn seine eigenartige Leistung besteht darin, an zweckmäßig hervorgebrachten Gegenständen den Anschein zu erzeugen, als ob dieselben aus Zweckfreiheit entsprungen seien. Dies aber kann nur durch zwecktätige Hinwegarbeitung der Spuren der Zwecktätigkeit geschehen.

Genie und Geschmack scheinen sich deshalb nicht auf denselben Nenner bringen zu lassen, weil sich in ihrer Vereinheitlichung auch die Vereinheitlichung von zweckfreier Zwecktätigkeit und zweckmäßiger Tätigkeit, welche erscheint, als ob sie zweckfrei wäre, vereinheitlichen lassen müßte. Im Gefolge dessen scheint sich auch die künstlerische Produktion nicht als eine Seite der Deduktion der ästhetischen Reflexion dartun zu lassen. Denn die Vereinbarkeit von Genie, als der tatsächlichen Einheit von Zwecktätigkeit und Zweckfreiheit, und Geschmack, als der Als-ob-Einheit von begrifflicher Zwecktätigkeit und scheinbarer Zweckfreiheit, hat sich oben als unerläßlich dafür ergeben, die Bedingungen der Möglichkeit der Allgemeingültigkeit und allgemeinen Mitteilbarkeit des Kunstwerks darzustellen. Mit ihr scheint auch die Einheit der Originalität des Kunstwerks auf der einen Seite und der allgemeinen Mitteilbarkeit desselben auf der anderen in ihrer Möglichkeit nicht begreiflich zu werden, d. h. die erforderliche Deduktion der allgemeinen Mitteilbarkeit der Hervorbringung nicht möglich zu sein.

Die Auflösung dieser Schwierigkeit bedarf einer eingehenderen Betrachtung des Verhältnisses von Geschmack und Genie am Kunstwerk, als sie bisher erfolgte, und daher auch einer eingehenderen Betrachtung der Bedingungen der Möglichkeit der Hervorbringung des Kunstwerks in bezug auf seine allgemeine Mitteilbarkeit.

Geht diese davon aus, daß das Kunstwerk seinen Ursprung allein in der Einheit der Vermögen in der Einbildungskraft nehmen muß, so bedeutet es nach dem obigen zuerst, daß die Einbildungskraft sich in ihrer Einheit zunächst als ein sich selbst belebendes Vermögen erweisen muß. Denn nur unter dieser Voraussetzung verweist sie in der Erklärung der Möglichkeit der Allgemeingültigkeit eines Kunstwerks nur auf sich selbst zurück und nicht über sich hinaus auf weitere Gründe. Wird das Gesagte wörtlich genommen, so bedeutet es, in Richtung auf die Erklärung des Ursprungs eines Kunstwerks aus der Einbildungskraft, daß die Einbildungskraft sich durch die Selbstbelebung der Einheit der Vermögen in ihr als produktiv, d. h. als das Kunstwerk hervorbringend, erweisen muß. Denn nur unter dieser Voraussetzung ist die Einbildungskraft in der Lage, die Möglichkeit eines Kunstwerks zu erklären, ohne es naturkausal oder final abzuleiten. Wird das Gesagte wörtlich genommen und im Zusammenhang mit den schon herausgestellten Bestimmungen des Genies gesehen, so bedeutet es ferner im Hinblick auf die Erklärung des Ursprungs eines Kunstwerks, daß die Einbildungskraft in den Bedeutungen eines sich selbst belebenden und eines produktiven Vermögens unter dem Vorzeichen der Erklärung des Kunstwerks aus dem Genie als Naturgabe, als Naturtalent oder als Naturanlage in Rede stehen muß. Denn nur in diesem Falle kann sie als der unableitbare Zufall gelten und verweist nicht wiederum auf Bedingungen ihrer eigenen Erklärbarkeit weiter.

Faßt man diese Bestimmungen näher ins Auge, so besagen sie: Sich selbst belebendes Vermögen kann die Einbildungskraft nicht in dem Sinne sein, daß ihr Handeln schlechthin aus Nichts anheben könnte, sondern vielmehr nur in dem Sinne, daß sie sich aus der, wie auch immer zustande gekommenen, Tätigkeit eines der menschlichen Vermögen aus eigenem Ursprunge zur Einheit der Vermögen überhaupt in der Einbildungskraft, d. h. zu sich selbst erhebt. Ihre Selbstbelebung besteht also darin, daß sie gelegentlich der Tätigkeit eines der menschlichen Vermögen, sei es das der Rezeptivität oder das der Spontaneität, sich selbst als die Einheit dieser Vermögen zustande bringt, indem sie entweder gelegentlich der Tätigkeit des sinnlichen Vermögens oder gelegentlich der des Verstandesvermögens durch Reflexion die Vermögen zur Einheit von Sinnlichkeit und Verstand oder Verstand und Sinnlichkeit in der Einbildungskraft ergänzt und sich so als Einheit derselben aus sich selbst belebt.

Die Leistung der Selbstbelebung der Einbildungskraft schlechthin ist mithin entweder die, durch die Übernahme der Funktion der Sinnlichkeit oder die, durch die Übernahme der Funktion des Verstandes sich zum Reflexionsverhältnis, d. h. zum in sich selbst zurückkehrenden, vollendeten Verhältnis, zu erheben. Je nach dem ob die Rückkunft auf sich von der vorhandenen Tätigkeit der Sinnlichkeit oder der des Verstandes ausgeht, obliegt es dabei der Einbildungskraft, entweder zum vorhandenen beschränkten Sinnenmaterial den zum vollendeten Reflexionsverhältnis ergänzenden Begriff oder zum vorhandenen beschränkten Begriff das zum vollendeten Reflektionsverhältnis erforderliche unbeschränkte Sinnenmaterial hervorzubringen.

Doch nur im letzten Fall wird die Reflexion der Einbildungskraft aus der Selbstbelebung eine ästhetische. Im ersteren erweist sie sich auf Grund der Ergänzung ihrer selbst durch die Hervorbringung des Begriffs als teleologisch. Nur der letzte Fall steht nach der oben gemachten Ausklammerung daher im weiteren in Betracht.

In diesem Fall steht die ästhetisch reflektierende Einbildungskraft als sich selbst belebende in Betracht, indem sie durch den unbestimmten Vorgriff in der ästhetischen Lust auf ihre zweckfreie Zweckmäßigkeit, auf die zweckfreie Einheit der Vermögen dasjenige Vermögen, das zu ihrer Einheit gehört, aber noch nicht in Tätigkeit ist, in seiner Tätigkeit ersetzt und damit das tut, „was die Gemütskräfte zweckmäßig in Schwung versetzt, d. i. in ein solches Spiel, welches sich von selbst erhält und selbst die Kräfte dazu stärkt" (U 192). Dies kann nur so geschehen, daß sie im Ausgang von der Leistung des Verstandes, dem Begriffe, die fehlende Leistung der Sinnlichkeit zur zweckfreien Zweckmäßigkeit der Einheit der Vermögen in der Einbildungskraft nach dem Maßstab der bloßen Reflexion in der Einbildungskraft ergänzt. Wie ersichtlich, ist die Einbildungskraft produktiv in dieser Selbstbelebung, indem sie aus der Reflexion auf den vorhandenen Begriff vorgreift auf den zweckfreien Zusammenhang aller Vermögen in ihr selbst und in diesem Vorgriffe die Tätigkeit des Verstandesvermögens durch die Ersetzung der Tätigkeit der Sinnlichkeit in der eigenen Tätigkeit zur zweckfreien, d. i. zur vollendeten Einheit beider nach dem Maßstab ihrer selbst, den der zweckfreien Zweckmäßigkeit, den der ästhetischen Lust, ergänzt. Die Einbildungskraft ist demzufolge, indem sie aus sich heraus die Funktion der Sinnlichkeit übernehmen kann, produktiv, d. h. sie bringt eine Vorstellung hervor. Diese ist nach dem angegebenen Maßstab zweckmäßig zweckfrei oder vollendet.

Was sie durch ihren Rückgriff auf sich selbst hervorbringt, ist daher nicht nur Ersatz und Wiederholung des fehlenden Vermögens, sondern die Wiederholung der Tätigkeit des ersetzten Vermögens nach dem Maßstab der freien Tätigkeit der ästhetisch reflektierenden Einbildungskraft, d. h. die Hervorbringung einer Vorstellung nach dem Maß des vollendeten ästhetischen Reflexionsurteils. Diese Hervorbringung ist eine solche, die einen gegebenen Begriff zur vollendeten ästhetischen Vorstellung ergänzt. Als solche kann sie nur eine inhaltlich unendliche Vorstellung sein, weil sie nur als solche mit einem gegebenen Begriff eine vollendete Vorstellung ergeben kann.

Die eigentümliche Hervorbringung der Einbildungskraft

als ästhetische Einbildungskraft ist danach diejenige Ergänzung des voraufgehenden Begriffs oder „diejenige Vorstellung der Einbildungskraft, die viel zu denken veranlaßt, ohne daß ihr doch irgendein bestimmter Gedanke, d. i. Begriff, adäquat sein kann" (U 192). Ihre Leistung ist folglich von dieser Seite her die Ergänzung eines Begriffs durch einen diesen Begriff übersteigenden Inhalt zur inhaltlich vollendeten Einbildung, zur ästhetischen Idee, zu einer Vorstellung von einer Inhaltsfülle, die jeder objektiven Erkenntnis transzendent ist, die darum „das Gegenstück (Pendant) von einer Vernunftidee", die ästhetische Idee, ist (U 193). In der ästhetischen Idee ist die ästhetisch reflektierende Einbildungskraft schöpferisch.

Denn, „wenn nun einem Begriff eine Vorstellung der Einbildungskraft unterlegt wird, die zu seiner Darstellung gehört, aber für sich allein so viel zu denken veranlaßt, als sich niemals in einem bestimmten Begriff zusammenfassen läßt, mithin den Begriff selbst auf unbegrenzte Art ästhetisch erweitert: so ist die Einbildungskraft hiebei schöpferisch und bringt das Vermögen intellektueller Ideen (die Vernunft) in Bewegung, mehr nämlich bei Veranlassung einer Vorstellung zu denken (was zwar zu dem Begriffe des Gegenstandes gehört), als in ihr aufgefaßt und deutlich gemacht werden kann" (U 194).

Die so entspringenden Ideen sind es also auch, durch welche die ästhetisch reflektierende Einbildungskraft sich selbst belebt, indem sie sie produziert, und die sie produziert, indem sie sich selbst belebt. Sie sind als ästhetische Ideen durch keine Erkenntnis ausschöpfbar und halten durch ihre Unausschöpfbarkeit das Urteilen in ständiger Bewegung. Sie halten es in der spielerischen Tätigkeit des dauernden Übergangs, von Anschauungs- in Verstandesbewegung und von Verstandes- in Anschauungsbewegung in der Einheit des ästhetischen Reflexionsverhältnisses.

So finden sie selber wiederum nur in ästhetischen Reflexionsurteilen ihre Auslegung. Sie finden nur Auslegung nach der Art, wie die Regel von Sinn im Fall von Sinn, wie die Regel im Beispiel, Auslegung findet. Sie finden Auslegung folglich in einer Fülle möglicher ästhetischer Reflexionsurteile, die mit der ästhetischen Idee sinnverwandt sind und diese Verwandtschaft zum Ausdruck bringen. Sie finden also Auslegung, indem sie uns die „Aussicht in ein unübersehliches Feld verwandter Vorstellungen eröffnet", die durch Sinnzuwendung aktualisiert werden können (U 195).

Ist die ästhetische Idee daher das eigentliche Produkt der Einbildungskraft, so liegt die eigentliche Produktivität der Einbildungskraft zunächst darin, Sinn hervorzubringen und durch den hervorgebrachten Sinn sich selbst und die Einheit der Vermögen in ihr auf die Weise der Anregung durch voraufgegangenen Sinn, also in gewisser Weise auf die Art sinnhafter Selbstapperzeption zu beleben. Die Einbildungskraft als produktives Erkenntnisvermögen bringt also in den ästhetischen Ideen ursprünglich Sinn hervor.

Da das aber, was ursprünglich Sinn hervorbringt, herkömmlicherweise als Geist bezeichnet wird, so ist die ästhetische Einbildungskraft, indem sie ursprünglich Sinn erzeugt, Geist in ästhetischer Bedeutung. Darum gilt: „Geist in ästhetischer Bedeutung heißt das belebende Prinzip im Gemüte." (U 192) Einbildungskraft aber heißt dieser Geist insofern zu Recht, als er die Idee als Sinn einbildet, also ihn in sich bildet, ihn einbildet oder das Vermögen ist, in der Weise des Zusammenspiels die Einheit der Vermögen vorgreifend zu erzeugen.

Da nun diese produktive Einbildungskraft und mithin der Geist in ästhetischer Bedeutung, wie gezeigt worden ist, als Naturgaben anzusehen sind, so muß von ihnen und folglich auch von ihrer Produktion gelten, sie sind jeweils individuelle Vermögen und jeweils einmalige Produkte. Wie die Eigenart des ästhetischen Geistes, so ist auch die der ästhetischen Ideen und die der Fähigkeit der Einbildung, durch ästhetische Ideen selbstbelebend zu sein, glücklicher Zufall. Sie hängen als Naturgaben nur Individuen an. Sie sind als Regeln ans Individuum gebunden. Sie entbehren für sich aller eigentlichen allgemeinen Mitteilbarkeit. Ihre Originalität ist zugleich ihre Nichtmitteilbarkeit. Ihre Beispielhaftigkeit ist ausschließlich rückbezüglich auf die produzierende

Individualität. Die Genialität als Naturgabe der Subjektivität schließt ihre allgemeine Mitteilbarkeit, die allgemeine Mitteilbarkeit ihrer Produkte, der ästhetischen Ideen, offensichtlich aus. Damit scheint aber auch die Verwirklichung ästhetischer Ideen in Raum und Zeit, die notwendig Zweckmäßigkeit verlangt und mit ihr den Zusammenhang von Genie und Geschmack, d. h. ihre Deduktion als allgemeine Mitteilbarkeit, ausgeschlossen.

Anders ausgedrückt: Soll gezeigt werden können, daß Genie und Geschmack einander nicht aus- sondern einschließen in der ästhetischen Kunst, so muß nachgewiesen werden, daß der Prozeß der Hervorbringung der ästhetischen Ideen gegen diesen Anschein zugleich der Prozeß der Ermöglichung der Verwirklichung der ästhetischen Ideen ist und ferner, daß der Prozeß der Verwirklichung der ästhetischen Ideen zugleich die Verwirklichung der ästhetischen Ideen als zweckfreie Zweckmäßigkeiten an einem zwecktätig entspringenden geschmackvollen Produkt ist.

Es erhebt sich folgerichtig zuerst die Frage, kann der Prozeß der Hervorbringung der ästhetischen Ideen, wie gefordert, zugleich der Prozeß der Ermöglichung einer Verwirklichung der ästhetischen Ideen sein.

Geht man im Blick auf eine Beantwortung dieser Frage von der ästhetischen Idee aus, so kann sie nach den gefundenen Bestimmungen als ein bestimmter Begriff gefaßt werden, an dem ein Überschuß, ein Überhang, an Material besteht. Dieser Überschuß gegenüber der begrifflichen Form ist immer ein solcher von Denkbarem (Anschaulichem). Dieser Überschuß, dieser Überhang, ist es, der das Vermögen des Denkens und mit ihm die Tätigkeit der Einbildungskraft immer wieder von Neuem in Gang setzt und so von innen heraus das Gemüt belebt. Die ästhetische Idee kann folglich als ein bestimmter Begriff beschrieben werden, der von einem Hof ungedachten Stoffes oder Materials umgeben ist. „Mit einem Worte, die ästhetische Idee ist eine, einem gegebenen Begriffe beigesellte Vorstellung der Einbildungskraft, welche mit einer solchen Mannigfaltigkeit der Teilvorstellungen in dem freien Gebrauche derselben verbunden ist, daß für sie kein Ausdruck, der einen bestimmten Begriff bezeichnet, gefunden werden kann, die also zu einem Begriff viel Unnennbares hinzudenken läßt, dessen Gefühl die Erkenntnisvermögen belebt und mit der Sprache, als bloßem Buchstaben, Geist verbindet." (U 197)

Dieser Hof des Stoffes um den bestimmten Begriff herum, der die Selbstbelebung der Einbildungskraft leistet, bildet mit diesem bestimmten Begriff zusammen die ästhetische Idee. Sie ist also eine dem Inhalt nach unbegrenzte Vorstellung, die einen bestimmten Begriff einschließt und mit diesem eine Einheit derart bildet, daß sie ihn frei umspielt als einmalige Regel des freien Spiels der Einheit der Vermögen in der Einbildungskraft.

Hält man die beiden Seiten der ästhetischen Idee, den Begriff und den ihn umspielenden Hof des überschießenden Materials, auseinander, so zeigt sich:

Da der bestimmte Begriff, mit welchem die ästhetische Idee einhergeht, jederzeit zum Zwecke erhoben und als solcher verwirklicht werden kann, so kann auch die ästhetische Idee, sofern sie an ihn gebunden ist, nur mit seiner zweckmäßigen Verwirklichung verwirklicht werden. Da die ästhetische Idee aber auf einer freispielenden Verbindung mit dem bestimmten Begriff beruht, so muß sie mit seiner Verwirklichung keineswegs notwendig verwirklicht werden. Der Zusammenhang beider stellt sich also so dar: Die ästhetische Idee kann nur auf der Grundlage der zweckmäßigen Verwirklichung des von ihr eingeschlossenen bestimmten Begriffs verwirklicht werden, aber sie kann niemals allein in der Verwirklichung des von ihr eingeschlossenen bestimmten Begriffs verwirklicht werden. Anders ausgedrückt, sie kann niemals ohne zweckmäßige Verwirklichung jenes Begriffs, aber auch niemals bloß in der zweckmäßigen Verwirklichung jenes Begriffs verwirklicht werden. Die ästhetische Idee, die nicht in und nicht ohne die Verwirklichung des ihr zugehörigen bestimmten Begriffs verwirklicht werden kann, kann nur durch die Verwirklichung jenes Begriffs hindurch verwirklicht werden. Durch ihn hindurch verwirklicht werden, heißt aber, durch seine Verwirklichung ausgedrückt werden oder an seiner Verwirklichung ihren Ausdruck haben.

Daraus ist zweierlei abzunehmen: Die Verwirklichung der ästhetischen Ideen erfolgt auf parallele Weise zur Produktion derselben, aber sie erfolgt durch den verwirklichten Gegenstand ihres bestimmten Begriffs hindurch. Dadurch wird dieser Gegenstand zum Ausdruck der Idee. Die Verwirklichung der ästhetischen Idee erfolgt also, indem ihr Ausdruck an einem zweckmäßig entspringenden Gegenstand gegeben wird, oder sie erfolgt durch Darstellung an einem solchen Gegenstand, der als zweckmäßiger zum Ausdruck der Zweckfreiheit wird.

Zur Darstellung einer ästhetischen Idee wird ein zweckmäßig verwirklichter Begriff, aber nicht durch seine Verwirklichung selbst. Soll der zu verwirklichende Gegenstand Ausdruck werden, so darf er folglich nicht für sich Wirklichkeit werden, sondern für etwas anderes. Er muß in diesem Bezug die ästhetische Idee so ausdrücken, wie sich diese allein ausdrücken läßt. Sie läßt sich nur als Sinn ausdrücken. Er muß daher als Beispiel für Sinn sie selbst als die Regel von Sinn ausdrücken. Er muß dazu selbst unverkennbar als Beispiel oder unverkennbar als Ausdruck gekennzeichnet sein durch an ihm mitverwirklichte Attribute, die ihm den Rückbezug auf die Regel von Sinn, die zweckfreie ästhetische Idee, geben.

Das Auffinden von Attributen, die den verwirklichten bestimmten Begriff allererst zum Ausdruck der Ideen machen, ist die unerläßliche Bedingung der Möglichkeit der Verwirklichung einer ästhetischen Idee als Darstellung derselben durch einen Gegenstand. Dieses Auffinden der Attribute, die den Gegenstand erst zum Ausdruck der ästhetischen Idee machen, ist ebenso wenig ableitbar wie die Hervorbringung der ästhetischen Idee selbst. Es ist ebenso wie diese eine als tatsächliche Leistung jeweils einmalige bloß faktische und eben in diesem Sinne naturgegebene, d. h. ursprungslose Leistung. Als nur zurückführbar auf das Talent im engsten Sinne des Wortes stellt sie eine grundlegende Seite des Genies dar.

Derart hat das Genie zwei notwendig zusammengehörige Leistungsseiten in der ästhetischen Produktion. Es ist nach deren einer die Freiheit der Tätigkeit der Einbildungskraft in der Selbstbelebung derselben über die Einheit eines vorhandenen theoretischen Begriffs hinaus, zu diesem „ungesucht reichhaltigen unentwickelten Stoff für den Verstand, worauf dieser in seinem Begriffe nicht Rücksicht nahm, zu liefern, welchen dieser aber nicht sowohl objektiv zum Erkenntnisse, als subjektiv zur Belebung der Erkenntniskräfte, indirekt also doch auch zu Erkenntnissen anwendet" (U 198). Nach der anderen Seite ist es das Talent, zu diesen Ideen „den Ausdruck zu treffen, durch den die dadurch bewirkte subjektive Gemütsstimmung, als Begleitung eines Begriffs" in raum-zeitlicher Gestalt dargestellt werden kann (U 198).

Auf die oben gestellte Frage, ob der Prozeß der Hervorbringung der ästhetischen Ideen zugleich der Prozeß der Ermöglichung der Verwirklichung derselben sein könne, läßt sich damit antworten: Er kann es in Verbindung mit der zweckmäßigen Verwirklichung des der ästhetischen Idee innewohnenden bestimmten Begriffs allein sein, weil nur sie der ästhetischen Idee in der Wirklichkeit Ausdruck geben kann. Die zweckmäßige Verwirklichung eines bestimmten Begriffs ist objektiv und allgemeingültig. Aber die Verwirklichung einer ästhetischen Idee ist nicht identisch mit der Verwirklichung ihres zugehörigen bestimmten Begriffs. Diese ist nur deren Ausdruck. Darum muß die ästhetische Idee durch die Verwirklichung des bestimmten Begriffs dargestellt werden können und mithin in ihrem Ausdruck Allgemeingültigkeit haben. Darum kann die ästhetische Idee nicht in der Verwirklichung des bestimmten Begriffs verwirklicht sein und folglich in ihrem Ausdruck keine Objektivität zeigen. Zusammengenommen bedeutet dies, die ästhetische Idee kann als dargestellte nur subjektive Allgemeingültigkeit haben, diese aber kommt ihr notwendig zu. Da diese allgemeine Mitteilbarkeit bedeutet, so ist die ästhetische Idee, die durch die Verwirklichung eines bestimmten Begriffes dargestellt wird, in der Weise der allgemeinen Mitteilbarkeit verwirklicht. Sie muß, wie Kant sagt, „als Begleitung eines Begriffs, anderen mitgeteilt werden" können (U 198). Und dies macht die geforderte Deduktion der allgemeinen Mitteilbarkeit der ästhetischen Hervorbringung aus.

An ihr ist abzulesen: Wenn das Genie die naturgegebene individuelle Kraft ist, zum gegebenen Begriff die ästhetische Idee hervorzubringen und sie im Zusammenhang mit der Verwirklichung dieses bestimmten Begriffs auszudrücken, so ist das Genie in der Lage, als individueller Geist, auf der einen Seite eine schlechthin ursprüngliche Idee (die nur aus der Individualität selbst stammt) hervorzubringen und sie auf der anderen Seite jedermann mitzuteilen (jeder anderen Individualität zugänglich zu machen) oder „das Unnennbare in dem Gemütszustande bei einer gewissen Vorstellung auszudrücken und allgemein mitteilbar zu machen" (U 198). Wenn das Genie nach beiden Seiten seiner Leistung als ästhetischer Geist anzusprechen ist, so zeigt dieser sich nach der einen als das individuelle Vermögen, „das schnell vorgehende Spiel der Einbildungskraft aufzufassen und in einen Begriff (der eben darum original ist und zugleich eine neue Regel eröffnet, die aus keinen vorhergehenden Prinzipien oder Beispielen hat gefolgert werden können) zu vereinigen" (U 199). Nach der anderen Seite ist er das individuelle Vermögen, jenen Begriff, „der sich ohne Zwang der Regel mitteilen läßt", durch die Verwirklichung eines bestimmten Zweckbegriffes hindurch mitzuverwirklichen (U 199).

Wenn das Genie sich subjektiv allgemeingültig darstellen oder seine ästhetische Idee allgemein mitteilbar ausdrücken muß, so setzt dies voraus, daß es den zweckmäßig verwirklichten Gegenstand zur Darstellung von Sinn und zum Beispiel für Sinn umformen kann. Dies aber schließt ein, daß der zweckmäßig verwirklichte Gegenstand nicht seinen eigenen Zweck an sich ausdrückt, denn dann wäre er Erkenntnisobjekt und objektiv mitteilbar, und es schließt ein, daß der zweckmäßig verwirklichte Gegenstand dennoch allgemeingültig erfaßt werden kann, denn im anderen Fall bliebe er Bezugspunkt bloßer Privaturteile. Beide Voraussetzungen werden allein darin erfüllt, daß der zweckmäßig verwirklichte Gegenstand als zweckfreier erscheint. Denn nur unter dieser Bedingung, nur unter dem Schein der Zweckfreiheit des zweckmäßig verwirklichten Gegenstandes kann dieser einerseits als raum-zeitliche Wirklichkeit auftreten, die nur über begrifflich bestimmte Zwecktätigkeit erreichbar ist und andererseits den ästhetischen Attributen, durch die er zum Träger von Sinn umgestaltet wird, die Möglichkeit bieten, an ihm zu haften. Nur unter dem Schein der Zweckfreiheit des zweckmäßig bewirkten Gegenstandes kann dieser als wirklicher Gegenstand Träger von Sinn und Ausdruck und Beispiel von Sinn, d. h. Kunstwerk, werden.

Diese Leistung, einem zweckmäßig verwirklichten Gegenstand den Schein der Zweckfreiheit zu verschaffen, ist keine Leistung des Genies im bisherigen engeren Verständnis. Sie ist allein die Leistung des Geschmacks. Es stellt sich also in bezug auf die Beantwortung nach dem Verhältnis von Genie und Geschmack heraus: Nur in der Verbindung mit der Wirksamkeit des Geschmacks gelegentlich der zweckvollen Verwirklichung eines Gegenstandes kann das Genie, d. h. die produktive Einbildungskraft, zur Verwirklichung im schönen Gegenstand als Kunstwerk kommen, oder anders ausgedrückt, nur dort, wo der Geschmack eine Seite des Genies oder des Geistes in ästhetischer Bedeutung darstellt, kann das Genie im Kunstwerk als dem schlechthin individuellen originalen Produkt und dem schlechthin allgemein mitteilbaren zur Wirkung kommen. Es kann darum zu dieser Frage, „woran in Sachen der schönen Kunst mehr gelegen sei, ob daran, daß sich an ihnen Genie, oder ob, daß sich Geschmack zeige", gesagt werden, sie ist soviel wie die Frage, ob es in der schönen Kunst „mehr auf Einbildung, als auf Urteilskraft ankomme", nämlich mehr auf die Hervorbringungsfähigkeit der ästhetischen Idee als individuelle und originale oder mehr auf ihre Darstellungsfähigkeit als musterhafte und allgemein mitteilbare (U 202).

Es liegt auf der Hand: Es kommt in Sachen der schönen Kunst gleichermaßen auf die Leistung der Einbildung wie auf die Leistung des Geschmacks an. Nur dort, wo sich beide Seiten, Genie und Geschmack, vereinigen, die einmalige Regel der Hervorbringung der Idee und des Auffindens des Ausdrucks mit der Fähigkeit der zweckmäßigen Verwirklichung eines bestimmten Begriffs, der in seiner Gegenständlichkeit als zweckfrei erscheint, nur dort, wo die individuelle Regel als Beispiel für Sinn verwirklicht und damit allgemein mitteilbar wird, liegt in eigentlicher Bedeutung ein Kunstwerk vor und ist Genie in weiterer Bedeutung am Werk. In dieser weiteren Bedeutung schließt Genialität daher Geschmack notwendig mit ein. Es gilt: „Der Geschmack ist so wie die Urteilskraft überhaupt, die Disziplin (oder Zucht) des Genies, beschneidet diesem sehr die Flügel und macht es gesittet oder geschliffen; zugleich aber gibt es diesem eine Leitung, worüber und bis wie weit es sich verbreiten soll, um zweckmäßig zu bleiben; und indem er Klarheit und Ordnung in die Gedankenfülle hineinbringt, macht er die Ideen haltbar, eines dauernden, zugleich auch allgemeinen Beifalls, der Nachfolge anderer und einer immer fortschreitenden Kultur fähig." (U 203)

In diesem weiten Sinne verstanden, ist, wenn wir das Gesagte zusammennehmen, Genie das geschichtete Hervorbringungsvermögen der ästhetischen Idee und des Kunstwerks, an dem im Hinblick auf seinen Schichtenaufbau folgende Momente unterschieden werden müssen, die sich in ihm überbauen: „erstlich, daß es ein Talent zur Kunst sei, nicht zur Wissenschaft, in welcher deutlich gekannte Regeln vorangehen und das Verfahren in derselben bestimmen müssen; zweitens, daß es, als Kunsttalent, einen bestimmten Begriff von dem Produkte als Zweck, mithin Verstand, aber auch eine (wenngleich unbestimmte) Vorstellung von dem Stoff, d. i. der Anschauung, zur Darstellung dieses Begriffs, mithin ein Verhältnis der Einbildungskraft zum Verstande voraussetze; daß es sich drittens nicht sowohl in der Ausführung des vorgesetzten Zwecks in Darstellung eines bestimmten Begriffs, als vielmehr im Vortrage oder dem Ausdrucke ästhetischer Ideen, welche zu jener Absicht reichen Stoff enthalten, zeige, mithin die Einbildungskraft in ihrer Freiheit von aller Anleitung der Regeln dennoch als zweckmäßig zur Darstellung des gegebenen Begriffs vorstellig mache; daß endlich viertens die ungesuchte, unabsichtliche, subjektive Zweckmäßigkeit in der freien Übereinstimmung der Einbildungskraft zur Gesetzlichkeit des Verstandes eine solche Proportion und Stimmung dieser Vermögen voraussetze, als keine Befolgung von Regeln, es sei der Wissenschaft oder mechanischen Nachahmung, bewirken, sondern bloß die Natur des Subjekts hervorbringen kann" (U 199).

Mit dem voranstehenden Erweis der allgemeinen Mitteilbarkeit a priori des ästhetischen Reflexionsverhältnisses, sowohl in der Gestalt des ästhetischen Auffassungsverhältnisses als auch in der des ästhetischen Hervorbringungsverhältnisses, ist die gestellte Frage nach der Möglichkeit a priori der Zusammenstimmung von Natur und Mensch, der Zusammenstimmung von bloßer empirischer Tatsächlichkeit und Subjektivität, soweit sie im transzendentalphilosophischen Sinne überhaupt gestellt werden kann, beantwortet. Sie ist nach beiden Seiten beantwortet durch den Erweis der apriorischen Mitteilbarkeit des Zusammenstimmens von vorlogischer Form der Einheit der Subjektivität und außerlogischer Form der Einheit der Natur in Gestalt des Kunstschönen wie in Gestalt des Naturschönen. Mit diesem Erweis ist die allgemeine Mitteilbarkeit der innigsten Einheit, die zwischen Mensch und Natur möglich ist, der Sinneinheit als Einheit von Sinn und Beispiel für Sinn, der Einheit der Verwandtschaft, im Naturschönen und im Kunstschönen dargetan.

Doch die unübersteigbare Schranke dieser Deduktion ist schon in ihrem Ansatz miteingegangen. Diese Einheit von Zufall und schlechthinniger spielerischer Selbsteinheit, von auf seine Ermöglichung hin nicht zu befragendem Zufallssinn und sich selbst gebendem und sich selbst ermöglichendem Sinn der Subjektivität steht selber unter der Bedingung des in keiner Sinneinheit aufgehenden und keiner Mitteilbarkeit zugänglichen Zufalls der Tatsache der Empirie überhaupt, der Tatsache, daß etwas ist. Sie bleibt daher nur punktuelle Sinneinheit.

Was ist der Mensch?

Kant ist der Überzeugung, mit dem im Voranstehenden geschilderten Bereich der Auffassung und der Hervorbringung des Schönen einen im eigentlichen Sinne menschlichen Bereich umschrieben zu haben. Denn der Mensch teilt ihn nach Kant weder mit den vernunftlosen Tieren noch mit denkbaren reinen Vernunftwesen, wie das Reich der Natur einerseits und das Reich der Freiheit andererseits. Er findet im Bereich des Schönen das, worin er in der Einheit aller seiner Vermögen und in der spielerischen Freiheit dieser Einheit ohne Zwang und Selbstzwang in der Auffassung wie in der Hervorbringung ganz und allein er selbst ist, worin er in der menschlichsten Weise, in der Weise der Werbung und der Gewährung, sich dem anderen mitteilt und mit ihm zusammenstimmt. Denn in diesem Bereich des Vollendeten, des nur sich selbst Bedeutenden, des Sinnes, bezieht der Mensch sich nur auf sich selbst, indem er sich als Auffassender wie als Hervorbringender im Spiel seiner Vermögen als der frei Spielende erfaßt, als die Regel allen Sinnes, für die aller Sinn nur Beispiel ist, als das Maß, für das alles Vollendete nur Gemessenes ist, als die Natur, die Subjekt ist, als das Subjekt, das Natur ist, als die Freiheit, die Natur ist, als die Natur, die Freiheit ist, kurz, als die naturgegebene Subjektivität, die in sich frei ist.

Darum scheint es, als sei mit der Lehre vom Schönen als der abschließenden Lehre über die vom Menschen eröffneten und für den Menschen offenen Bereiche seines Auffassenkönnens und seines Leistenkönnens im transzendentalen Sinne auch eine abschließende Feststellung über den Menschen selbst gewonnen, die sich mit den ihr voraufgehenden Resultaten der Darstellung zur abschließenden Beantwortung der Frage zusammenfügt: Was ist der Mensch?

Dies könnte jedoch nur der Fall sein, sofern sich diese

Frage selber auf einen bloß transzendentalen Fragesinn einschränken ließe, da alle bisher erlangten Antworten allein im Horizont dieses transzendentalen Fragesinnes stehen. Der hat sich erwiesen als ein solcher der Heraushebung und Rechtfertigung eines Gefüges bedingter apriorischer Bedingungen. Er hat sich gezeigt als ein solcher der Erhebung und der Rechtfertigung von Geltungsfunktionen, d. h. des Ermöglichenden apriorischer Möglichkeiten. Daher war das Ermöglichende apriorischer Möglichkeiten zwar ausschließlich im Zusammenhang der Kopernikanischen Wende, im Deutungszusammenhang der Selbstermöglichung der Subjektivität, d. h. als das Wissenkönnende der Wahrheit, als das Wollenkönnende der Freiheit, als das Reproduzierenkönnende seiner selbst, also als das Sichselbstermöglichende in Betracht. Doch es war auch nur funktional in dieser Fragestellung in Betracht, nämlich als rekonstruiert und deduziert aus von ihm notwendig geforderten Leistungen, also als bedingte Selbstermöglichung, als durch die Tatsächlichkeit der Empirie, durch das Faktum der praktischen Vernunft, durch den Naturzufall bedingte Selbstermöglichung.

Die gestellte Frage aber läßt sich offenbar nicht in diesem transzendentalen Rahmen halten. Denn sie wendet die transzendentale Frageart nach der durch die Kopernikanische Wende in die Funktion der bedingten Selbstermöglichung erhobenen Subjektivität in die nach dem Sein dieser Selbstermöglichung um. Damit transzendiert sie die Grenzen transzendentaler Fragestellung und die Grenzen kritischer Vernunft. Die Frage nach dem Menschen ist infolgedessen keine transzendentale, sondern eine transzendente Frage.

Dennoch aber verläßt die Frage damit nicht auch schon den Rahmen einer Vernunftfrage überhaupt. Denn sie fragt nach dem Sein des sich selbst Ermöglichenden, sofern es das menschliche Sein ist.

Durch die in der Frage mitgegebene Einschränkung derselben auf die Selbstermöglichung der Vernunft als menschlicher Vernunft, als bedingter und beschränkter Vernunft, wird die Frage eine solche nach dem Sein des Menschen als Selbstermöglichung von bedingter Vernunft oder der Selbstermöglichung als Selbstbeschränkung der Vernunft. Da zur Selbstermöglichung der Vernunft als Selbstbeschränkung derselben niemals ein positiver Vernunftgrund gedacht werden kann, wird dieser schon durch die Fragestellung selbst zu einem für die Vernunft unerforschlichen Grunde.

In der Einheit des Sachgehalts dieser zusammengehörigen Bestimmungen der Frage nach dem Sein des Menschen erweist sich diese als die nach der Selbstermöglichung und als die nach der Selbstermöglichung der menschlichen Vernunft und als die nach der Selbstermöglichung der menschlichen Vernunft durch Selbsteinschränkung der Vernunft.

Da unter allen betrachteten Vernunftvermögen nur der Wille sich als schlechthin selbst ermöglichend erwiesen hat, so muß er als sich selbst ermöglichender, als sich selbst ermöglichender aus der menschlichen Vernunft, als sich selbst ermöglichender durch Selbsteinschränkung zur menschlichen Vernunft, die Instanz sein, an welche die Frage nach dem Sein des Menschen zu stellen ist. Ist dem aber so, so muß die Frage: Was ist der Mensch? die Gestalt annehmen: Aus welcher Maxime der Maximenbildung ist der menschliche Wille aus sich selbst bestimmt? Aus welcher Maxime der Maximenbildung ist er seiner Natur nach als menschlicher bestimmt? Aus welcher Maxime der Maximenbildung ist er als selbstbeschränkter bestimmt?

Er ist als selbsteingeschränkter bestimmt aus der Maxime des Abweichenkönnens in der Maximenbildung vom unbedingten Gesetz. Als so bestimmter und ausschließlich selbstbestimmter drückt der menschliche Wille den Charakter des Seins des Menschen aus, mit dem ausgestattet dieser sich vor jeder zeitlich ersten Willensbestimmung, von Natur aus also, vorfindet. Der Mensch findet sich immer schon vor als in dieser seiner Natur selbst ermöglichter, als verantwortliche Entschiedenheit zur Selbstentscheidung über sich, die jede sittliche Maxime nur sich selbst zurechnen kann. Die Antwort auf die Frage: Was ist der Mensch? lautet also in dieser Hinsicht: Er ist das nur aus sich selbst zu verantwortende Seiende.

Aus den genannten Bestimmungsgrößen der Frage nach dem Sein des Menschen geht hervor, daß sie eine notwendige

Frage ist. Dem ist so, weil auf ihrer Stellung als Frage und auf ihrer vorgängigen Beantwortung schon die Möglichkeit der Kopernikanischen Wende beruht, als Wende des Letztbezugs allen Fragens auf die sich selbst ermöglichende Subjektivität. Dem ist so, weil auf ihrer Stellung und vorgängigen Beantwortung auch die Möglichkeit des kritischen Denkens, das als solches der kritischen Selbstausweisung der Vernunft die Selbstermöglichung der bloßen Vernunft als vernünftige Natur in Rechnung setzt, beruht. Dem ist so, weil auf ihrer Stellung und vorgängigen Beantwortung zuletzt die Möglichkeit einer Transzendentalphilosophie überhaupt aufruht.

Bibliographie

I. Auswahl von Kant-Ausgaben

Kants Werke, sorgfältig revidierte vollständige Ausgabe in
10 Bänden, hrsg. v. G. Hartenstein, Leipzig 1838/39.

Immanuel Kants sämtliche Werke, hrsg. v. Karl Rosenkranz
und F. W. Schubert, Leipzig 1838/42.

Kants gesammelte Schriften, hrsg. v. d. Königlich-Preußi-
schen Akademie der Wissenschaften, Berlin 1902 ff.

Immanuel Kants Werke, hrsg. v. E. Cassirer, in Gemeinschaft mit H. Cohen, A. Buchenau, O. Buek u. a., Berlin
1912/22.

Kant: Sämtliche Werke, hrsg. v. K. Vorländer, in Verbindung mit O. Buek, P. Gedan, W. Kinkel u. a., Leipzig
1920/40.

Kant-Studienausgabe, hrsg. v. W. Weischedel. Darmstadt/
Frankfurt a. M. 1956 ff.

II. Auswahl von Kant-Literatur

A. Zu Kants Leben

Gause, F.: Kant und Königsberg. Ein Buch der Erinnerung
an Kants 250. Geburtstag am 22. April 1974, Leer/Ost-
friesland 1974.

Immanuel Kant, sein Leben in Darstellung von Zeitgenossen.
Die Biographien von L. E. Borowski, R. B. Jachmann und
A. Ch. Wasianski, hrsg. v. F. Groß, Berlin 1912.

Paulsen, F.: Immanuel Kant. Sein Leben und seine Lehre,
Stuttgart 1898.

Rosenkranz, C.: Geschichte der Kantischen Philosophie, Leipzig 1840.

Vorländer, K.: Immanuel Kants Leben, Leipzig 1921.

B. Zur theoretischen Philosophie

Adickes, E.: Kant und das Ding an sich, Berlin 1924.

Bauch, B.: Immanuel Kant, Berlin/Leipzig 1917.

Blaha, O.: Die Ontologie Kants. Ihr Grundriß in der Transzendentalphilosophie, Salzburger Studien zur Philosophie Bd. 7, Salzburg/München 1967.

Bröcker, W.: Kant über Metaphysik und Erfahrung, Frankfurt a. M. 1970.

Cassirer, E.: Kants Leben und Lehre (Immanuel Kants Werke, Band XI, Erg.-Band), Berlin 1923.

Cohen, H.: Kommentar zu Immanuel Kants Kritik der reinen Vernunft, Leipzig 1907.

–: Kants Theorie der Erfahrung, Berlin 1871.

Delekat, F.: Immanuel Kant. Historisch-kritische Interpretation der Hauptschriften, Heidelberg 1923.

Erdmann, B.: Kants Kritizismus, Leipzig 1878.

Fischer, K.: Immanuel Kant und seine Lehre, 1. und 2. Teil, Heidelberg 1860.

Flach, W.: Transzendentalphilosophie und Kritik, in: Tradition und Kritik. Festschrift für R. Zocher, hrsg. v. W. Arnold und H. Zeltner, Stuttgart-Bad Cannstatt 1967.

Funke, G.: Zur transzendentalen Phänomenologie, Bonn 1957.

–: Der Weg zur ontologischen Kantinterpretation, in: Kant-Studien Bd. 62, 1971.

Grayeff, F.: Deutung und Darstellung der theoretischen Philosophie Kants. Ein Kommentar zu den grundlegenden Teilen der Kritik der reinen Vernunft, Hamburg ²1977.

Heidegger, M.: Die Frage nach dem Ding. Zu Kants Lehre von den transzendentalen Grundsätzen, Tübingen 1962.

–: Kants These über das Sein, Frankfurt a. M. 1962.

–: Kant und das Problem der Metaphysik, Frankfurt a. M. 1951.

Heidemann, I.: Spontaneität und Zeitlichkeit. Ein Problem der Kritik der reinen Vernunft, Kant-Studien, Ergänzungsheft 75, Köln 1958.

Heimsoeth, H.: Transzendentale Dialektik. Ein Kommentar zu Kants Kritik der reinen Vernunft, 4 Teile, Berlin 1966 bis 1971.

Henrich, D.: Identität und Objektivität. Eine Untersuchung über Kants transzendentale Deduktion, Heidelberg 1976.

Kambartel, F.: „System" und „Begründung" als wissenschaftliche und philosophische Ordnungsbegriffe bei und vor Kant, Philosophie und Rechtswissenschaft, Frankfurt a. M. 1961.

Körner, St.: Kant, Göttingen 1967.

Kopper, J.: Transzendentales und dialektisches Denken, Kant-Studien Ergänzungsheft 80, Köln 1961.

–: Reflexion und Determination, Kant-Studien, Ergänzungsheft 108, Berlin 1976.

Lehmann, G.: Beiträge zur Geschichte und Interpretation der Philosophie Kants, Berlin 1969.

Liebrucks, B.: Selbstbewußtsein und Selbsterkenntnis bei Kant, in: Kant-Studien 67, Berlin 1976.

Lütterfelds, W.: Kants Dialektik der Erfahrung. Zur antinomischen Struktur der endlichen Erkenntnis, Meisenheim am Glan 1977.

Lotz, J. B.: Die transzendentale Methode in Kants „Kritik der reinen Vernunft" und in der Scholastik, Pullacher philosophische Forschungen Bd. 1: Kant und die Scholastik heute, Pullach 1955.

Martin, G.: Immanuel Kant. Ontologie und Wissenschaftstheorie, Köln 1951.

–: Sachindex zu Kants Kritik der reinen Vernunft, Berlin 1967.

Popper, K.: Kant und die Möglichkeit der Erfahrungswissenschaft, Ratio Bd. 2, 1957.

Prauss, G.: Erscheinung bei Kant. Ein Problem der „Kritik der reinen Vernunft", Quellen und Studien zur Philosophie Bd. 1, Berlin 1971.

Riehl, A.: Der philosophische Kritizismus, 3 Bde., Leipzig 1908–1926.

Stegmüller, W.: Gedanken über eine mögliche rationale Rekonstruktion von Kants Metaphysik der Erfahrung, in: Aufsätze zu Kant und Wittgenstein. Darmstadt 1970.

Stuhlmann-Laeisz, R.: Kants Logik. Eine Interpretation auf der Grundlage von Vorlesungen, veröffentlichten Werken und Nachlaß, Berlin/New York 1976.

Topitsch, E.: Die Voraussetzungen der Transzendentalphilosophie. Kant in weltanschauungsanalytischer Betrachtung, Hamburg 1975.

Vaihinger, H.: Commentar zu Kants Kritik der reinen Vernunft, 2 Bde., Stuttgart/Berlin/Leipzig 1881/92.

Wagner, H.: Über Kants Satz, das Dasein sei kein Prädikat, in: Archiv für Geschichte der Philosophie Bd. 53 (1971).

–: Philosophie und Reflexion, München 1959.

Wundt, M.: Kant als Metaphysiker. Ein Beitrag zur Geschichte der deutschen Philosophie im 18. Jahrhundert, Stuttgart 1924.

Zocher, R.: Kants Grundlehre, Erlangen 1959.

–: Zu Kants transzendentaler Deduktion der Ideen der reinen Vernunft, in: Zeitschrift für philosophische Forschung 12 (1958).

C. Zur praktischen Philosophie

Beck, L. W.: Kants „Kritik der praktischen Vernunft", München 1974.

Buchenau, A.: Kants Lehre vom kategorischen Imperativ. Eine Einführung in die Grundfragen der Kantischen Ethik, Leipzig ²1923.

Cohen, H.: Kants Begründung der Ethik, Berlin 1877.

Ebbinghaus, J.: Die Formeln des kategorischen Imperativs und die Ableitung inhaltlich bestimmter Pflichten, Turin 1959.

Hess, H. J.: Die obersten Grundsätze kantischer Ethik und ihre Konkretisierbarkeit, Kant-Studien, Ergänzungsheft 102, Bonn 1971.

Krüger, G.: Philosophie und Moral in der Kantischen Kritik, Tübingen 1931.

Paton, H. J.: Der kategorische Imperativ. Eine Untersuchung über Kants Moralphilosophie, Berlin 1962.

Schmucker, J.: Die Ursprünge der Ethik Kants (in seinen vorkritischen Schriften und Reflexionen), Meisenheim am Glan 1961.

–: Der Formalismus und die materialen Zweckprinzipien in der Ethik Kants, in: Kant und die Scholastik heute. Pullach 1955.

D. Zur Ästhetik

Biemel, W.: Die Bedeutung von Kants Begründung der Ästhetik für die Philosophie der Kunst, Kant-Studien, Ergänzungsheft 77, Köln 1959.

Cohen, H.: Kants Begründung der Ästhetik, Berlin 1889.

Menzer, P.: Kants Ästhetik in ihrer Entwicklung, Berlin 1952.

Sachregister

»Kolleg Philosophie«

Allgemeine Bücher- und Institutionenkunde für das Philosophiestudium. Von Lutz Geldsetzer

Einführung in die moderne Logik. Von Franz von Kutschera und Alfred Breitkopf

Einführung in die Logik der Normen, Werte und Entscheidungen. Von Franz von Kutschera

Wissenschaftstheorie. Von Wilhelm K. Essler
Band I: Definition und Reduktion
Band II: Theorie und Erfahrung
Band III: Wahrscheinlichkeit und Induktion
Band IV: Erklärung und Kausalität

Analytische Technikphilosophie. Von Friedrich Rapp

Strukturalismus. Moskau–Prag–Paris. Von Jan M. Broekman

Geschichtsphilosophie nach Hegel. Die Probleme des Historismus. Von Herbert Schnädelbach

Neomarxismus. Die Problemdiskussion seit 1945. Von Andreas von Weiss

Platon. Von Karl Bormann
Plotin. Von Venanz Schubert
Augustinus. Von Alfred Schöpf
Meister Eckhart. Von Heribert Fischer
Spinoza. Von H. G. Hubbeling
Rousseau. Von Maximilian Forschner
Kants Transzendentalphilosophie. Grundriß. Von Wilhelm Teichner
Hegel. Herausgegeben von Otto Pöggeler
Schelling. Herausgegeben von Hans Michael Baumgartner
Marx und Engels. Von Helmut Fleischer
Edmund Husserl. Von Paul Janssen

Verlag Karl Alber · Freiburg/München

»Alber-Broschur Philosophie«. Auswahl

Verlag Karl Alber · Freiburg/München